Inhalt

Alphabet und Aussprache

Nomen und Artikel

Adjektiv und Adverb

Pronomen und Begleiter

Verb

Zeiten des *Indicatif*

Subjonctif und *Impératif*

Satz

Präpositionen und Stolpersteine

Anhang

Alphabet und Aussprache

Auf den ersten Blick denkt man leicht: Im Französischen schreibt man ja alles ganz anders als man es spricht! Stimmt – aber auch wieder nicht. Schrift- und Lautbild weichen tatsächlich voneinander ab, aber es gibt Regeln dafür, wie man welche Kombinationen von Buchstaben ausspricht. Die grammatische Form eines Wortes – z. B. ob es weiblich oder männlich ist – bestimmt oft seine Schreibweise.

Auf jeden Fall gilt es, nicht zu verzagen und sich so oft wie möglich gesprochenes Französisch anzuhören!

voyelles

1 Vokale

Es gibt im französischen Alphabet alle auch im Deutschen gebräuchlichen Buchstaben und ein zusätzliches Sonderzeichen. Die Vokale können allerdings mit verschiedenen Akzenten versehen sein, wodurch sich ihre Aussprache verändert. Außerdem ist im Französischen die Unterscheidung zwischen Vokalen und Konsonanten nicht so eindeutig wie im Deutschen, wie das *y* zeigt (s. S. 13).

accents

1.1 Akzente

Es gibt drei verschiedene Akzente
- *Accent aigu*: ´
- *Accent grave*: `
- *Accent circonflexe*: ˆ

Als Merkhilfe: Dieser Akzent ´ heißt *Accent aigu*, weil er spitz (*aigu*) nach oben zeigt. Der Akzent, der genau in die andere Richtung geht (`), der also von oben nach unten schwer (*grave*) herunterfällt, heißt *Accent grave*.

voyelle e

Der Vokal *e*

Beim *e* werden alle vorhandenen Akzente verwendet. Ein *e* ohne Akzent wird offen und ungefähr wie ein deutsches *e* am Ende eines Wortes ausgesprochen (z. B. in „Käse").

é

Ein *é* wird wie ein deutsches *e* in „Reh" ausgesprochen. Der Mund ist dabei eher geschlossen.

épée, lézarde, réserver, réunion

è

Ein *è* wird offen ausgesprochen. Es entspricht ungefähr dem deutschen *ä* wie zum Beispiel in „Fähre".

fèves, fière, remède

ê

Das *ê* wird eher gedehnt und ähnlich wie das *è* ausgesprochen (z. B. wie in „Bären"). Dieser Akzent (ˆ) ist der französischen Sprachgeschichte zu verdanken. Lateinische Wörter, die im Laufe ihrer Anpassung an die französische Sprache ein *s* verloren, tragen in der heutigen Schreibweise oft den

Accent circonflexe. So wurde aus dem lateinischen *fenestra* das französische *fenêtre* bzw. das deutsche „Fenster".

être, fenêtre, prêtre

Der Vokal *a*

voyelle a

Über dem *a* kann man sowohl einen *Accent grave* als auch einen *Accent circonflexe* setzen.

â

Ein *â* wird etwas tiefer und gedehnt ausgesprochen.

appât, plâtre, verdâtre

à

Der *Accent grave* dient u. a. zur Unterscheidung der Homonyme *à* („nach") und *a* („hat") sowie *là* („dort") und *la* („die").

Die Vokale *u*, *i* und *o*

voyelles u, i, o

Auch auf dem *u* dient der *Accent grave* der Unterscheidung zwischen *où* („wo") und *ou* („oder").

suppression de û et î

Nach der neuen französischen Rechtschreibung[1] kann der *Accent circonflexe* über *u* und *i* wegfallen. Er taucht dann nur noch bei manchen Verbformen des *Passé simple* und des *Subjonctif* auf sowie in speziellen Fällen, bei denen es sonst zu Verwechslungen kommen könnte:

dû, jeûne, mûr, sûr, croître

ô

Über dem *o* gibt es nur den *Accent circonflexe*. *Côte* heißt auf Französisch neben „Küste" auch „Rippe" – eine Bedeutung, die direkt auf das lateinische *costa* zurückgeht. Auch hier verdankt das französische Wort seinen Akzent also der Sprachgeschichte und dem Wegfall des *s*.

Das *ô* wird geschlossen und lang ausgesprochen.

Côte d'Azur, Rhône

1.2 Nasale

nasales

Nasale sind Laute, die es im Deutschen nicht gibt. Sie werden durch die Nase gesprochen – so, als wäre die Nase ver-

[1] www.orthographe-recommandee.info/

stopft. Mit Schnupfen lassen sich Nasale besonders einfach üben.

Es gibt vier verschiedene nasale Laute:

- nasales *a*: *France, en, mentir, ampleur, rempart*
- nasales *e*: *magasin, rein, bien, Reims, bain, faim*
- nasales *o*: *Lyon, on, oncle, rompre, bombe*
- nasales *ö*: *Verdun, un, lundi, parfum*

Die Bezeichnungen „nasales *e*" oder „nasales *o*" geben nur die Richtung an, in die die Aussprache sich bewegen sollte. Für eine korrekte Aussprache der Nasale sollte man sich Tonaufnahmen anhören und versuchen, die vier Laute unterschiedlich auszusprechen.

Je commence à avoir faim.
Ce parfum sent bon.

diphtongues

1.3 Diphthonge

Solche Kombinationen aus Vokalen werden im Regelfall wie ein Laut ausgesprochen. Sollen sie getrennt gesprochen werden, bekommt der zweite Vokal ein Trema (*haïr*).

tréma

ai, ay

Die Diphthonge *ai* und *ay*

Ai wird meist ähnlich einem deutschen langen *ä* ausgesprochen. Anhand der deutschen Beispielwörter „Nägel", „Fähre" oder „Säge" kann man sich die Aussprache eines solchen langen *ä* vergegenwärtigen.

aile, air, faire, fait, haine, raisin

Aber keine Regel ohne Ausnahme: *ai* kann auch wie ein normales deutsches *e* ausgesprochen werden.

je donnai, gai, saisir

Es kann auch wie ein französisches *e* ausgesprochen werden.

nous faisons

Hinzu kommen regionale Unterschiede.
Gelegentlich wird *ai* wie *aj* ausgesprochen. Dies ist der Fall vor einem Doppel-*l*.

caillou, maillot, paille

Vor *n* oder *m* wird der Laut nasalisiert, wie zum Beispiel bei folgenden Wörtern:

faim, main

Ay ist weniger häufig und wird meist wie ein deutsches *ei* oder *eij* ausgesprochen.

Il faut payer [gesprochen: peije] beaucoup de taxes dans ce pays [gesprochen: pei].

Der Diphthong *ei*

ei

Ei wird, besonders wenn danach *–ne* folgt, wie ein deutsches langes *ä* gesprochen. Aber bei *beige* z. B. ist die Aussprache des *ä*-Lautes offener als im Deutschen.

beige, peine, reine

Vor Doppel-*l* wird *ei* ähnlich der deutschen Buchstabenkombination *ej* ausgesprochen.

oreille, veille

Folgt nach *ei* ein *n* oder *m*, so wird der Laut nasal ausgesprochen.

peindre, Reims, rein

éi

Man darf *ei* nicht mit *éi* verwechseln, bei dem die beiden Laute getrennt ausgesprochen werden. Dies ist zum Beispiel der Fall bei der Vorsilbe *ré–* im Wort *réintégrer.*

Die Diphthonge *oi* und *oy* sowie *ui*

oi, oy, ui

Treffen die Vokale *o* und *i*/*y* aufeinander, stellt man sich am besten vor, dass ein *w* vor dem *o* steht. Das *i* wird wie ein *a* ausgesprochen, das *y* wie *aj*. Die Lautschrift für *noir* zum Beispiel ist [nwar], für *foyer* [fwaje].

loisir, noir, noix, foyer, loyer

Die Vokale *u* und *i* hintereinander verändern sich nicht besonders durch ihr gemeinsames Auftreten. Das *u* wird generell wie *ü* ausgesprochen.

cuisine, pluie

au, eau, ou

Die Diphthonge *au* und *eau* sowie *ou*

Es gibt neben dem Buchstaben *o* noch die Buchstabenkombinationen *au* und *eau*, die ebenfalls wie *o* ausgesprochen werden. Wörter, die sich mit *o* schreiben, werden allerdings mit offenem *o* ausgesprochen. Im Deutschen findet sich ein ähnlicher Laut zum Beispiel in „voll". Tauchen die Vokalfolgen *au* oder *eau* auf, spricht man das *o* geschlossen und lang aus (wie bei *ô*). Ein deutsches Beispiel wäre „Vogel".

geschlossene Aussprache	offene Aussprache
au	folle
faux	former
réseau	soleil
Rhône	sommeil

Das deutsche *u* schreibt sich auf Französisch *ou*. Das französische *u* hingegen wird wie ein deutsches *ü* ausgesprochen.

fou, fourchette, moule, nouer, pouce, pour
coiffure, cru, lune, prune, purée, sucre

eu, œu

Die Diphthonge *eu* und *œu*

Eu und *œu* („o" und „e" zusammengeschrieben) werden entweder wie *ö* ausgesprochen oder wie ein französisches *e*.

bleu, feu, œufs, vœu
jeune, œuf, peur, sœur

Eine Ausnahme bildet das *Participe passé* des Verbs *avoir*, nämlich *eu*, das wie *ü* ausgesprochen wird.

e muet

1.4 Das stumme *e*

Steht ein *e* am Wortende, was besonders bei femininen Nomen oder Adjektiven oft der Fall ist, so wird es (außer in poetischer Sprache) nicht mitgesprochen. Das *e* dient aber dazu, dass der vorangehende Konsonant sehr wohl gesprochen wird: Das „t" in „interessant" hört man nicht, in „interessante" aber sehr wohl.

Dans la vie moderne, une machine à écrire n'est plus très intéressante.

2 Konsonanten

consonnes

2.1 Sonderzeichen

signe auxiliaire

Das Sonderzeichen, das im französischen Alphabet vorkommt, ist ein *c* mit *Cédille*, einem kleinen Häkchen, das unten angefügt wird: ç.

cédille

Dieses *ç* wird wie ein stimmloses *s* ausgesprochen.

façon, glaçon

2.2 Aussprache der Konsonanten

prononciation

Ein *z* wird immer wie ein stimmhaftes *s* gesprochen. Das *s* hingegen wird am Wortanfang immer stimmlos, zwischen zwei Vokalen aber stimmhaft gesprochen. Zwei *s* hintereinander werden ebenfalls stimmlos gesprochen.

z, s

lézarde, zèbre, zone, maison, rose
soleil, sommeil, laisser, sagesse

Der Laut *s* kann außerdem mit den Buchstaben *c* (vor *e* und *i*), *sc*, *t* oder auch *x* wiedergegeben werden.

c, sc, t, x

cicatrice, scie, nation, soixante

Das *y* (*i grec*) wird im Wort wie ein *i*, am Wortanfang wie ein deutsches *j* gesprochen. Es kommt oft in Fremd- und Lehnwörtern vor.

y

lys, tyrannie, y
yaourt, yeux, yoga

Das französische *j* wird immer wie ein stimmhaftes *sch* ausgesprochen (vgl. *g* vor hellem Vokal).

j

jatte, journal, réjouir

ch hingegen wird wie ein stimmloses *sch* gesprochen.

ch

chat, chien, réchauffer

v und das selten vorkommende *w* haben die gleiche Aussprache, ähnlich dem *v* in „Klavier".

v, w

fièvre, vendre, voilà, vrai, wagon

Die Konsonantenfolge *gn* spricht sich wie *nj* in „Anja" aus.

gn

ligne, règne, soigner

g/c devant voyelle

g/*c* vor hellen oder dunklen Vokalen

Die Buchstaben *g* und *c* verhalten sich unterschiedlich – je nachdem, welcher Vokal auf sie folgt.

Vokale können in hell und dunkel unterteilt werden:
- helle Vokale: *e*, *i*
- dunkle Vokale: *a*, *o*, *u*

Wenn nun ein *g* oder *c* vor einem dunklen Vokal steht, wird es wie ein deutsches *g* bzw. *k* ausgesprochen.

ambigu, garder, gomme
calendrier, commander, culture

Kommt dahinter allerdings ein heller Vokal, so wird das *g* wie ein stimmhaftes *sch* (wie im deutschen „Gara**ge**") und das *c* wie ein stimmloses *s* ausgesprochen (wie in „fassen").

geler, léger, régime, venger
cela, cerise, cible, cidre

Es gibt Wörter, bei denen innerhalb einer Konjugation die gleiche Aussprache erhalten bleiben soll, die Ausspracheregeln dies bei gleichbleibender Schreibung aber nicht erlauben würden. Dann wird im Falle von *g* ein *e* zwischen *g* und Vokal eingefügt und das *c* wird mit *Cédille* geschrieben.
Bei *nous nag-e-ons* z. B. wird das *e* eingefügt, um die gleiche Aussprache (als stimmhaftes *sch*) wie in den anderen Personen zu ermöglichen.

nager, je nage, nous nageons

Bei *nous avan-ç-ons* muss die *Cédille* an das *c* unten angehängt werden, damit die Aussprache als stimmloses *s* durch alle Personen erhalten bleiben kann.

avancer, j'avance, nous avançons

consonnes finales

Konsonanten am Wortende

d, t, b, p, s, x

Stehen am Wortende die Konsonanten *d*, *t*, *b*, *p*, *s* oder *x* ohne *e* dahinter, so werden sie in der Regel nicht gesprochen. Bei anderen Konsonanten am Wortende lässt sich die

Aussprache des Wortes nicht mit einer Regel erfassen, sondern muss jedes Mal mitgelernt werden.

rond, esprit, aplomb, drap, trop, tapis, vers, faux

3 Liaison

liaison

intonation

Es ist wichtig und typisch französisch, nicht die einzelnen Wörter eines Satzes nacheinander, sondern immer ganze Sätze in einem Fluss zu sprechen. Im Deutschen betonen wir eher jedes Wort einzeln, im Französischen hingegen darf man nur Pausen nach Satzzeichen wie Punkt oder Komma machen. Die Betonung liegt außerdem im Französischen immer am Wort-, Phrasen- oder Satzende.
Um diese Satzmelodie zu erreichen, werden oft Wörter, die dem Sinn nach zusammengehören, aneinandergebunden. Dies ist der Fall bei Artikel und Nomen, Adjektiv und Nomen, Pronomen und Verb usw., wenn das erste Wort mit einem Konsonant aufhört und das darauffolgende mit einem Vokal beginnt.

s final

Besonders gebräuchlich ist die *Liaison* zwischen *s* und Vokal.

- *les arbres* → [verbunden zu: lesarbres]
- *avec tes propres oreilles* → [verbunden zu: propresoreilles]

Das *s*, das die Bindung zwischen den beiden Wörtern herstellt, wird dabei stimmhaft wie in „Sahne" bzw. wie ein französisches *z* gesprochen.

déterminant possessif

Solche *Liaisons* sind außerdem beim Possessivbegleiter üblich, wenn dieser mit einem *n* aufhört und das nachfolgende Wort mit einem Vokal beginnt. Hier wird das *n* gesprochen, sonst nicht.

mon oncle, ton oncle, son oncle

liaison devant h

Auch wenn ein *h* am Anfang des zweiten Wortes steht, gelten diese Regeln in den meisten Fällen, da dieser Konsonant nie gesprochen wird. Das Wort wird so behandelt, als wenn es mit einem Vokal anfangen würde; das heißt, der Konsonant vom vorherigen Wort wird an den ersten Vokal des folgenden Wortes gebunden.

Il faut que toute chose arrive à son heure.
[verbunden zu: son(h)eure]

apostrophe

4 Apostroph

Bei einem Vokal oder einem *h* am Anfang eines Wortes geschehen noch andere Prozesse, welche die Aussprache erleichtern sollen. Wenn zwei Vokale oder ein Vokal und ein *h* aufeinander treffen, wird der erste Vokal apostrophiert. Diese Regel ist besonders für die Artikel *le* und *la* wichtig.

(la) l'avenue, (la) l'héroïne, (le) l'arbre, (le) l'hôtel

pronoms réfléchis et pronoms personnels

Auch bei den Reflexiv- oder Personalpronomen (*me*, *te*, *se*) wird dann apostrophiert, wenn zwei Vokale am Wortende und Wortanfang aufeinander stoßen. Das *e* des Pronomens fällt weg.

Il m'a montré sa ville natale.
Elle s'est cassé la jambe pendant les vacances de ski.

Außerdem werden *de*, *que* und *ne* oft apostrophiert.

d'autres livres, je crois qu'il ment, je n'aime pas cela

h aspiré

Beim *h* gibt es einige wenige Ausnahmen, in denen das *h* wie ein Konsonant behandelt wird und somit weder apostrophiert noch mit einer *Liaison* verbunden wird. Dieses *h* heißt *h aspiré*.

la haine, les haricots, le héros, mon héros

Es gibt auch Wörter, die immer mit Apostroph geschrieben werden:

aujourd'hui, quelqu'un

Auf einen Blick: Alphabet und Aussprache

Das französische Alphabet entspricht in etwa dem deutschen Alphabet.

Akzente

- es gibt drei verschiedene Akzente: 1) *accent aigu*: ´ („spitz"), 2) *accent grave*: ` („schwer"), 3) *accent circonflexe:* ^
- *e*: *é*, *è*, *ê* (*état*, *remède*, *fenêtre*)
- *a*: *à*, *â* (*à*, *là*, *hâte*)
- *o*: *ô* (*côte*)
- *u*: *ù* (nur bei *où*), *û* (nach neuer Rechtschreibung nur noch in wenigen Fällen zur Unterscheidung: *sûr*, *mûr*)

Nasale

- vier verschiedene nasale Laute: 1) *France*, 2) *magasin*, 3) *bon*, 4) *lundi* Schriftbild: 1) *en/em/an/am*, 2) *in/ein/(i)en/eim/ain/aim* 3) *on/om*, 4) *un/um*

Diphthonge

- Diphthonge werden im Französischen wie ein Laut behandelt; sonst Trema (*haïr* [gesprochen: ha-ir])
- *ai*, *ay*: *faire*, *saisir* (Aussprache *ä* oder *e*), *pays* (Aussprache *ei*), *payer* (Aussprache *eij*)
- *ei*: *reine* (Aussprache *ä*)
- *ai*, *ei* vor Doppel-*l*: *paille*, *oreille* (Aussprache *aj* bzw. *ej*)
- *oi*, *oy*: *noir* (Aussprache *oa/wa*), *foyer* (Aussprache *oaj*)
- *o* wird offen gesprochen (*folle*), *au* oder *eau* geschlossen (*landau*, *réseau*)
- *ou* entspricht einem deutschen *u* (*mouton*), aber *u* einem deutschen *ü* (*fumer*)
- *eu*, *œu*: wie *ö* (*fameux*, *œufs*) oder wie französisches *e* (*sœur*); in *eu* (*avoir*) wie *ü*

Stummes e

- stummes e am Wortende sorgt für Aussprache der vorangehenden Konsonanten (*promise*, *ronde*, *intéressante*, *lézarde*)

Konsonanten

- Sonderzeichen: ç (*Cédille*), wie stimmloses *s* gesprochen
- für eine gleichbleibende Aussprache von *g* oder *c* werden ein *e* oder eine *Cédille* eingefügt: *nager – nous nageons* oder *avancer – nous avançons*

geschrieben	gesprochen
g vor dunklem Vokal (*a, o, u*)	wie ein deutsches *g* (*gonfler*)
g vor hellem Vokal (e, *i*)	wie ein stimmhaftes *sch* (*garage*)
c vor dunklem Vokal (*a, o, u*)	wie ein deutsches *k* (*contrôler*)
c vor hellem Vokal (e, *i*)	wie ein stimmloses *s* (*cerise*)
z	stimmhaftes *s* (*zèbre*)
s am Wortanfang oder *ss*	stimmlos (*soleil, assis*)
s zwischen zwei Vokalen	stimmhaft (*rose*)
y am Wortanfang	wie ein deutsches *j* (*yeux*)
y in der Wortmitte	*i* (*tyrannie*)
j	stimmhaftes *sch* (*journal*)
ch	stimmloses *sch* (*chat*)
v/w	wie ein deutsches *w* (*voile*)
gn	wie ein deutsches *nj* (*agneau*)
d, t, b, p, s oder *x* am Wortende	werden nicht ausgesprochen

Liaison

- Intonation: Betonung am Wort-, Phrasen- oder Satzende
- *Liaison* dient zur Vereinfachung der flüssigen Aussprache
- am häufigsten bei *s* + Vokal (*les arbres*) und beim Possessivbegleiter: *mon/ton/son* + Vokal (*ton anniversaire*)

Apostroph

- Apostrophierung des ersten Vokals bei bestimmtem Artikel Singular + Vokal am Wortanfang (*l'* statt *le/la*: *l'arbre*) und bei Reflexiv-/Personalpronomen *me/te/se* (*il s'est demandé*)
- Wörter, die mit *h* beginnen, werden so behandelt, als wenn sie mit einem Vokal beginnen würden (l'hôtel); außer *h aspiré* bei manchen Wörtern (dann keine *Liaison* und keine Apostrophierung)

Nomen und Artikel

Nomen, auch Hauptwörter oder Substantive genannt, sind wesentliche Bestandteile eines Satzes. Sie können verschiedene Funktionen einnehmen: Subjekt, Objekt, präpositionale Ergänzung. Sie bezeichnen Personen und andere Lebewesen, konkrete Gegenstände sowie abstrakte Begriffe und haben stets einen Begleiter bei sich. Das ist im einfachsten Fall ein bestimmter oder unbestimmter Artikel.

Im folgenden Kapitel werden unter anderem Merkhilfen zum Geschlecht der Nomen gegeben und der Gebrauch der verschiedenen Artikel wird erläutert.

nom

1 Nomen

genre : féminin, masculin

Nomen (Substantive) können vom Genus (Geschlecht) her feminin (weiblich) oder maskulin (männlich) sein.

nombre : singulier, pluriel

Weiterhin haben die meisten Nomen eine Singularform (Einzahl) und eine Pluralform (Mehrzahl). Das ist der Numerus.

genre

1.1 Genus

Ein Nomen kann feminin sein; dann hat es den Artikel *la* oder *une* bei sich. Oder es ist maskulin; dann wird es vom Artikel *le* oder *un* begleitet.

> feminines (weibl.) Nomen: *la rose/une rose*
> maskulines (männl.) Nomen: *le tournesol/un tournesol*

Es gibt Nomen, die zwei Formen haben: eine weibliche und eine männliche.
Die weibliche Form wird im Normalfall durch Anhängen eines *e muet* gekennzeichnet.

un employé/une employée

Bei anderen Nomen erkennt man die weibliche Form und Bedeutung nur am weiblichen Artikel, die männliche entsprechend am männlichen Artikel.

un élève/une élève

champs sémantiques

Maskuline und feminine Nomen nach Wortfeldern

Man kann nicht vom Deutschen aufs Französische schließen, welche Nomen welches Genus haben. Aber einige Hinweise können helfen, das Lernen der Nomen und der zugehörigen Artikel zu erleichtern. Wer Latein kann, hat hier Vorteile. Wörter, die im Lateinischen z. B. feminin sind, sind es meist auch im Französischen.
Wie im Deutschen haben Nomen mancher Wortfelder das gleiche Genus.

> Bäume, Jahreszeiten, Wochentage, Metalle, Sprachen und Farben sind maskulin.

le chêne, le sapin
l'hiver, le printemps, l'été, l'automne
le lundi, le mardi ...
le cuivre, le laiton, le zinc
le français, le grec
le bleu, le rose

Länderbezeichnungen und Namen für Kontinente sind überwiegend feminin.

la Chine, la Pologne, l'Europe, l'Océanie

Maskuline und feminine Endungen

terminaisons masculines et féminines

terminaisons maculines

Nomen mit folgenden Endungen sind meist maskulin:

–age	le rivage, le sondage
–ail	le chandail, le détail, le travail
–al	le canal, le journal
–eau	le bateau, le manteau
–ège	le collège, le manège, le sacrilège
–et	le cabinet, le robinet
–ier	le cahier, le métier
–isme	l'impressionnisme, le socialisme
–ment	l'abonnement, le paiement
–oir	le devoir, le manoir

Un abonnement au journal «Le Miroir» coute assez cher.

exceptions

Bei den Nomen, die auf *–age* enden, gibt es sechs Ausnahmen, die das Merken lohnen:

- *la cage* → der Käfig
- *l'image* → das Bild
- *la nage* → das Schwimmen
- *la page* → die Seite
- *la plage* → der Strand
- *la rage* → die Wut

J'ai traversé le fleuve à la nage.

Zwei Nomen auf *-eau* sind feminin:
- *l'eau* → das Wasser
- *la peau* → die Haut, das Fell

Il a glissé sur une peau de banane.

terminaisons féminines

Nomen mit folgenden Endungen sind meist feminin:

-ance	la connaissance, la jouissance
-ence	la clémence, la violence
-esse	la jeunesse, la politesse
-ette	la bicyclette, la sonnette
-(t)ion	la conclusion, la dévotion, la nation
-logie	la biologie, la théologie
-rie	la rêverie, la sonnerie
-(i)té	la bonté, l'égalité, la fraternité

La Révolution française a prôné la liberté, l'égalité et la fraternité.

personnes et nationalités

Personen und Nationalitäten

Nomen, die Personen bezeichnen, haben meist sowohl feminine wie maskuline Formen, wie zum Beispiel „der Bäcker" und „die Bäckerin". Das funktioniert nach folgenden Mustern:

personnes

maskulin	**feminin**
-ant l'assistant	-ante l'assistante
-e le prince	-esse la princesse
-ent le client	-ente la cliente
-(i)er le boulanger, le cuisinier	-(i)ère la boulangère, la cuisinière
-eur le vendeur	-euse la vendeuse
-ien le magicien	-ienne la magicienne
-in le cousin	-ine la cousine

–teur l'acteur	–trice l'actrice

Mon boulanger préféré vend des produits bios.

nationalités

Bei Nationalitätenbezeichnungen lassen sich solche Änderungen an der Wortendung ebenfalls gut sehen.

maskulin	feminin
–ain américain	–aine américaine
–ais français	–aise française
–an persan	–ane persane
–and allemand	–ande allemande
–ois suédois	–oise suédoise
–on breton	–onne bretonne

On dit que les Allemands voyagent beaucoup.

Berufsbezeichnungen

professions

Für Deutsche etwas ungewöhnlich, hat das Französische nicht für alle Berufsbezeichnungen eine eigene weibliche Form. Neuerdings sieht man bei manchen Berufen allerdings auch die weiblichen Formen (z. B. *une autrice, une ingénieure, une professeure*). Es ist möglicherweise nur eine Frage der Zeit, bis beide Formen als „normal" empfunden werden.

Maskuline Nomen, die Männer und Frauen bezeichnen können, sind unter anderem:

- *un auteur* → ein Autor/eine Autorin
- *un ingénieur* → ein Ingenieur/eine Ingenieurin
- *un médecin* → ein Arzt/eine Ärztin
- *un professeur* → ein Lehrer/eine Lehrerin

Le médecin qui a guéri mon ami était notre voisine.

Manchmal liest man zur Präzisierung das Wort *femme* vor der jeweiligen Berufsbezeichnung: *une femme médecin.*

nombre

1.2 Numerus

Der Plural wird im Französischen ziemlich regelmäßig gebildet.

Im Normalfall wird für den Plural einfach ein *-s* an den Singular des Nomens angehängt. Dieses *-s* wird nicht gesprochen.

le propriétaire	les propriétaires
la voiture	les voitures

Les propriétaires de grosses voitures ont beaucoup de difficultés pour se garer en ville.

Es gibt für die Pluralbildung einige Ausnahmen, die sich aber zu Gruppen zusammenfassen lassen.

pluriel des noms en -s, -x, -z

Plural der Nomen auf *-s*, *-x* oder *-z*

Die Nomen, die bereits im Singular auf *-s*, *-x*, oder *-z* enden, ändern sich nicht. Sie lauten im Singular gleich wie im Plural:

une fois	trois fois
le temps	les temps

Les temps du passé s'emploient en français d'une autre manière qu'en allemand.

la noix	les noix
le prix	les prix

Bien des gens ont une allergie aux noix.

le nez	les nez

Les Chinois ont généralement le nez plus petit que les Européens.

Plural der Nomen auf –*(e)au*, –*eu*

pluriel des noms en –(e)au, –eu

Dann gibt es Nomen, die nur im Plural auf –*x* enden. Die meisten Nomen, die im Singular auf –*(e)au* oder –*eu* enden, bilden den Plural auf –*x*.

le noyau	les noyaux
le château	les châteaux
le feu	les feux
le lieu	les lieux

Les châteaux de la Loire sont très célèbres.

Aber keine Regel ohne Ausnahmen. Es gibt Nomen, die den Plural dennoch auf –*s* bilden:

le landau	les landaus
le pneu	les pneus
la queue	les queues

Il me faut de nouveaux pneus pour mon vélo.

Plural der Nomen auf –*al*, –*ail*

pluriel des noms en –al, –ail

Nomen auf –*al* bilden meist den Plural auf –*aux*:

l'animal	les animaux
le journal	les journaux

Les journaux publient les résultats des élections à la une.

Manche der Nomen, die unter diese Kategorien fallen, sind der regelmäßigen Bildung des Plurals auf –*s* treu geblieben:

le bal	les bals
le festival	les festivals

Cette année, les festivals ne sont pas intéressants.

Nomen auf –*ail* folgen in der Mehrzahl dem regelmäßigen Plural auf –*s*, es gibt aber Wörter, die auf –*aux* enden und damit in der Endung formal den Nomen auf –*al* im Plural gleichen:

le détail	les détails
le rail	les rails
le travail	les travaux

J'ai besoin de plus de détails !

pluriel des noms en -ou

Plural der Nomen auf *-ou*

Die meisten Nomen, die auf *-ou* enden, folgen dem regelmäßigen Plural auf *-s*:

le clou	les clous
le trou	les trous

exceptions

Die Ausnahmen dieser Gruppe, das heißt die Nomen, die im Plural auf *-x* enden, sind: le bijou, le caillou, le chou, le genou, le hibou, le joujou, le pou.

Il y a beaucoup de jolis cailloux sur la plage.

prononciation ou orthographe différentes

Veränderte Aussprache oder Schreibung im Plural

Neben diesen Besonderheiten in der Pluralbildung gibt es noch einige Wörter, die sich je nach Numerus durch eine unterschiedliche Aussprache und eine unregelmäßige Schreibung auszeichnen.

Bei den folgenden Wörtern wird das *-f* bzw. *-s* am Ende nur im Singular ausgesprochen:

le bœuf	les bœufs
l'œuf	les œufs
l'os	les os

Pour faire des crêpes, il faut de la farine, des œufs, du beurre et du lait.

Die folgenden Wörter werden im Plural anders geschrieben und gesprochen als im Singular:

l'œil	les yeux
madame	mesdames
mademoiselle	mesdemoiselles
monsieur	messieurs

On a tous les yeux bleus dans ma famille.

Der Plural zusammengesetzter Wörter

pluriel des mots composés

Auch wenn das Französische bei Weitem nicht über so viele zusammengesetzte Wörter verfügt wie das Deutsche – so gibt es sie doch. Die neue französische Rechtschreibung sieht vereinfachte Regelungen für die zusammengesetzten Wörter vor.

adjectif + nom, nom + nom, adjectif + adjectif

Beide Teilwörter werden im Plural mit einem *-s* versehen, wenn es sich um eine Kombination aus Adjektiv und Nomen, zwei Nomen oder zwei Adjektiven handelt:

la grand-mère	les grands-mères
le petit-enfant	les petits-enfants
le chou-fleur	les choux-fleurs
le sourd-muet	les sourds-muets

Les grands-mères cuisinent toujours très bien.

verbe + nom, préposition + nom

Besteht ein zusammengesetztes Wort aus einem Verb und einem Nomen oder aus einer Präposition und einem Nomen, so schreibt man im Plural nur das zweite Wort mit einem *-s*.

le gratte-ciel	les gratte-ciels
le lave-vaisselle	les lave-vaisselles
l'arrière-pensée	les arrière-pensées

À New York, il y a beaucoup de gratte-ciels.

mots sans trait d'union

Bei nicht mit Bindestrich versehenen, aber zusammengehörenden Wörtern erhält nur das erste Wort das Plural *-s*.

l'appareil photo	les appareils photo
la brosse à dent	les brosses à dent

Les appareils photo qu'ils vendent dans ce magasin sont très chers.

Pluralwörter

noms sans singulier

Als Pluralwörter (Pluraliatantum) bezeichnet man solche Nomen, die nur im Plural vorkommen und von denen kein Singular gebildet werden kann. Deutsche Pluralwörter sind zum Beispiel: „die Ferien", „die Leute". Auf Französisch werden diese Wörter ebenfalls im Plural verwendet: *les vacances, les gens.*

Weitere häufige Pluralwörter auf Französisch sind:

les alentours	die Umgebung
les échecs	das Schachspiel
les épinards	der Spinat
les lunettes	die Brille
les ténèbres	die Finsternis
les toilettes	die Toilette

Est-ce que tu as vu des toilettes dans ce parc ?
Non, j'ai oublié mes lunettes. Je ne vois rien.

Zwar kann zu den obigen Begriffen eine Singularform existieren; das Wort bedeutet aber dann etwas anderes.

l'échec	das Scheitern
l'épinard	der botanische Spinat
la lunette	das Fernrohr
la toilette	die Hygiene

La lunette de Galilée avait seulement quelques centimètres de diamètre.

article

2 Artikel

In den allermeisten Fällen muss im Französischen ein Artikel (oder Begleiter) vor dem Nomen stehen. Wie im Deutschen gibt es bestimmte und unbestimmte Artikel.

article défini

2.1 Bestimmter Artikel

formes

Formen

Zunächst zu den Formen, die der französische bestimmte Artikel annehmen kann. Er richtet sich in Genus und Numerus nach dem Nomen, das er begleitet. Im Plural hat der bestimmte Artikel immer die Form *les*.

	maskulin	feminin
Singular	le, l'	la, l'
Plural	les	les

Les bananes ne sont pas encore mures.

Im Singular wird der Vokal des Artikels apostrophiert, wenn das Nomen, vor dem er steht, mit einem Vokal oder einem *h* – aber nicht mit einem *h aspiré*! (s. dazu auch das Kapitel „Alphabet und Aussprache") – beginnt. Im Plural geschieht das nie.

Les odeurs de la cuisine de l'hôtel me mettent l'eau à la bouche.

Gebrauch

emploi

Der bestimmte Artikel wird eingesetzt, wenn das Nomen, auf das er sich bezieht, dem Leser oder Zuhörer bereits bekannt ist oder eindeutig bestimmt ist.

Ist das nicht der Fall, ist es logischer, den unbestimmten Artikel zu verwenden.

Aujourd'hui, j'ai vu un serpent.
C'était le serpent de mon frère.
Le frère de Yannick est très intelligent.

Man verwendet den bestimmten Artikel auch, wenn man allgemein gültige Aussagen treffen möchte.

In solchen Fällen spricht man nicht von einem bestimmten, individuellen Lebewesen oder einer speziellen Sache, sondern von allen Typen derselben Art. Zum Beispiel kann eine solche Aussage eine ganze Tiergattung betreffen.

La souris est un mammifère.

Verschmelzung mit *à* oder *de*

à, de + article

Wenn der bestimmte Artikel *le* oder *les* aufgrund seiner Position und Funktion im Satz auf die Präposition *à* oder *de* trifft, so verschmilzt er zu einem neuen Wort.

- *à + le* → *au*
- *à + les* → *aux*
- *de + le* → *du*
- *de + les* → *des*

Demain je vais aller au théâtre.
Il est aux toilettes.
Je te montre les photos du voisin.

Die Formen *la* und *l'* sind von diesen Verschmelzungen nicht betroffen.

Demain, je vais aller à l'école.

Besonders aufpassen muss man beim Wörtchen *des*, da es sowohl der unbestimmte Artikel Plural als auch die Kombination aus *de* und bestimmtem Artikel Plural *les* sein kann. Wenn man im Deutschen „von den" einsetzen könnte, handelt es sich um *de* + *les*. In deutschen Sätzen würde an dieser Stelle der Genitiv stehen.

Je te montre des photos.
Je te montre les photos des voisins.

article indéfini

2.2 Unbestimmter Artikel

Wenn das Nomen aus dem Kontext noch nicht bekannt ist, muss man den unbestimmten Artikel verwenden.

Die Formen des unbestimmten Artikels lauten wie folgt:

	maskulin	feminin
Singular	un	une
Plural	des	des

Il y a un magnolia dans le jardin.
Il y a une plante exotique dans le jardin.
Il y a des magnolias dans le jardin.
Il y a des plantes exotiques dans le jardin.

Im Gegensatz zum Deutschen („Schnecken essen") hat auch der unbestimmte Artikel eine Pluralform: *des.*

Nous mangeons des escargots.

Bei vorangestellten Adjektiven kann der unbestimmte Artikel zu *de* verkürzt werden. Dieses Phänomen findet man in geschriebener Sprache häufiger als in gesprochener.

On va acheter de gros champignons de Paris. Leur gout est souvent meilleur.

2.3 Mit und ohne Artikel

avec ou sans article

Ohne Artikel

sans article

Vor Prädikatsnomen stehen meist keine Artikel.

Unter Prädikatsnomen versteht man allgemein Nomen, die unter anderem mit den Verben *être*, *sembler*, *paraître*, *devenir*, *rester*, *demeurer* das Prädikat bilden.

professions

Dies gilt z. B. für Berufsbezeichnungen. Hier benutzt man - wie im Deutschen - keinen Artikel.

Je suis coiffeuse.

Wenn aber das Prädikatsnomen näher bestimmt ist, wird ein Artikel eingesetzt.

Mme Duval est la coiffeuse du quartier.

nationalité, nom propre, lieu

Diese Regel trifft ebenso für die Angabe der nationalen Herkunft zu; auch Eigennamen und Ortsbezeichnungen stehen gewöhnlich ohne Artikel.

Je suis Allemande.
Est-ce que tu t'appelles Marie-Claire ?
Elle connait très bien Paris.

expressions figées

Schließlich gibt es noch eine Reihe von feststehenden Wendungen, die ohne Artikel vor dem Nomen auskommen. Dazu gehören diese Ausdrücke:

- *avoir envie de* → Lust haben auf
- *avoir/donner raison* → Recht haben/geben
- *avoir faim/soif* → Hunger/Durst haben
- *faire attention* → aufpassen, vorsichtig sein
- *parler affaires* → von Geschäften sprechen
- *perdre patience* → die Geduld verlieren

In folgenden Sätzen kann man sich die Anwendung dieser Ausdrücke vor Augen führen:

J'ai très faim. Est-ce qu'on va aller manger?
Fais attention ! Il y a un feu rouge.
Est-ce que tu as envie d'aller au cinéma ce soir?
Tu as raison, ce film était vraiment embêtant.
Ces hommes là-bas parlent affaires. Cela se voit de loin.
Tu me donnes tout de suite la télécommande. Sinon, je vais perdre patience.

avec article

Mit Artikel

Andererseits haben bestimmte französische Wendungen einen Artikel, die im Deutschen keinen haben.

- *apprendre le français* → Französisch lernen
- *avoir le temps* → Zeit haben
- *ne pas avoir le temps* → keine Zeit haben
- *fumer la pipe* → Pfeife rauchen

Auch hier wieder einige Beispielsätze:

Depuis trois ans, j'apprends le français.
Je n'avais pas le temps de t'en informer avant.
Mon grand-père fumait la pipe pendant toute sa vie.

Bei „Zeit haben" und „Freizeit haben" sollte man sich eine Besonderheit gleich merken. Es heißt zwar: *avoir le temps*, aber es heißt: *avoir du temps libre.*

Dans le courant de la semaine prochaine, je vais avoir du temps libre et je vais t'appeler.

Staaten und Länder werden gewöhnlich mit Artikel genannt.

Elle connait la France.

2.4 Teilungsartikel

article partitif

Der Teilungsartikel wird auch partitiver Artikel genannt. Er heißt so, weil er sich auf Teile eines großen Ganzen bezieht. Gebildet wird er aus der Präposition *de* und dem bestimmten Artikel *le*, *la*, *l'* oder *les*.

Er kann also folgende Formen annehmen:

	maskulin	feminin
Singular	du, de l'	de la, de l'
Plural	des	des

> Der Teilungsartikel unterscheidet sich vom unbestimmten Artikel maßgeblich dadurch, dass er bei nicht-zählbaren Dingen oder einer unbestimmten Menge angewendet wird.

Im Deutschen steht an der Stelle des französischen partitiven Artikels nichts.

Le matin, d'habitude, je bois du café au lait.

Der Teilungsartikel wird häufig bei Nahrungsmitteln benutzt. Will ich Käse kaufen, so kaufe ich einen Teil einer größeren Menge. Wie groß die Menge an Käse ist, die es im Supermarkt gibt, ist dabei unbedeutend. Es ist zudem unwichtig, wie groß die Menge an Käse ist, die ich kaufen will. Die Teilmenge ist also unbestimmt.

Est-ce que tu veux manger du fromage ce soir ?

quantité non comptable

Neben der unbestimmten Teilmenge gibt es auch eine unbestimmte Stoffmenge. Hierbei handelt es sich um Mengen, die nicht zählbar sind, wie zum Beispiel Flüssigkeiten.

Mon frère ne boit que du vin rouge français.

article partitif au pluriel

Rein logisch betrachtet kann der partitive Artikel nur im Singular vorkommen, da Teilmengen einer unendlichen Menge kaum in der Mehrzahl stehen können. Aber wenn das Nomen im Plural gebräuchlich ist, so wird auch der partitive Artikel im Plural davor stehen. Formal gibt es keinen Unterschied zum unbestimmten Artikel Plural.

Nous allons manger des pâtes ce soir, d'accord ?

notions abstraites

Auch viele Begriffe, die Emotionen oder Abstraktes ausdrücken, wie zum Beispiel *expérience*, *savoir*, *fidélité* oder *bonheur*, benötigen den Teilungsartikel.

Il a de l'expérience dans le domaine de l'art contemporain.

Begriffe wie zum Beispiel „Glück" können mit partitivem und mit bestimmtem Artikel verwendet werden. Der bestimmte Artikel steht bei allgemein gültigen Aussagen.

Il faut du bonheur pour réussir dans la vie.
Le bonheur se montre toujours quand on n'y croit plus.

l'article et la négation

2.5 Der Artikel nach einer Verneinung

de partitif

In verneinenden Sätzen kann nach den Verneinungspartikeln *ne ... pas* oder *ne ... jamais* entweder der bestimmte Artikel oder nur *de* stehen. Dieses *de* wird auch partitives *de* genannt.
Wenn in einem Satz der bestimmte Artikel vor dem Nomen steht, so bleibt dies auch im verneinten Satz so.

Il n'a pas lu le livre que je lui ai offert.

Das partitive *de* wird in zwei Fällen verwendet: Es steht zum einen in Sätzen, in denen der bestimmte Artikel nicht möglich ist; im bejahenden Satz würde hier der Teilungsartikel stehen.

Oui, merci, je prends de la tarte comme dessert.
Non merci, je ne prends pas de tarte comme dessert.

Zum anderen steht das partitive *de* in verneinten Sätzen, wenn im bejahten Satz der unbestimmte Artikel stehen würde.

Oui, merci, je prends un morceau de cette tarte délicieuse.
Non, merci, je ne prends pas de morceau de cette tarte délicieuse.

Das Nomen hat hier die Funktion des direkten Objekts (*COD*).

complément d'objet direct

Handelt es sich nicht um das *COD*, das hinter dem Verneinungspartikel *pas* steht, so gelten die eben erklärten Regeln nicht. Beim Prädikatsnomen bleibt der Artikel in bejahten wie verneinten Sätzen gleich und das partitive *de* kommt nicht zum Einsatz.

attribut

Nous ne sommes pas des professionnels de danse moderne. Nous sommes des amateurs.

2.6 Mengenangaben

expressions de quantité

In der Regel steht nach Mengenangaben das partitive *de*. Genus und Numerus des Nomens werden nicht berücksichtigt, sondern es folgt nach dem Mengenausdruck nur das Wörtchen *de* vor dem Nomen.
Dabei kann man zwischen relativen und absoluten Mengenangaben unterscheiden. In beiden Fällen steht das partitive *de*.

Zu den relativen Mengenangaben zählen die folgenden Ausdrücke:
- *beaucoup de* → viele
- *énormément de* → viel(e)
- *un grand nombre de* → eine große Anzahl von
- *peu de* → wenig
- *plus de* → mehr
- *tant de* → so viel

Un grand nombre de personnes âgées s'intéressent aux cours de langue.
Tu as plus d'expérience dans le métier que moi.
Il y a tant de pigeons à Venise que les gens en ont assez.

Auch die exakten Mengenangaben stehen mit partitivem *de*:

- *une bouteille de* → eine Flasche
- *un kilo de* → ein Kilo
- *un morceau de* → ein Stück
- *une tasse de* → eine Tasse
- *un verre de* → ein Glas

Je voudrais un kilo d'oranges, trois bouteilles de vin rouge et 100 grammes de charcuterie, s'il vous plait.

Nach folgenden Mengenausdrücken steht nicht das partitive *de*, sondern der Teilungsartikel:

- *bien du/de la/des* → sehr viel(e)
- *la moitié du/de la/des* → die Hälfte
- *la plupart du/de la/des* → die meisten

Nous avons bien des choses à faire pour demain.
La plupart du temps, on a parlé de notre passé.

Auf einen Blick: Nomen und Artikel

Nomen: Genus

- maskulin/feminin: im Normalfall wird die feminine Form eines Nomens mit einem *e muet* (*un employé/une employée*) oder durch den Artikel (*un élève/une élève*) gekennzeichnet
- maskuline Nomen: Bäume, Jahreszeiten, Wochentage, Metalle, Sprachen, Farben
- feminine Nomen: Länder, Kontinente
- Endungen bei Personen:

mask.	*-ant*	*-e*	*-ent*	*-(i)er*	*-eur*	*-ien*	*-in*	*-teur*
fem.	*-ante*	*-esse*	*-ente*	*-(i)ère*	*-euse*	*-ienne*	*-ine*	*-trice*

- Endungen bei Nationalitäten:

mask.	*-ain*	*-ais*	*-an*	*-and*	*-ois*	*-on*
fem.	*-aine*	*-aise*	*-ane*	*-ande*	*-oise*	*-onne*

- sonstige maskuline Endungen: *-age, -ail, -al, -eau, -ège, -et, -isme, -ment, -oir*
- sonstige feminine Endungen: *-ance, -ence, -ette, -(t)ion, -logie, -rie, -(i)té*
- Berufsbezeichnungen sind meistens maskulin, auch für Frauen (*un auteur, un ingenieur, un médecin, un professeur*)

Nomen: Numerus

- Pluralbildung: Anhängen von *-s* an das Wort im Singular (*la grenouille – les grenouilles*)
- ohne Veränderung: Wörter auf *-s, -x, -z* (*les mois, les voix, les nez*)
- Plural auf *-x* meistens bei Wörtern mit den Endungen *-(e)au, -eu*. Nomen auf *-al* verändern sich meist zu *-aux*, viele Nomen auf *-ail* auch
  le vœu → les vœux, le chateau → les chateaux, le cheval → les chevaux, le travail → les travaux
- der Plural bleibt bei manchen Nomen dieser Gruppen auf *-s* (*les landaus, les pneus, les festivals, les détails*)
- Plural der Nomen auf *-ou* in der Regel mit *-s* (*les clous*)
- Unterschiede in der Aussprache: *les bœufs, les œufs, les os*
- große Unterschiede in der Schreibung: *les yeux* (*un œil*), *les mesdames, les mesdemoiselles, les messieurs*

Zusammengesetzte Wörter

- Plural-*s* an beiden Wörtern bei Adjektiv-Nomen/Nomen-Nomen/Adjektiv-Adjektiv (*les grands-mères, les choux-fleurs, les sourds-muets*)
- Plural-*s* am zweiten Wort bei Verb-Nomen/Präposition-Nomen (*les gratte-ciels, les arrière-pensées*)
- Plurals-*s* nur am ersten Wort bei nicht mit Bindestrich verbundenen, aber zusammengehörenden Wörtern (*les brosses à dent*)

Artikel

	mask. Singular	fem. Singular	mask./fem. Plural
best. Artikel	le, l'	la, l'	les
best. Artikel mit *à*	au, à l'	à la, à l'	aux
best. Artikel mit *de*/Teilungsartikel	du, de l'	de la, de l'	des
unbest. Artikel	un	une	des

- Gebrauch des bestimmten Artikels: vor bereits bekannten Nomen, bei allgemein gültigen Aussagen
- Gebrauch des unbestimmten Artikels: vor noch nicht bekannten Nomen. Auch im Plural!
- kein Artikel bei Prädikatsnomen (*Il est suédois.*), bei bestimmten Wendungen (*avoir faim, donner raison*)
- Teilungsartikel (partitiver Artikel): bei unzählbaren, unendlichen, unbestimmten Stoffmengen, Teilmengen (z.B. Nahrungsmittel), Abstrakta
- Bei Verneinung: partitives *de* vor *COD* (*Je ne vois pas de maison.*)
- Mengenangaben: partitives *de* (*beaucoup de, plus de, tant de*) oder Teilungsartikel (*bien du, la plupart du*)

Adjektiv und Adverb

Adjektive heißen auf Deutsch „Eigenschaftswörter", weil sie Eigenschaften von Dingen oder Lebewesen beschreiben. Sie beziehen sich auf Nomen und richten sich auch im Französischen in Genus und Numerus nach ihnen. Adverbien (Umstandswörter) hingegen bestimmen Verben sowie Adjektive näher. Sie bleiben – wie im Deutschen – unverändert.

Adjektive sowie Adverbien können gesteigert werden, um Vergleiche anzustellen.

adjectifs

1 Adjektive

accord de l'adjectif

Wie Nomen auch, verfügen Adjektive über verschiedene Formen – je nach Genus und Numerus.

> Adjektive gleichen sich immer an das Nomen an, auf das sie sich beziehen. Ein feminines Nomen im Singular wird somit von einem femininen Adjektiv im Singular begleitet.

La vache blanche regarde les gens avec des yeux doux.

Die feminine Endung wird beim Adjektiv, wie beim Nomen, durch das Anfügen eines –e gekennzeichnet.

Une jolie femme entre dans le bâtiment.

Wie bei den Nomen gibt es bei den Adjektiven charakteristische Endungen, wie zum Besispiel *–ant*, *–eux* oder *–able*. Manchmal ändert sich an der femininen Form zusätzlich zum Endungs –e noch etwas (s. dazu auch das Kapitel „Nomen und Artikel").

genre

1.1 Genus

Es gibt Adjektive mit einer Endung, mit zwei und sogar mit drei Endungen im Singular. Die feminine Form ist also entweder identisch mit der maskulinen (das ist bei etwa der Hälfte der Adjektive der Fall) oder sie hat eine eigene Endung.

> Meistens wird für die feminine Endung ein *e muet* angehängt.

Die dritte Form, die manche Adjektive haben, ist eine zweite maskuline Form. Sie wird verwendet, wenn das nachfolgende Nomen mit einem Vokal beginnt.

adjectifs avec deux terminaisons au singulier

Adjektive mit zwei Endungen im Singular

Adjektive können auf Endungen wie *–ant* oder *–eux* auslauten, die auch bei Nomen vorkommen. Für Femininum und

Maskulinum gibt es bei dieser Gruppe von Adjektiven je eine eigene Form.

féminin : e

Hier eine Übersicht über mögliche Endungen im Singular, bei denen nur ein –e für die feminine Form hinzukommt:

Endung	maskulin Sing.	feminin Sing.
–al/ale	loyal	loyale
–ant/ante	charmant	charmante
–ent/ente	récent	récente
–in/ine	enfantin	enfantine
–Vokal	vrai	vraie

prononciation nasale

Die maskuline Endung *–in* wird nasal und die feminine Endung *–ine* nicht nasalisiert ausgesprochen.

Ce jeu enfantin ne me plait plus.
Est-ce que vous connaissez une chanson enfantine ?

adjectifs terminés par une voyelle

Adjektive wie *vrai* oder *joli*, die einen Vokal am Wortende haben, enden in der femininen Form auf –e, die Aussprache bleibt aber gleich, wie im Maskulin.

C'est une expérience vraie pour tout le monde.

prononciation de la consonne finale

Bei Adjektiven, die in der maskulinen Form einen nicht gesprochenen Konsonanten am Wortende haben, wird dieser Endkonsonant im Feminin hörbar.

Est-ce que tu as des photos récentes de Jean ?

terminaisons féminines

Dann gibt es noch die Gruppe von Adjektiven, deren Endung sich verändert, um die feminine Form zu bilden. Hierzu gehören folgende Adjektive mit ihren Endungen:

Endung	maskulin Sing.	feminin Sing.
–c/que	public	publique
–eur/euse	menteur	menteuse
–eux/euse	délicieux	délicieuse
–(i)er/(i)ère	cher fier	chère fière
–(i)f/(i)ve	neuf primitif	neuve primitive

-on/onne	bon	bonne
-s/-sse	bas	basse
-(ti)el/(ti)elle	ponctuel essentiel	ponctuelle essentielle

Bei manchen Adjektiven wie *bon*, *bas* oder *gros* verdoppelt sich der Konsonant am Wortende. Dazu zählt auch *gentil/gentille*.

Je t'ai attendu une bonne demi-heure devant le cinéma, après je suis parti.
Elle a été très gentille avec nous.

blanc/blanche
franc/franche

Die Adjektive *blanc* und *franc*, die beide auf *-c* enden, haben die weibliche Endung *-che*.

	maskulin	feminin
Singular	blanc	blanche
Plural	blancs	blanches

Une robe blanche se salit tout de suite.

frais/fraiche

Die Endung *-che* taucht auch bei dem Adjektiv *frais* auf. Das Femininum zu *frais* lautet *fraiche*.

Servez le gâteau tiède avec de la crème fraiche.

faux/fausse

Das Adjektiv *faux* hat die feminine Form *fausse*, so dass dieses Wort die folgenden vier Formen hat:

	maskulin	feminin
Singular	faux	fausse
Plural	faux	fausses

Les voleurs ont volé le faux tableau/les faux tableaux.
Les voleurs ont volé la fausse peinture/les fausses peintures.

jaloux/jalouse

Jaloux hingegen, das ebenfalls auf *-x* endet, hat die feminine Form *jalouse*; der Laut am Wortende ist ein stimmhaftes *s*. Im Plural maskulin ändert sich das Adjektiv nicht, da es bereits im Singular auf *-x* aufhört.

	maskulin	feminin
Singular	jaloux	jalouse
Plural	jaloux	jalouses

Elle est jalouse de tout ce qu'il fait sans elle.

doux/douce

Das Adjektiv *doux* heißt im Femininum *douce*.

	maskulin	feminin
Singular	doux	douce
Plural	doux	douces

Pour cette recette, il faut des patates douces.

long/longue

Die feminine Form von *long* heißt *longue*.

Elle porte toujours des jupes longues.

Adjektive mit nur einer Singularform

adjectifs avec une seule terminaison au singulier

Es gibt eine ganze Reihe von Adjektiven, die nur eine Endung für die feminine und die maskuline Form haben. Der letzte Buchstabe ist bereits ein (unbetontes) –*e*, und es wird in der femininen Form kein weiteres –*e* angehängt.

Endung	maskulin/feminin
–able	faisable, irresponsable
–ible	irréversible, visible
–ique	fantastique, magnifique

Je connais un château magnifique dans les environs.

Adjektive mit drei Endungen im Singular

adjectifs avec trois terminaisons au singulier

Den Adjektiven *beau, fou, nouveau* und *vieux* ist gemeinsam, dass sie zwei verschiedene Formen im Maskulinum Singular haben. Mit der femininen Endung haben sie also drei Formen im Singular. Diese Adjektive stehen meist vor dem Nomen.

> Steht *beau, fou, nouveau* oder *vieux* vor einem maskulinen Nomen, das mit einem Vokal beginnt, so endet das Adjektiv auf –*l*.

singulier

Im Singular werden folgende Formen gebraucht:

maskulin	maskulin vor Vokal	feminin
beau	bel	belle
fou	fol	folle
nouveau	nouvel	nouvelle
vieux	vieil	vieille

Elle est folle de musique.

Die zweite maskuline Form ermöglicht eine flüssigere Aussprache. Das *l* von *bel* wird in der gesprochenen Sprache an ein Nomen, das mit einem Vokal beginnt, gebunden.

Le chêne est un bel arbre.

Bei einem Konsonant am Anfang des Bezugsnomens wird die erste maskuline Form des Adjektivs eingesetzt.

Ma copine a un très beau cheval.

pluriel

Im Maskulin Plural wird bei *fou* ein *-s* angehängt. Die anderen maskulinen Adjektive enden im Plural auf *-x*.

maskulin	feminin
beaux	belles
fous	folles
nouveaux	nouvelles
vieux	vieilles

Quelques vétérans de la guerre sont devenus fous.

participe passé comme adjectif

Participe passé als Adjektiv

Das *Participe passé* eines Verbs kann auch wie ein Adjektiv gebraucht werden. Die Form dieser Adjektive entspricht der des *Participe passé*, das heißt, sie bilden die feminine Form auf *-e*. Dazu gehören zum Beispiel folgende Wörter:

Verb	Adj. maskulin	Adj. feminin
fatiguer	fatigué	fatiguée
interdire	interdit	interdite
permettre	permis	permise
promettre	promis	promise

La grand-mère a offert la poupée promise à sa petite-fille.
Nous étions des touristes fatigués après cette longue journée.

1.2 Numerus

nombre

Im Regelfall wird an die Singularform, wie bei den Nomen, ein *-s* angehängt, um den Plural zu markieren.

Tu n'as jamais de mauvaises idées.

adjectifs en -s ou -x

Endet das maskuline Adjektiv bereits im Singular auf *-s* oder *-x*, so ändert sich seine Form im Plural nicht. In der weiblichen Form solcher Adjektive steht im Singular ein *-e* am Ende, so dass das Wort dann im Plural auf *-es* auslautet.

Maurice, tes gâteaux sont vraiment délicieux !
Maurice, tes pâtes sont vraiment délicieuses !

Das Plural-*s* oder *-x* wird in einer *Liaison* an den folgenden Vokal gebunden.

Les chênes sont de beaux arbres.

adjectifs en -al

Die Adjektive, die auf *-al* enden, haben im Plural maskulin oft die Endung *-aux*. Es gibt aber auch einige Adjektive, die auf *-al* enden und im Plural maskulin ein *-s* angehängt bekommen. Dazu zählen *banal, fatal, final, naval* und *natal*.

Mes copains sont toujours loyaux.
Les films banals ont souvent du succès au cinéma.

Bezieht sich ein Adjektiv auf mehrere Nomen unterschiedlichen Geschlechts, so steht es in der Regel im Maskulinum Plural.

une femme et un homme intelligents

adjectif attribut

1.3 Satzstellung und Bedeutungsunterschiede

Prädikativer und attributiver Gebrauch

Es gibt zwei Möglichkeiten, Adjektive einzusetzen: prädikativ und attributiv.

adjectif attribut

Prädikative Adjektive sind diejenigen, die (meist) in Zusammenhang mit den Verben *être*, *sembler*, *paraitre*, *devenir*, *rester*, *demeurer* verwendet werden. Das Prädikat hat dann ein Adjektiv als Ergänzung.

Cette maison est vieille.

adjectif épithète

Ein Adjektiv, das bei einem Bezugsnomen steht, nennt man attributiv. Es ist eine Ergänzung, ein Attribut des Nomens.

Cette vieille maison tombe en ruines.

Im Gegensatz zum Deutschen richtet sich das Adjektiv sowohl im prädikativen als auch im attributiven Gebrauch in Genus und Numerus nach dem Nomen.

position de l'adjectif épithète

Stellung eines Adjektivs

In den meisten Fällen stehen die attributiven Adjektive hinter ihrem Bezugsnomen.

Cette maison magnifique coute une fortune.

adjectifs antéposés

Einige kürzere und besonders häufig gebrauchte Adjektive stehen vor dem Nomen. Stehen diese Adjektive einmal hinter dem Nomen, so werden sie besonders betont oder in literarischen Texten gebraucht.

Vor dem Nomen stehen:

- *petit – grand* → klein – groß
- *court, bref – long* → kurz – lang
- *vieux – jeune* → alt – jung
- *bon – mauvais* → gut – schlecht
- *beau* → schön
- *joli* → hübsch
- *haut* → hoch

L'anniversaire de Yannick sera une bonne occasion de revoir de vieux amis.
Ma tante s'est acheté une jolie robe pour le mariage de Jean-Luc.
Hier, à la télé, on a vu un long documentaire sur la vie des singes en Inde.

Es gibt einige Adjektive, die sowohl **vor** als auch **nach** dem Nomen stehen können.
Meistens geht damit ein Bedeutungswechsel des Adjektivs einher:

- vor dem Nomen = übertragene Bedeutung
- nach dem Nomen = konkrete Bedeutung

Il faut que tu mettes un pantalon **propre** pour l'anniversaire de grand-mère.
C'est mon **propre** pantalon, je peux en faire ce que je veux.
Le **nouvel** ordinateur de ma mère n'était pas très cher.
Un ordinateur **nouveau** sera présenté dans quelques mois.
Dans le voisinage, il y a un homme **seul** qui, depuis des années, s'intéresse à ma tante.
On a une **seule** chance de réussir à cet examen.
Ce film est basé sur une histoire **vraie**.
C'est une **vraie** catastrophe !
Cher Marcel, comment vas-tu ?
Aujourd'hui, j'ai du acheter des tomates **chères** au supermarché.
Hier, je suis allé dans mon **ancienne** école. Je n'ai plus reconnu mes professeurs.
Ma tante m'a offert un meuble **ancien**.
Le nombre de gens **pauvres** en Allemagne augmente.
Ces **pauvres** animaux sont enfermés dans une cage trop petite.
C'est une femme **grande** avec des cheveux châtains.
À la recherche du temps perdu est une **grande** œuvre du XXème siècle.

Nous avons une cousine **curieuse**. Elle veut tout savoir.
C'est **curieux** !
Nous nous sommes rencontrés à Paris par une **curieuse** coïncidence. Nous habitons tous les deux à Berlin.

place de plusieurs adjectifs

Stellung mehrerer Adjektive

Es kann vorkommen, dass zwei oder mehrere Adjektive bei einem Nomen stehen. Handelt es sich um zwei Adjektive, steht zwischen ihnen meist ein *et*, handelt es sich um mehrere, werden sie durch Kommas abgetrennt und nur vor dem letzten steht *et*. Das ist im Deutschen ähnlich.

On a fait un voyage long et cher/long, cher et intéressant.

Anders als im Deutschen können die Adjektive alle zusammen **hinter** dem Nomen stehen, auch wenn sie einzeln vorangestellt werden würden.

Man hat bei dieser Regelung Spielraum. Adjektive, die vor dem Nomen stehen würden, wenn sie ohne das andere Adjektiv wären, können ihren eigentlichen Platz auch behalten.

On a fait un long voyage intéressant.

adverbes

2 Adverbien

Adverbien begleiten nicht die Nomen im Satz, sondern die Adjektive, die Verben, andere Adverbien oder den ganzen Satz.

Adverbien sind unveränderlich.

Es gibt Adverbien, die vom zugehörigen Adjektiv abgeleitet sind und welche, die das nicht sind. Zu letzterer Gruppe gehören viele Orts- und Zeitadverbien wie *ici* („hier") oder *hier* („gestern").

2.1 Bildung von Adverbien auf *-ment*

formation des adverbes en -ment

Regelmäßige Formen

Von den meisten Adjektiven kann man das entsprechende Adverb ableiten.

> Zur Bildung eines Adverbs aus einem Adjektiv wird einfach *-ment* als Endung an das Adjektiv in seiner weiblichen (!) Form angehängt.

Nehmen wir als Beispiel das Adjektiv *fier*. In der femininen Form lautet es *fière*. Dann wird die Endung *-ment* angehängt, und das Adverb lautet *fièrement*. Das *-e* am Ende von *fière* wird beim Adverb mit ausgesprochen.

La petite fille a présenté fièrement son dessin.

Adjektive wie *visible*, bei denen zwischen weiblicher und männlicher Form kein Unterschied besteht, werden auch auf diese Art und Weise zum Adverb umgewandelt.

Visiblement, il n'a pas encore nettoyé la salle de bains.

Ausnahmen

exceptions

Manche Adjektive bilden das Adverb zwar auf die eben beschriebene Art, doch in der Schreibweise oder Aussprache gilt es einige Besonderheiten zu beachten.

> Bei den Adjektiven, die auf einen Vokal enden, bildet die maskuline statt der femininen Form die Ableitungsbasis:
> - *poli/polie* → *poliment*
> - *vrai/vraie* → *vraiment*

Il nous a montré poliment la sortie.

gentiment

Das Adverb zu *gentil* wird unregelmäßig gebildet. Die Ableitungsbasis ist die maskuline Form, allerdings wird zusätzlich das *l* weggelassen.

Il a parlé gentiment avec elle.

Bei den Adjektiven auf *-ant* oder *-ent* bildet man das Adverb auf *-amment* bzw. *-emment*:

- *méchante* → *méchamment* (nicht: *méchantement)
- *évidente* → *évidemment* (nicht *évidentement)

Der Vokal in der Mitte wird stets wie ein *a* ausgesprochen, auch wenn dort ein *e* stehen sollte.

Évidemment, il n'a pas encore rangé ses affaires.

Andere Adverbien erhalten ein *é* in der Wortmitte:

- *énorme* → *énormément*
- *profonde* → *profondément*

Il aime énormément le poisson.

adverbes de lieu, de temps, de manière

2.2 Adverbien des Ortes, der Zeit und der Art und Weise

Adverbien kann man mithilfe inhaltlicher Kriterien kategorisieren. An dieser Stelle sollen nur die lokalen (des Ortes), temporalen (der Zeit) und modalen (der Art und Weise) Adverbien genannt und beschrieben werden.

adverbes de lieu

Adverbien des Ortes

Sie werden auch „lokale Adverbien" genannt und drücken Ortsbeziehungen aus. Mit ihnen kann man z. B. den eigenen Standort bestimmen. Eine Lernmethode ist es, sich Gegensatzpaare einzuprägen:

- *ici – là* → hier – dort
- *loin – près* → fern – nah
- *arrière – avant* → hinter – vor
- *derrière – devant* → hinten – vorne
- *partout – nulle part* → überall – nirgendwo
- *dehors – dedans* → außerhalb – innerhalb
- *ailleurs* → anderswo
- *autour* → darum herum

Demain, on sera déjà loin de chez nous.
Ton peigne se trouve devant le miroir.
Mais il était tout le temps ailleurs.
Il aurait fallu le chercher dehors.

Adverbien der Zeit

adverbes de temps

Sie werden auch „temporale Adverbien" genannt. Mit ihnen kann man Geschehnisse in einen zeitlichen Ablauf einbetten.

- *hier – aujourd'hui – demain* → gestern – heute – morgen
- *autrefois – maintenant* → früher – jetzt
- *avant – après* → davor/vorher – danach/nachher
- *tôt – tard* → früh – spät
- *déjà – bientôt* → schon – bald
- *jamais – toujours* → nie – immer
- *quelquefois – souvent* → manchmal – oft

Autrefois, les auteurs écrivaient en latin. Aujourd'hui, très peu de personnes sont capables de lire des livres en latin. Bientôt, le père de Yannick sera à la retraite. Le mien y est déjà depuis deux ans.

Adverbien der Art und Weise

adverbes de manière

Zu den Adverbien der Art und Weise zählt man die meisten der abgeleiteten Adverbien auf *-ment*. Mit ihnen werden Handlungen näher charakterisiert oder Adverbien oder Adjektive näher bestimmt. Sie beantworten die Frage „Wie?".

Zu den Adverbien der Art und Weise gehören neben den Adverbien auf *-ment*:

- *ainsi* → so
- *aussi* → auch
- *bien* → gut
- *comme* → wie
- *exprès* → absichtlich
- *presque* → fast
- *très* → sehr
- *vite* → schnell
- *volontiers* → gerne/bereitwillig

On dit que les Français parlent très vite.

emploi des adverbes

2.3 Gebrauch von Adverbien

avec des verbes

Bezug auf Verben

Zum einen können sich Adverbien, wie der Name schon sagt, auf Verben beziehen und diese näher beschreiben. Das Adverb *énormément* kann sich z. B. auf das Verb *manquer* beziehen. Dadurch lässt sich etwas über die Qualität des Fehlens aussagen.

Tu me manques énormément.

Es können aber auch zwei Adverbien hintereinander stehen: Ein Adverb bezieht sich auf das Verb, das andere auf das Adverb.

Le frère de Marie-Louise mange toujours rapidement.

avec des adverbes

Bezug auf andere Adverbien

Adverbien können auch andere Adverbien näher bestimmen, wie z. B. *si*, *trop* oder *très*, aber auch die meisten anderen Adverbien können an dieser Stelle vorkommen.

Le lecteur peut **trop** facilement deviner la solution de l'énigme.
Les guépards courent **extrêmement** vite.
Avec mes nouvelles lunettes, je vois **si** bien que tu ne peux rien me cacher.

adverbes de modalité

Bezug auf den ganzen Satz

Wenn sich Adverbien auf den ganzen Satz beziehen und eigentlich eine Aussage über den Sprecher machen, handelt es sich um Modaladverbien.

Das Adverb sagt dann eher etwas über die Stellungnahme und das Urteil des Sprechers aus, als dass es sich konkret auf Elemente des Satzes bezieht.

Malheureusement, mon copain danse vraiment mal.

Statt des Adverbs könnte auch eine alternative Satzkonstruktion vorkommen, z. B. ein Einleitungssatz, dem ein dass-Satz folgt.

Je trouve dommage que mon copain danse si mal.

Diese Adverbien können als Modaladverbien verwendet werden:

- *effectivement* → tatsächlich
- *heureusement* → glücklicherweise
- *malheureusement* → unglücklicherweise
- *naturellement* → selbstverständlich
- *peut-être* → vielleicht, möglicherweise
- *probablement* → wahrscheinlich

2.4 Satzstellung

syntaxe des adverbes

Adverbien können an mehreren Stellen im Satz stehen. Es kommt darauf an, auf welches Wort sich das Adverb bezieht und welches Tempus des Verbs verwendet wird.

Adverbien stehen
- vor einem Adjektiv oder Adverb;
- meistens nach dem Verb;
- bei zusammengesetzten Zeiten meistens zwischen dem Hilfsverb und dem *Participe passé*/*Infinitif*;
- am Satzanfang
- oder am Satzende.

Bezieht sich das Adverb auf ein anderes Adverb oder ein Adjektiv, so steht es vor diesem.

Ce bleu est très beau.

Bestimmt es ein Verb näher, steht es normalerweise nach diesem.

Elle chante bien.

temps composés

Wird allerdings eine zusammengesetzte Zeitform wie das *Passé composé* oder das *Futur proche* verwendet, steht das Adverb nach dem Hilfsverb, aber vor dem *Participe passé* bzw. dem *Infinitif*.

Elle avait bien chanté.
Il va bientôt partir.

ensemble, tard, tôt,
adverbes de lieu

Die Averbien *ensemble*, *tard* und *tôt* stehen immer hinter dem *Participe passé* oder dem *Infinitif*. Das Gleiche gilt für die Adverbien des Ortes.

Nous avons chanté ensemble.
Il va arriver tôt.
Je l'ai trouvé ici.

Wenn das Adverb eine Aussage zum ganzen Satz macht, was Modaladverbien, temporale und lokale Adverbien oft tun, stehen sie am Satzanfang oder am Satzende.

Probablement, nous rentrerons dans une heure.
Je vais t'en parler bientôt.

différences entre adjectifs et adverbes

3 Unterscheidung von Adjektiven und Adverbien

Da im Deutschen Adverbien und Adjektive nicht so einfach zu unterscheiden sind wie im Französischen, neigen Deutsche dazu, sie zu verwechseln.

- Adjektive können attributiv oder prädikativ gebraucht werden. In beiden Fällen beziehen sie sich auf ein bestimmtes Nomen und passen sich ihm in Genus und Numerus an.
- Adverbien hingegen sind unveränderlich, das heißt, sie verfügen nur über eine einzige Form. Sie können sich auf Adjektive, Verben oder andere Adverbien im Satz oder auf den ganzen Satz beziehen.

adverbes employés comme adjectifs

Adjektivisch gebrauchte Adverbien

Die Adverbien *bien* und *mal* sowie die zugehörigen Adjektive *bon* und *mauvais* werden nicht strikt getrennt voneinander gebraucht. Vor allem in der gesprochenen Sprache werden *bien, mieux* und *mal* teilweise wie attributiv gebrauchte Adjektive nach *être* eingesetzt. Hier darf man sich nicht verwirren lassen.

Cette lotion est très bien pour la peau.
Les derniers romans parus en France ne sont pas mal.

Adverbial gebrauchte Adjektive

adjectifs employés comme adverbes

Umgekehrt gibt es Adjektive, die in festen Wendungen wie ein Adverb gebraucht werden, wie z.B. *bon* und *mauvais*. Es gibt aber auch andere Adjektive, die wie ein Adverb gebraucht werden können.

- *aller/marcher droit* → geradeaus gehen
- *s'arrêter net* → unvermittelt stehen bleiben
- *chanter faux/juste* → falsch/richtig singen
- *deviner juste* → richtig raten
- *treiner sec* → scharf bremsen
- *parler fort/bas* → laut/leise sprechen
- *payer/couter cher* → teuer bezahlen/kosten
- *peser lourd* → schwer lasten
- *sentir bon/mauvais* → gut/schlecht riechen
- *travailler dur* → hart arbeiten
- *voir clair* → klar sehen

Ton parfum sent bon.
Il a freiné sec.
Il faut travailler dur pour atteindre ce but.

4 Steigerung von Adjektiven und Adverbien

degrés des adjectifs et des adverbes

Adjektive und Adverbien können gesteigert werden. Man kann mit den Steigerungsformen Vergleiche anstellen.

Es gibt drei Stufen, die an Intensität zunehmen:
- Positiv
- Komparativ
- Superlativ

Unter „Positiv" versteht man die Grundform der Adjektive und Adverbien. Mit dem Positiv eines Adjektivs macht man eine Aussage über eine Eigenschaft eines Lebewesens oder einer Sache.

La baleine est un grand mammifère.
Cette maison est belle.
Il mange vite.

comparatif

4.1 Komparativ

Der „Komparativ" ist die Vergleichsform. Man vergleicht zwei Elemente, Lebewesen, Dinge oder Eigenschaften miteinander. Es können auch zeitliche Unterschiede festgehalten werden. Das Vergleichselement wird mit *que* angeschlossen.

Le soleil se lève aujourd'hui déjà plus tôt qu'hier.

Es gibt im Französischen einen Komparativ
- der Unterlegenheit (*comparatif d'infériorité*),
- der Gleichheit (*comparatif d'égalité*) und
- der Überlegenheit (*comparatif de supériorité*).

comparatif d'infériorité

Im ersten Fall ist das erstgenannte Nomen dem zweigenannten in der Eigenschaft, die das Adjektiv oder Adverb ausdrückt, unterlegen.

Der Komparativ der Unterlegenheit wird mit *moins* + Adjektiv/Adverb + *que* ausgedrückt: *moins beau/vite que.*

Cette maison est moins belle que l'autre.
Le cheval court moins vite que le guépard.

comparatif d'égalité

Im zweiten Fall sind die beiden verglichenen Sachen oder Lebewesen in der Eigenschaft, die das Adjektiv oder Adverb bezeichnet, gleich.

Der Komparativ der Gleichheit wird mit *aussi* + Adjektiv/Adverb + *que* ausgedrückt: *aussi beau/vite que.*

Cette maison est aussi belle que l'autre.
Un cheval court aussi vite qu'une autruche.

comparatif de supériorité

Im dritten Fall ist das erste Lebewesen oder die erste Sache des Vergleichs in dem, was verglichen wird, dem zweiten Lebewesen oder der zweiten Sache überlegen.

Der Komparativ der Überlegenheit wird mit *plus* + Adjektiv/Adverb + *que* ausgedrückt: *plus beau/vite que*.

Cette maison est plus belle que l'autre.
Le guépard court plus vite que le cheval.

Es sind auch Sätze im Komparativ ohne Vergleichselement möglich. Der Vergleich wird im Geiste aber immer mitgedacht.

Aujourd'hui, ma grand-mère est rentrée plus tard (que d'habitude).
Il faut apprendre plus vite (que vous le faites maintenant) pour pouvoir suivre le cours.

de plus en plus, de moins en moins

Zudem gibt es noch die Ausdrücke *de plus en plus* („immer mehr") und *de moins en moins* („immer weniger"), die zum Vergleichen verwendet werden. Wenn ein Bezugselement vorhanden ist, wird es mit *de* angeschlossen.

Je te vois de plus en plus souvent à la bibliothèque.
On voit de moins en moins de cabines téléphoniques en ville.

Formen der Adjektive

formes des adjectifs

Adjektive sind in Genus und Numerus veränderlich, was auch im Komparativ so bleibt. Hier eine Übersicht über die maskulinen und femininen Formen im Singular für das Adjektiv *grand/grande*:

grand

	infériorité	égalité	supériorité
maskulin	moins grand	aussi grand	plus grand
feminin	moins grande	aussi grande	plus grande

Le dauphin est moins grand que l'éléphant.
Le tigre est aussi grand que le lion.
La baleine est plus grande que le dauphin.

Steht das Bezugsnomen im Plural, wird das Adjektiv in die entsprechende Form des Plurals gesetzt:

	infériorité	égalité	supériorité
maskulin	moins grands	aussi grands	plus grands
feminin	moins grandes	aussi grandes	plus grandes

Les éléphants que j'ai vus au zoo de Toulouse me semblaient moins grands que ceux-ci.

Die Adjektive *bon*, *mauvais* und *petit* haben unregelmäßige Steigerungsformen. *Mauvais* und *petit* können allerdings auch regelmäßig gesteigert werden.

Zunächst die Formen von *bon* im Singular. Im Komparativ gibt es nur eine Form:

bon

	Positiv	Komparativ
maskulin	bon	meilleur
feminin	bonne	meilleure

Wenn das Bezugsnomen im Plural steht, wird ein *-s* angefügt:

Tes notes sont souvent meilleures que les miennes.

mauvais

Das Adjektiv *mauvais* wird ebenfalls mit unregelmäßigen Formen gesteigert, kann aber auch regelmäßig gesteigert werden. Die regelmäßigen Formen werden wie die des Beispieladjektivs *grand* gebildet: *moins mauvais*(e), *aussi mauvais(e)*, *plus mauvais(e)*. Im Plural der weiblichen Form wird noch ein *-s* angehängt.

Le nouveau film de ce metteur en scène célèbre est aussi mauvais que le précédent.
Ses idées sont encore plus mauvaises que les tiennes.

Die unregelmäßigen Formen von *mauvais* lauten:

	Positiv	Komparativ
maskulin	mauvais	pire
feminin	mauvaise	pire

À cinq heures, la circulation est pire qu'à New York.

Plus mauvais bedeutet „schlechter". *Pire* hat eine stärkere Bedeutung und heißt übersetzt „schlimmer". Beide Formen gehören allerdings – wie gesehen – zur Positiv-Form *mauvais*.

Auch bei der Steigerung von *petit* gibt es eine zweite Form. Regelmäßig wird wie bei *grand* mit *moins petit(e), aussi petit(e), plus petit(e)* im Singular und *moins petit(e)s, aussi petit(e)s, plus petit(e)s* im Plural gesteigert.

petit

Je ne suis pas grande, mais je suis quand même moins petite que Louise.

Die unregelmäßigen Formen von *petit* sehen so aus:

	Positiv	Komparativ
maskulin	petit	moindre
feminin	petite	moindre

Moindre ist im Komparativ weniger geläufig als im Superlativ. Es bedeutet „geringer". *Plus petit* hingegen wird ganz normal mit seiner Bedeutung „kleiner" verwendet.

C'est un vin de moindre qualité.
Les chattes sont plus petites que les chats.

Formen der Adverbien

formes des adverbes

Adverbien werden gleich den Adjektiven gesteigert. Da sie nicht veränderlich sind, gibt es nur eine Form. In der Tabelle wird das Beispieladverb *vite* gezeigt:

vite

infériorité	égalité	supériorité
moins vite	aussi vite	plus vite

Elle lit aussi vite que lui.

beaucoup, bien, mal, peu

Die Adverbien *beaucoup, bien, mal* und *peu* werden mit unregelmäßigen Formen gesteigert. *Mal* hat wie das Adjektiv *mauvais* auch eine regelmäßige Form: *moins mal, aussi mal, plus mal.*

Il lit aussi mal qu'il écrit.

Die unregelmäßigen Formen lauten:

Positiv	Komparativ
beaucoup	plus
bien	mieux
mal	pis
peu	moins

J'ai beaucoup de livres, mais j'en ai moins que Jean-Luc.
Il a plus de livres que moi, mais il a peu de disques.
Elle danse mieux que son copain.

Der Komparativ *pis* kommt im Allgemeinen selten vor und findet sich bevorzugt in festen Wendungen.

Cette affaire va de mal en pis.
Nous n'y arriverons jamais. – Tant pis !

superlatif

4.2 Superlativ

Mit dem Superlativ kann man ein Lebewesen oder eine Sache als allen anderen überlegen darstellen.

superlatif d'infériorité, de supériorité

Ähnlich wie beim Komparativ können der Superlativ der Überlegenheit und der Superlativ der Unterlegenheit gebildet werden.

degré relatif

Es gibt einen relativen und einen absoluten Superlativ. Der relative Superlativ bezeichnet das herausragendste Element einer Gruppe.

Mit dem relativen Superlativ vergleicht man ein Element aus der Gruppe mit der ganzen Gruppe. Die Vergleichsgruppe muss man mit *de* an den Superlativ anschließen.

La nouvelle étudiante est la plus sérieuse de toute la classe.

degré absolu

Beim absoluten Superlativ wird nicht mit einer Gruppe verglichen. Er wird mit geeigneten Adverbien vor dem Adjektiv oder Adverb gebildet.

Adverbien, die den absoluten Superlativ ausdrücken, sind:
- *très*
- *extrêmement*
- *excessivement*
- *énormément*
- *fort*
- *bien*

L'architecture de ce nouveau quartier est extrêmement laide.
Tu parles très fort.

le plus/le moins ... possible

Folgende Konstruktionen sollte man sich gut einprägen, da sie oft verwendet werden. Mit ihnen drückt man ebenfalls den absoluten Superlativ aus.

le plus + Adjektiv/Adverb + *possible* – so ... wie möglich
le moins + Adjektiv/Adverb + *possible* – so ... wie möglich

Je reviendrai le plus vite possible.
Nous voulons acheter le potiron le plus gros possible.

Statt der Konstruktion mit *possible* kann man auch einen Nebensatz anhängen, der das Verb *pouvoir* enthält.

Je reviendrai le plus vite que je pourrai.

Formen der Adjektive

formes des adjectifs

Der Superlativ der Unterlegenheit wird mit *le*/*la*/*les moins* + Adjektiv (+ *de*) gebildet.

Cette maison est la moins belle du village.

Der Superlativ der Überlegenheit wird mit *le*/*la*/*les plus* + Adjektiv (+ *de*) gebildet.

Cette maison est la plus belle du village.

Da Adjektive veränderlich sind, gibt es auch im Superlativ für maskulin/feminin und Singular/Plural verschiedene Formen. Hier beispielhaft das Adjektiv *grand*:

grand

	infériorité	supériorité
maskulin	le moins grand	le plus grand
feminin	la moins grande	la plus grande

La baleine bleue est le plus grand mammifère qui vive de nos jours.

Wenn das Bezugsnomen im Plural steht, muss auch das Adjektiv diese Form annehmen:

	infériorité	supériorité
maskulin	les moins grands	les plus grands
feminin	les moins grandes	les plus grandes

En pratiquant un instrument chaque jour, on fait les plus grands progrès.

Die Adjektive *bon*, *mauvais* sowie *petit* werden mit den unregelmäßigen Formen, die wir bereits aus dem Komparativ kennen, weiter gesteigert.

bon

	Positiv	Superlativ
maskulin	bon	le meilleur
feminin	bonne	la meilleure

Si tu veux gouter le meilleur chocolat du monde, ce magasin est la bonne adresse.
J'ai été en vacances en Inde avec ma meilleure amie.

mauvais

Das Adjektiv *mauvais* hat wie im Komparativ zwei Formen im Superlativ. Die regelmäßigen Formen lauten *le/la moins mauvais(e)* und *le/la plus mauvais(e)*. Im Plural wird der Artikel *les* vorangestellt und ein *–s* an das Adjektiv angefügt.

À midi, nous avons mangé le repas le plus mauvais dans ce restaurant depuis que nous y allons.

Die unregelmäßigen Formen von *mauvais* werden im Superlativ Singular so gesteigert:

	Positiv	Superlativ
maskulin	mauvais	le pire
feminin	mauvaise	la pire

Cette année, c'était la pire expérience de ma vie.

petit

Petit wird genauso wie *mauvais* mit seinen beiden Formen, die aus dem Komparativ schon bekannt sind, auch im Superlativ gesteigert. Die regelmäßige Formen sind: *le/la moins petit(e), le/la plus petit(e)*. Für den Plural wird ein *-s* an *petit(e)* angefügt.

Laure est la plus petite des trois filles.

Im Singular hat *petit* diese unregelmäßigen Formen für den Superlativ:

	Positiv	Superlativ
maskulin	petit	le moindre
feminin	petite	la moindre

Moindre bedeutet „gering" und kommt vor allem im Superlativ und dann oft in festen Wendungen vor.

Il n'y pas le moindre doute.
De deux maux, il faut choisir le moindre.

place du superlatif

Der Superlativ kann vor oder nach dem Nomen stehen. Seine Position richtet sich danach, ob das Adjektiv vorangestellt oder nachgestellt verwendet wird.

Auf jeden Fall kann der Superlativ immer nach dem Bezugsnomen stehen, auch wenn es sich um ein Adjektiv handelt, das im Positiv vor dem Nomen steht.

En pratiquant un instrument chaque jour, on fait les progrès les plus grands.

Formen der Adverbien

formes des adverbes

Auch im Superlativ werden die Adverbien wie die Adjektive mit *le plus* oder *le moins* gesteigert. Da sie nicht veränderlich sind, gibt es nur eine Form.

Den Superlativ der Unterlegenheit bildet man mit *le moins* + Adverb (+*de*/*possible*).

J'essayerai de rentrer le moins bruyamment possible.

Den Superlativ der Überlegenheit bildet man mit *le plus* + Adverb (+*de*/*possible*).

Dans ce jeu, il faut répondre le plus rapidement possible.

vite

In der Tabelle wird das Beispieladverb *vite* gezeigt:

infériorité	supériorité
le moins vite	le plus vite

Elle conduit déjà le plus vite de nous tous.

beaucoup, bien, mal, peu

Die Adverbien *beaucoup*, *bien*, *mal* und *peu* haben auch im Superlativ unregelmäßige Formen:

Positiv	Superlativ
beaucoup	le plus
bien	le mieux
mal	le moins mal/le plus mal le pis
peu	le moins

Choisissez la couleur qui vous va le mieux !

Der Superlativ *le pis* kommt im Allgemeinen selten vor und findet sich bevorzugt in festen Wendungen.

Même si nous mettons les choses au pis, nous ne pourrons jamais être en danger.

Auf einen Blick: Adjektiv und Adverb

Adjektiv

- Prädikative und attributive Adjektive sind veränderlich und richten sich in Genus und Numerus nach dem Nomen, zu dem sie gehören (*un beau bateau, de belles voitures*)
- Adjektive mit verschiedenen Endungen feminin/maskulin: in der Regel Einfügen eines *–e* im Femininum (*vrai/vraie*)
- Adjektive mit nur einer Endung für feminin/maskulin (*responsable*)
- Adjektive mit drei Formen im Singular: *beau, fou, nouveau, vieux*

Singular			Plural	
maskulin Konsonant	maskulin Vokal	feminin	maskulin	feminin
beau	bel	belle	beaux	belles
fou	fol	folle	fous	folles
nouveau	nouvel	nouvelle	nouveaux	nouvelles
vieux	vieil	vieille	vieux	vieilles

- Adjektive können aus dem *Participe passé* eines Verbs entstanden sein
- die Pluralform lautet wie bei den Nomen meist auf *–s*
- ein Adjektiv, das sich auf mehrere Nomen bezieht, steht im Maskulinum Plural
- attributive Adjektive stehen nach dem Nomen
- vor dem Nomen stehen: *beau, bon, bref, court, grand, haut, jeune, joli, long, mauvais, petit, vieux*
- eine abweichende Stellung signalisiert eine übertragene Bedeutung
- unterschiedliche Bedeutungen bei manchen Adjektiven je nach Stellung: *propre, nouveau, seul, vrai, cher, ancien, pauvre, grand, curieux*

Adverb

- Adverbien bestimmen Verben, Adjektive, ein anderes Adverb oder den ganzen Satz näher
- Adverbien sind unveränderlich
- Bildung von Adverbien: feminines Adjektiv + *–ment* (*brutalement*)
- Ausnahmen: *poliment, gentiment, evidemment, profondément, brièvement*
- lokale (Orts-)Adverbien: *ailleurs, autour, dehors, ici, là, loin, partout, près*
- temporale (Zeit-)Adverbien: *aujourd'hui, avant, demain, hier, souvent, tôt*
- Adverbien der Art und Weise: Adverbien auf *–ment* (*énormément*); *aussi, bien, comme, exprès, presque, très, vite*

- Modaladverbien: Stellungnahme des Sprechers: *effectivement, heureusement, malheureusement, naturellement, nécessairement, peut-être, probablement*
- Satzstellung: vor dem Adjektiv oder Adverb, nach dem Verb bzw. nach dem Hilfsverb bei zusammengesetzten Zeiten, am Satzanfang/-ende bei Bezug auf den ganzen Satz
- Adjektive als Adverbien (*peser lourd*) und Adverbien als Adjektive (*une personne très bien*)

Steigerung von Adjektiven und Adverbien

- Komparativ der Unterlegenheit: *moins* + Adjektiv/Adverb + *que*
- Komparativ der Gleichheit: *aussi* + Adjektiv/Adverb + *que*
- Komparativ der Überlegenheit: *plus* + Adjektiv/Adverb + *que*
- die Vergleichsgruppe wird im Komparativ mit *que* angeschlossen (*aussi grande que toi*)
- *de moins en moins* („immer weniger"), *de plus en plus* („immer mehr")
- (relativer) Superlativ der Unterlegenheit: *le*/*la*/*les moins* + Adjektiv + *de* bzw. *le moins* + Adverb + *de*
- (relativer) Superlativ der Überlegenheit: *le*/*la*/*les plus* + Adjektiv + *de* bzw. *le plus* + Adverb + *de*
- die Vergleichsgruppe wird im relativen Superlativ mit *de* angeschlossen (*les plus belles de toutes*)
- *Superlativ absolu* ohne Vergleichselement:
  le plus/*moins* + Adjektif/Adverb + *possible*
- *Superlatif absolu* mit Adverbien: *bien, énormément, excessivement, extrêmement, fort, très* (*Le temps était extrêmement lourd.*)
- Sonderformen von Adjektiven:

Positiv	Komparativ	Superlativ
bon(s)/bonne(s)	meilleur(es)	le/la/les meilleur(es)
mauvais/mauvaise(s)	pire(s)	le/la/les pire(s)
petit(s)/petit(es)	moindre(s)	le/la/les moindre(s)

- Sonderformen von Adverbien:

Positiv	Komparativ	Superlativ
beaucoup	plus	le plus
bien	mieux	le mieux
mal	pis	le pis
peu	moins	le moins

Pronomen und Begleiter

Pronomen heißen auf Deutsch Fürwörter. Sie können für andere Wörter stehen – und zwar für Nomen, Personennamen oder auch Satzteile. Mit ihnen kann man einen Text schneller und leichter lesbar machen. Es gibt im Französischen die Personal-, die Possessiv-, die Demonstrativ-, die Indefinit-, die Interrogativ- und die Relativpronomen. Zu den meisten Pronomen existieren entsprechende Begleiter. Artikel sind zum Beispiel Begleiter, es gibt aber auch Possessivbegleiter oder Demonstrativbegleiter. Sie stehen immer vor einem Nomen, das sie, wie der Name schon sagt, begleiten und näher bestimmen.

pronoms personnels

1 Personalpronomen

pronoms personnels conjoints

1.1 Unbetonte/verbundene Personalpronomen

Die unbetonten (oder verbundenen) Personalpronomen können drei verschiedene Funktionen im Satz übernehmen: die des Subjekts, die des direkten und die des indirekten Objekts. Man muss wissen, welche Funktion sie erfüllen sollen, um die korrekte Form auszuwählen bzw. zu erkennen.

fonction sujet

Personalpronomen als Subjekt

Die Formen der Pronomen in der Funktion des Subjekts lauten wie folgt. Man verwendet sie z. B. statt eines Namens bzw. Nomens im Nominativ:

	Singular	Plural
1. Person	je	nous
2. Person	tu	vous
3. Person	il/elle/on	ils/elles

Im Französischen ist die Höflichkeitsform identisch mit der 2. Person Plural – im Deutschen mit der 3. Person Plural: „Sie" heißt auf Französisch *vous*.

Vous désirez, Monsieur ?

Das Pronomen *il* ist nicht nur die dritte Person maskulin, sondern wird auch mit unpersönlichen Verben gebraucht.

Il pleut.
Il faut partir maintenant.
Il n'y a rien à voir.

On heißt „man", wird aber, vor allem in der gesprochenen Sprache, oft statt *nous* verwendet.

On a souvent besoin d'un plus petit que soi.
Mes copines et moi, on va au cinéma ce soir.

Besonders in Texten, in denen mehrere Sätze aufeinander folgen und man nicht immer den Namen des Subjekts wiederholen möchte, bietet es sich an, stattdessen ein Pronomen zu verwenden.

Hier, Jean-Pierre est allé à la piscine pour nager pendant deux heures. Aujourd'hui, il (=Jean-Pierre) a des courbatures dans tout le corps.

Personalpronomen gelten nicht nur für Personen. Auf sämtliche Lebewesen und Dinge kann ebenfalls mit Personalpronomen verwiesen werden, um einen Text flüssiger zu gestalten.

La maison de mes parents est très petite. Elle (=la maison) a été construite pendant les années 70.

Personalpronomen als direktes Objekt

fonction objet direct

Personalpronomen können auch Objekte ersetzen und zwar aus den gleichen Gründen wie bei Subjekten: Man erspart sich über Zeilen hinweg Wiederholungen, und der Text wird flüssiger. Um das direkte Objekt zu ersetzen, verwendet man je nach Person eins der folgenden Pronomen:

	Singular	Plural
1. Person	me	nous
2. Person	te	vous
3. Person	le/la	les

Die Singularformen werden vor Vokalen apostrophiert. Die Formen lauten dann *m'*, *t'*, *l'*.

Das maskuline Pronomen *le* wird auch für das neutrale deutsche „es" verwendet, wenn z. B. in einem zweiten Satz auf einen ganzen vorangegangenen Satzteil verwiesen wird:

Je sais que tu vas partir. Je le sais.

Das Pluralpronomen *les* gilt für maskuline und feminine Objekte. Nur im Singular wird zwischen den Geschlechtern unterschieden.

Bei Objekten muss zwischen direkten und indirekten Objekten unterschieden werden. Das direkte Objekt ist immer dasjenige, das ohne Präposition an das Verb angeschlossen ist.

In einem Satz steht nach dem Verb zuerst das direkte und dann das indirekte Objekt.

Je donne les clés à Pauline.
Je les donne à Pauline.

fonction objet indirect

Personalpronomen als indirektes Objekt

Das indirekte Objekt wird in den meisten Fällen mit der Präposition *à* an das Verb angeschlossen. Aber auch *de*, *sur* oder *avec* können vor dem indirekten Objekt stehen.
Um das indirekte Objekt zu ersetzen, benutzt man das entsprechende Pronomen aus folgender Tabelle:

	Singular	Plural
1. Person	me	nous
2. Person	te	vous
3. Person	lui	leur

In den ersten beiden Personen sind die Formen für das direkte sowie das indirekte Objekt identisch. In der dritten Person unterscheiden sie sich.

Die Personalpronomen der 3. Person *lui* und *leur* können nur Personen vertreten.

Je présenterai mon projet à mon professeur.
Je lui présenterai mon projet.

Ist das indirekte Objekt eine Sache, so kann man sie nicht mit einem Personalpronomen ersetzen.

Je m'intéresse à mes études.

Das Adverbialpronomen *y* kann solche Objekte vertreten. (S. dazu auch „Adverbialpronomen")

Je m'y intéresse.

emploi des pronoms personnels conjoints

Anwendung der unbetonten Personalpronomen

In einem Satz können das Subjekt und die beiden Objekte durch Pronomen ersetzt werden. Wenn klar ist, welches der Objekte das direkte und welches das indirekte ist, wählt man die entsprechenden Pronomen aus. Für die Stellung der Personalpronomen in einem Satz gibt es klare Regeln.

Reihenfolge der Personalpronomen:
1. Subjektpronomen
2. direktes Objektpronomen
3. indirektes Objektpronomen
(4. Prädikat)

Im folgenden Beispielsatz werden Schritt für Schritt alle Nomen durch Pronomen ersetzt:

Marie-Louise montre la Tour Eiffel à sa copine.

Wenn der Name des Subjekts nicht wiederholt werden soll, weil er bereits vorher genannt wurde, kann man das Subjekt durch ein Personalpronomen ersetzen.

Elle montre la Tour Eiffel à sa copine.

Auch das direkte Objekt kann von einem Pronomen vertreten werden. Jedes Verb bestimmt darüber, welche Objekte angeschlossen werden können. Bei *montrer qch à qn* gibt es ein direktes Objekt und ein indirektes.

Elle **la** montre à sa copine.

Das indirekte Objekt, das mit *à* angeschlossen ist, wird durch ein indirektes Objektpronomen ersetzt. Dieses Pronomen steht hinter dem direkten Objektpronomen – die Reihenfolge der Pronomen entspricht somit der Reihenfolge der ersetzten Nomen:

Elle la **lui** montre.

1ère et 2ème personne
singulier et pluriel

Bei den Personalpronomen der 1. und 2. Person erkennt man nicht an der Form, ob es sich um direkte oder indirekte Objektpronomen handelt (sie heißen stets *me, te, nous* oder *vous).* Man muss es aber wissen, da sich in zusammengesetzen Verbformen wie z. B. im *Passé composé* das *Participe passé* ändert, wenn das direkte Objekt vor dem Verb steht. Das *Participe passé* passt sich dann dem Objekt an.
Im folgenden Beispiel steht *t'* für eine Frau; das *Participe passé* bekommt daher ein –e angehängt.

Pendant tout ce temps, je t'ai aimée comme un fou.

pronoms personnels disjoints

1.2 Betonte/unverbundene Personalpronomen

Neben den unbetonten Personalpronomen gibt es auch die betonten (oder unverbundenen) Personalpronomen. Sie kommen bei verschiedenen Gelegenheiten an Stelle der unbetonten Pronomen zum Einsatz.
Es gibt sie für jede Person und im Singular wie im Plural:

	Singular	Plural
1. Person	moi	nous
2. Person	toi	vous
3. Person	lui/elle/soi	eux/elles

emploi des pronoms personnels disjoints

Anwendung der betonten Personalpronomen

Unverbundene Personalpronomen werden angewendet
- in Aussagen ohne Verb,
- bei der *Mise en relief*: nach *c'est/ce sont*,
- nach Präpositionen,
- zur Betonung,
- beim Imperativ und
- in Vergleichssätzen.

phrases sans verbe

Wenn z. B. in einer Antwort kein Verb vorkommt, wenn also der Gesprächspartner einfach nur ein „ich auch" antwortet, dann muss dieses Personalpronomen (*moi*) ein unverbundenes sein.

Je prends du café au lait, s'il te plait.
Moi aussi, merci.

mise en relief

Auch bei der *Mise en relief* kommen betonte Personalpronomen vor. Die *Mise en relief* dient der Hervorhebung eines Satzteils. Im Deutschen würde man das in der gesprochenen Sprache über eine veränderte Betonung lösen. Im Französischen ist die Satzmelodie immer gleich, so dass auf die *Mise en relief* zurückgegriffen wird, um etwas zu betonen.
(S. dazu auch „*Mise en relief*" im Kapitel „Satz")

C'est moi qui fais toujours la vaisselle dans cette maison.

après préposition une

Betonte Personalpronomen stehen außerdem stets nach Präpositionen.

Je vais au cinéma ce soir. Tu viendras avec moi ?
Claudine n'habite plus chez ses parents, mais elle est souvent chez eux pour manger ou pour laver son linge.
La guêpe se trouve près de toi maintenant.

en début de phrase

Vor allem im mündlichen Sprachgebrauch stehen häufig unverbundene Pronomen am Satz- oder Phrasenanfang. Sie werden dann von verbundenen Personalpronomen wieder aufgenommen.

Moi, je ne sais pas quoi faire. Et toi ?
Toi, les ordinateurs, tu t'y connais, n'est-ce pas ?

impératif

Bei Sätzen, die im Imperativ stehen, gelten etwas andere Regelungen als im Aussage- oder Fragesatz, was die Pronomen und ihre Reihenfolge untereinander angeht.
An dieser Stelle sei nur erwähnt, dass die unverbundenen Pronomen *moi* und *toi* statt der entsprechenden Formen der verbundenen Pronomen *me* und *te* stehen müssen.

phrases comparatives

Auch in Vergleichssätzen werden die betonten Personalpronomen verwendet.

Luc et Paul sont plus grands que toi.
Pierre aussi est plus petit qu'eux.

-même

Zur Verstärkung des Selbstbezugs kann man hinter das jeweilige Pronomen mit Bindestrich noch *même* setzen.

Ce gâteau, c'est moi-même qui l'ai fait.

Soi oder *lui*

soi/lui

Das Pronomen *soi* bezieht sich nur auf ein neutrales Subjekt. Das ist z. B. *il* oder *on*. Man muss stets aus dem Zusammenhang beurteilen, ob *il* oder *on* tatsächlich neutral gemeint sind. Dies kann z. B. bei allgemeingültigen Aussagen der Fall sein.

Il faut avoir confiance en soi.

Wenn ein spezieller Fall, eine bestimmte Person oder Situation gemeint sind, so steht *lui*.

Il faut avoir confiance en lui. Il est très sérieux.

pronoms réfléchis

2 Reflexivpronomen

Reflexive (oder rückbezügliche) Pronomen beziehen sich, wie der Name schon sagt, zurück auf das Subjekt und haben entweder die Funktion des direkten oder des indirekten Objekts – je nach Verb. Bei manchen Verben sind sie unabdingbarer Bestandteil des Verbs; diese Verben können ohne Reflexivpronomen nicht existieren. Bei anderen Verben ändert sich die Bedeutung, wenn sie mit Reflexivpronomen verwendet werden.

Die Formen sind in etwa die gleichen wie die der unbetonten Personalpronomen:

	Singular	Plural
1. Person	me	nous
2. Person	te	vous
3. Person	se	se

Das Reflexivpronomen steht immer in derselben Person wie das Subjekt, auf das es sich bezieht.

Wenn das Subjekt ein Personalpronomen ist, wie z. B. *tu*, so muss das Reflexivpronomen *te* folgen. Bei Namen von Lebewesen oder Gegenständen oder bei anderen Nomen steht ein Reflexivpronomen der 3. Person im Singular bzw. Plural, wobei die Form identisch ist.

Apparemment, tu t'amuses bien avec tes cousines.
Dans le bureau de l'inspecteur, les questions posées au suspect s'enchainaient à une vitesse remarquable.

fonction objet direct

2.1 Reflexivpronomen als direktes Objekt

Die Formen des Reflexivpronomens lassen nicht darauf schließen, ob das Reflexivpronomen das direkte oder das indirekte Objekt ist. Stattdessen muss man sich folgende Regel einprägen:

> Das Reflexivpronomen ist das direkte Objekt, wenn
> 1. das Verb ein direktes Objekt erlaubt und
> 2. kein direktes Objekt nach dem Verb folgt.

Je me lave et après je vais appeler mon copain.

passé composé

Diese Regeln erlangen besondere Bedeutung, wenn ein Satz im *Passé composé* steht.

> Sobald ein Reflexivpronomen beim Verb steht, muss das *Passé composé* mit *être* gebildet werden.
> Das *Participe passé* verändert sich, wenn das direkte Objekt vor dem Verb steht.

Das gilt auch, wenn es sich um ein Reflexivpronomen handelt, das die Funktion des direkten Objekts übernommen hat. Das *Participe passé* passt sich an das Subjekt bzw. an das Objekt (das Reflexivpronomen) an. Zur Kennzeichnung eines weiblichen Subjekts z. B. wird ein -e an das *Participe passé* angehängt.

Je me suis lavée et après j'ai appelé mon copain.

2.2 Reflexivpronomen als Indirektes Objekt

fonction objet indirect

Wenn das Verb selbst nur ein indirektes Objekt haben kann, so ist auch das Reflexivpronomen das indirekte Objekt (*nuire à qn*).

Nous nous nuisons quand nous en parlons au patron.

Sobald sich ein direktes Objekt hinter dem Verb befindet, muss das Reflexivpronomen das indirekte Objekt sein.

> Wenn das Reflexivpronomen das indirekte Objekt ist, bleibt das *Participe passé* unverändert.

Nicole s'est lavé les cheveux et après elle a appelé son copain.

(S. dazu auch „*Passé composé*" im Kapitel „Zeiten des *Indicatif*")

pronoms adverbiaux

3 Adverbialpronomen

Es gibt zwei Adverbialpronomen, *en* und *y*. Sie ersetzen präpositionale Ergänzungen von Verben, Nomen und Adjektiven.

> *En* und *y* können keine Personenobjekte vertreten. Mit ihnen meint man stets Dinge bzw. abstrakte Begriffe.

Von dieser Regel gibt es nur ganz wenige und dann meist nur in der Literatur vorkommende Abweichungen.
Steht im gleichen Satz eine Sache bzw. ein abstrakter Begriff als *à*-Ergänzung, kann man *y* verwenden.

> Jean-Marie est fidèle à sa promesse.
> Jean-Marie y est fidèle.

pronom adverbial en

3.1 Das Adverbialpronomen *en*

> Das Adverbialpronomen *en* ist für alle Ergänzungen, die mit *de* angeschlossen werden, zuständig.

complément d'objet indirect

Ans Verb *convaincre* beispielsweise können zwei Objekte angeschlossen werden: *qn* und *de qch*. Das direkte Objekt ist ohne Präposition angeschlossen, das indirekte Objekt steht in diesem Fall mit *de* nach dem direkten Objekt.
Das Pronomen *en* steht stets vor dem konjugierten Verb.

> Raoul convainc sa mère de son honnêteté.
> Raoul en convainc sa mère.

complément de l'adjectif

Bei Adjektiven mit *de*-Ergänzung wird *en* nach dem gleichen Verfahren eingesetzt. Die mit *de* angeschlossene Ergänzung kann durch *en* ersetzt werden – auch dann, wenn es sich um einen längeren Ausdruck handelt.

> Jean-Pierre est heureux de la naissance de son troisième fils.
> Jean-Pierre en est heureux.

complément du nom

Auch bei einer nominalen Ergänzung mit *de* wird *en* angewendet. Bei dem Ausdruck *le nom du bateau* stellt *du bateau* die Nominalergänzung dar. Sie kann mit *en* ersetzt werden.

- Est-ce que tu sais déjà comment Jean-Pierre veut appeler son bateau ?
- Non, je n'en connais pas encore le nom. (Non, je ne connais pas encore le nom du bateau.)

En bei Mengenangaben

en partitif

En kommt häufig bei Mengenangaben zum Einsatz. Es bezieht sich immer auf einen Teil der Gesamtmenge.
Nehmen wir an, ich möchte Orangen einkaufen. Ich kann auf sie deuten und dem Verkäufer sagen, dass ich zwei Kilo „davon" haben möchte.

> Eselsbrücke: Wenn man im Deutschen „davon" einfügen kann, muss im Französischen *en* stehen.

Je prends de la mayonnaise.
J'en prends un peu seulement.

> Bei einer konkreten Menge verwendet man *en* vor dem Verb mit einer anschließenden Mengenangabe.

Dieses *en* wird auch partitives *en* genannt, da es Stoffangaben ersetzen kann, die mit dem Teilungsartikel gemacht werden.
Auch andere Mengenangaben sind möglich: *beaucoup*, *plusieurs* oder konkrete Zahlen.

- Combien coutent les yaourts ?
- Ils ne sont pas chers.
- Alors, j'en prendrai cinq.

> Wenn es sich um unbestimmte Mengen handelt, steht *en* ohne einen Mengenausdruck.

Auf Deutsch entspricht *en* auch „welche/n":

- Nous n'avons plus de lait.
- Je vais en acheter.

Auch in einem verneinten Satz muss *en* für das mit Teilungsartikel angeschlossene Objekt stehen, wenn es nicht wiederholt werden soll.

– Veux – tu encore du café ?
– Non, merci, je n'en veux plus.

pronom adverbial y

3.2 Das Adverbialpronomen *y*

Y vertritt Ergänzungen, die mit den anderen möglichen Präpositionen angeschlossen werden: *à*, *sur*, *dans*, *avec*.

Das Pronomen *y* steht vor dem konjugierten Verb und ersetzt z. B. ein indirektes Sachobjekt.

Marie-Claire pense souvent à son examen.
Marie-Claire y pense souvent.

Wenn man z. B. einen Satz akustisch nicht verstanden hat oder sich vergewissern möchte, kann man nachfragen und eine präpositionale Ergänzung mit *y* wiedergeben.

– Pendant la conférence, Loïc reviendra sur ce point mystérieux.
– Il y reviendra ?

complément de l'adjectif

Auch Adjektive können ein Nomen mit einer Präposition, die nicht *de* lautet, angeschlossen haben. Meistens handelt es sich dann um die Präposition *à*, aber auch *pour*, *envers* oder *avec* sind möglich.

Les lecteurs sont fidèles à leur journal.
Les lecteurs y sont fidèles.

indications du lieu

3.3 Ortsangaben

Bei Ortsangaben kann man sich die Bedeutung von *en* und *y* am besten vorstellen.
Es gilt nach wie vor, dass *en* alle Ergänzungen mit *de* vertritt und *y* für die übrigen zuständig ist. Die Ortsangabe „Ich befinde mich in..." wird durch das Pronomen *y* wieder aufgenommen.

Je me trouve dans le chateau des Rothschild.
On s'y perd vite. C'est tellement grand.

Die Ortsangabe „Ich komme von..." wird mit *en* ersetzt, da das Verb die Ortsangabe mit *de* anschließt.

J'étais parti à Paris pour y passer mes vacances. J'en suis revenu il y a trois jours.

3.4 *En* und *y* bei feststehenden Ausdrücken

expressions figées avec y/en

Es gibt einige Verben, die mit *en* oder *y* gebraucht werden und die ohne sie etwas anderes bedeuten. Man muss sie lernen wie andere Vokabeln auch.

Verben mit *en*

verbes avec en

- *s'en aller* → gehen, weggehen
- *en avoir assez* → genug davon haben
- *en finir* → aufhören, endgültig beenden
- *n'en pouvoir plus* → nicht mehr können
- *en rester là* → an diesem Punkt aufhören
- *s'en tenir à qch* → sich an etwas halten
- *en vouloir à qn* → jdm. böse sein

Quand est-ce que ton frère s'en ira ?
À tout à l'heure, je m'en vais maintenant.
J'en ai assez de ces pâtes. Il faut manger quelque chose d'autre.
Il faut en finir une fois pour toutes.
Le soleil n'en finit pas de briller.
Pendant ce film, je riais tellement, je n'en pouvais plus.
Ne discutons plus : il vaut mieux en rester là.
Il faut s'en tenir à ses limites personnelles.
Il en voulait à son ami d'avoir menti.

Verben mit *y*

verbes avec y

- *il y a* → es gibt
- *n'y pouvoir rien* → nichts dafür können
- *s'y prendre* → sich (gut/schlecht) anstellen

Il y a beaucoup de gens qui savent parler français.
Mes enfants disent toujours qu'ils n'y peuvent rien quand ils ne rentrent pas à l'heure.
Quand il s'y prend bien, il reçoit une récompense.

syntaxe des pronoms

4 Objekt-/Adverbialpronomen und ihre Stellung im Satz

Die Stellung der Objektpronomen (das heißt, Personalpronomen in der Funktion eines Objekts) und der Adverbialpronomen folgt festgelegten Kriterien. Eine besondere Syntax gilt es zu beachten, sobald zwei Pronomen vorkommen.

> Meist stehen das eine oder beide Pronomen zusammen vor dem konjugierten Verb.

Für Sätze mit einem Infinitiv oder einer Imperativform gelten gesonderte Regelungen.

pronoms dans la phrase déclarative

4.1 Pronomen im Aussagesatz

Kombinationen aus Objektpronomen

Grundsätzlich können nur zwei Objektpronomen zusammen vorkommen.

> Es sind Kombinationen möglich aus
> - einem der indirekten Objektpronomen: *me, te, se, nous, vous*
> - gefolgt von einem der direkten Objektpronomen: *le, la, les;*
>
> oder aus
> - einem der direkten Objektpronomen: *le, la, les*
> - gefolgt von einem der indirekten Objektpronomen: *lui, leur.*

Das heißt also, dass eins der direkten Objektpronomen *le, la* oder *les* dabei sein muss. Das heißt aber auch, dass *me, te, se, nous, vous* dann nicht als direktes Objekt fungieren UND mit einem anderen Pronomen kombiniert werden können. In solchen Fällen können die Pronomen *me, te, se, nous* oder *vous* nur das indirekte Objekt sein. Bei dem Verb *avouer qch à qn* z. B. können beide Objekte durch Pronomen ersetzt werden, da das Personenobjekt das indirekte Objekt sein muss.

Je te l'avoue.

Schließlich gibt es auch die Fälle, in denen man ein direktes Personenobjekt und ein indirektes durch Pronomen ersetzen möchte. Dann muss auf eine Konstruktion mit Präposition und unverbundenem Pronomen ausgewichen werden:

Le médecin me montre à eux, comme si je n'étais pas présente.

Gerade bei reflexiven Verben kann so etwas vorkommen. Man gibt stets das indirekte Objekt mit einem unverbundenen Pronomen wieder. Eine Kombination aus *se* und *leur* z. B. ist nicht möglich.

La grand-mère se montre à elles, même si elle est malade.

Objektpronomen beim *Passé composé*

pronoms personnels objet et passé composé

Beim *Passé composé* und anderen zusammengesetzten Zeiten gelten dieselben Regeln. Die Pronomen stehen vor dem konjugierten Verb, also vor *avoir* oder *être*.
Man muss beim *Participe passé* aufpassen. Es gleicht sich immer dann an das direkte Objekt an, wenn dieses vor ihm steht. Steht also z. B. ein direktes Objektpronomen der 3. Person Plural maskulin vor dem Hilfsverb, so bekommt das *Participe passé* ein –s angehängt.

Christine y a mené les touristes.
Christine les y a menés.

Objekt- und Adverbialpronomen kombiniert

pronoms objet et pronoms adverbiaux

Es dürfen immer nur zwei Pronomen bei einem Verb stehen, so dass auch nur ein Adverbialpronomen mit einem Objektpronomen kombiniert werden kann. Verben können schließlich auch nur zwei Objekte haben.

Die Adverbialpronomen *en* und *y* können immer zu einem anderen Pronomen hinzugestellt werden. *Lui* oder *leur* und *y* zusammen werden als unschön angesehen.

Je t'en parlerai la prochaine fois, promis.
Il nous y a conduits avec sa nouvelle voiture.

il y en a

Y und *en* können zusammen nur in einem Fall kombiniert werden und zwar in dem Ausdruck *il y en a*. *En* ist in diesem Fall ein partitives *en* und der Ausdruck bezieht sich auf Mengenangaben.

– Est-ce que tu connais un bar dans le coin ?
– Lequel ? Il y en a plusieurs.

Das Adverbialpronomen steht immer nahe am Verb, das heißt, nach dem anderen Pronomen.

J'ai vu ton groupe sur le pont.
Je vous y ai vus.

pronoms avec un infinitif

Pronomen mit einem Infinitiv

Bei Konstruktionen, die ein konjugiertes Verb und eine Infinitivform enthalten, gibt es zwei Möglichkeiten der Satzbildung. In den meisten Fällen steht das Pronomen vor dem Infinitiv, das heißt NACH dem konjugierten Verb.

Il faut nous croire.
Nous ne voulons pas le perdre.
Est-ce que vous préférez le prendre tout de suite ou plus tard ?

Wenn im Satz zwei Pronomen auftauchen, so stehen auch sie beide vor dem Infinitiv.

Je vais vous le donner.

Allerdings stehen die Pronomen natürlich vor dem Verb, dessen Objekt sie sind. In manchen Fällen steht also ein Pronomen vor dem konjugierten Verb und das andere vor dem Infinitiv. Auf diese Weise können auch Pronomen im gleichen Satz vorkommen, die man nicht miteinander kombinieren dürfte, wie z. B. *lui* und *me*.

Je lui ai demandé de m'aider.
Ma mère m'a interdit de le garder.

Es gibt einige spezielle Verben, die sich anders verhalten.

Bei folgenden Verben steht das Pronomen vor dem konjugierten Verb und nicht vor dem Infinitiv. Es sind unter anderem Verben der Sinneswahrnehmung:

- *regarder* – *voir* → ansehen – sehen
- *écouter* – *entendre* → zuhören – hören
- *envoyer* → schicken
- *laisser* → zulassen
- *faire* → veranlassen

Bei zwei Pronomen steht das Pronomen, das sich auf den Infinitiv bezieht, vor diesem.

entendre, écouter

entendre – *écouter*:

Gwen t'écoute jouer du piano.
Je t'ai entendu en parler avec Jeanne.

voir, regarder

voir – *regarder*:

Il me voit rentrer à la maison. Il me voit y rentrer.
Je vais chercher la pâtée pour le chien. Il me regarde la préparer avec de grands yeux.

envoyer

envoyer:

Je t'envoie acheter du lait. Je t'envoie en acheter.

faire, laisser

faire – *laisser*:
Bei *faire* und *laisser* stehen die Pronomen stets richtig, wenn sie sich vor dem konjugierten *faire*/*laisser* befinden. (Bei *laisser* können sie eventuell auch vor *laisser* und vor dem Infinitiv stehen – jedes Pronomen bei dem Verb, auf das es sich bezieht).

Louise ne veut pas que Patricia boive de la bière. Elle le lui fait comprendre gentiment.
Rémi s'est acheté un nouvel appareil photo. Martine voudrait l'emprunter. Il le lui laisse utiliser. (oder: Il lui laisse l'utiliser.)

4.2 Pronomen beim Imperativ

pronoms dans la phrase impérative – forme affirmative

Bejahter Imperativsatz

Beim bejahten Imperativsatz gelten etwas andere Regeln als beim Aussagessatz. Zunächst einmal verbindet man Verb und Pronomen mit Bindestrichen:

Regarde-le.	Montre-leur la chambre.

Außerdem stehen, ebenfalls abweichend vom Aussagesatz, immer zuerst die direkten Objektpronomen. Dies gilt auch, wenn mehrere Pronomen hintereinander stehen.

Montre-la-leur.

Aber auch für den Imperativ gilt, dass ein direktes Objektpronomen dabei sein muss, außer es handelt sich um *en* oder *y*. Diese Pronomen stehen immer an zweiter Stelle und können mit allen anderen Pronomen kombiniert werden. Nur *m'y* oder *t'y* werden nicht verwendet.

Parlez-lui-en.

moi, toi

Anstelle der verbundenen Personalpronomen *me* und *te* stehen die unverbundenen Pronomen *moi* und *toi*. So wird die Aussprache erleichtert.

Rends-moi mon livre.

m'en, t'en

Der einzige Fall, bei dem *me* oder *te* vorkommen können, ist eine Kombination mit *en*.

Va-t'en.
Est-ce que vous avez préparé du thé ? Donnez-m'en une tasse.

là-bas

Folgende Beispielsätze zeigen die Anwendung der Pronomen *en* und *y* nach dem Imperativ. *Là-bas* wird häufig statt *y* als Ortsangabe eingesetzt, da eine Kombination aus *me* oder *te* und *y* nicht möglich ist.

Allons-y.	Parle-m'en.
Vas-y.	Mène-moi là-bas.

phrase impérative – forme négative

Verneinter Imperativsatz

Ein verneinter Imperativsatz verhält sich wie ein Aussagesatz. Das heißt, die Pronomen stehen in derselben Reihenfolge und mit denselben Vorgaben, wie sie für den Aussagesatz gelten.

Ne m'en parle pas.
Ne me les montrez plus jamais.

5 Demonstrativpronomen und -begleiter

pronoms et déterminants démonstratifs

5.1 Demonstrativpronomen

pronoms démonstratifs

Demonstrativpronomen heißen auch „hinweisende Fürwörter". Sie ersetzen einzelne Nomen oder Ergänzungen von Nomen. Demonstrativpronomen können nicht für sich alleine stehen, sie müssen immer begleitet werden.

Einfache Demonstrativpronomen

formes simples

Einfache Demonstrativpronomen heißen die Demonstrativpronomen, die nicht zusammengesetzt sind. Sie brauchen hinter sich stets ein stützendes Element. In Numerus und Genus verfügen sie über verschiedene Formen:

	Neutrum	maskulin	feminin
Singular	ce	celui	celle
Plural		ceux	celles

avec un complément du nom

Demonstrativpronomen können Nomen ersetzen, die ein *complément du nom*, eine Ergänzung, bei sich haben. Diese Ergänzung ist mit *de* angeschlossen. Sie bleibt mit *de* auch nach dem Demonstrativpronomen stehen.

Mon vélo a des pneus crevés. Je vais prendre **celui** (= le vélo) de mon frère pour aller à l'école.

avec une proposition relative

Demonstrativpronomen können auch vor Relativsätzen stehen. Der Relativsatz mit seinem Relativpronomen bildet in diesem Fall die für das Pronomen notwendige Ergänzung.

Il y a trois salles de concert dans ce bâtiment. Le concert de Noël aura lieu dans **celle** (= la salle) que vous choisirez.

emploi nominalisé

Ebenfalls denkbar ist der nominalisierte Gebrauch des Pronomens zur Bezeichnung einer Gruppe von Leuten. Die Pluralformen sind dabei weit gebräuchlicher als die Singularformen des Pronomens. Hinter dem Demonstrativpronomen steht dann die Präposition *de*.
Solche Sätze finden sich vor allem in der gesprochenen Sprache.

Ceux du village voisin ont voté un nouveau maire. Cette fois, c'est le parti de gauche qui a gagné.

Das neutrale Pronomen *ce* tritt vor allem
- im Zusammenhang mit dem Verb *être* (*c'est*/*ce sont*) sowie
- in Verbindung mit *que* beim Relativsatz auf (*ce qui*/*ce que*).

C'est notre chat. N'est-il pas mignon ?
Tout ce qui l'intéresse, c'est l'argent.

formes composées

Zusammengesetzte Demonstrativpronomen

Die Demonstrativpronomen verfügen neben der einfachen auch über eine zusammengesetzte Form. Wie oben bereits erklärt, benötigen Demonstrativpronomen immer ein ergänzendes Element bei sich. Dieses führen die zusammengesetzten Formen bereits mit sich.

Die Demonstrativpronomen beziehen sich auf eine nähere oder eine weiter entfernte Person oder Sache. Dafür gibt es unterschiedliche Formen. Dieses System entspricht im Großen und Ganzen den Unterschieden zwischen „dieser" und „jener" im Deutschen. „Dieser" bezieht sich auf das nahe, „jener" auf das entfernte Objekt.

celui-ci : près

In der Nähe des Sprechers:

	Neutrum	maskulin	feminin
Singular	ceci	celui-ci	celle-ci
Plural		ceux-ci	celles-ci

celui-là : loin

Weiter entfernt vom Sprecher:

	Neutrum	maskulin	feminin
Singular	cela/ça	celui-là	celle-là
Plural		ceux-là	celles-là

reprise dans la phrase suivante

Zum einen kommen diese Pronomen vor, wenn ein Element des ersten Satzes im nächsten wieder aufgegriffen werden soll, wobei die Formen mit *-là* eher verwendet werden.

Je ne trouve plus mon bonnet.
– Prends **celui-là**.

Zum anderen bezeichnen diese zusammengesetzten Pronomen zwei sich im Raum befindende Gegenstände. Der Sprecher deutet z. B. erst auf den einen und dann auf den anderen Gegenstand – der eine liegt von ihm aus gesehen näher (*celui-ci*), der andere weiter entfernt (*celui-là*).

distance par rapport au locuteur

Quel pull te plait mieux : celui-ci ou celui-là ?

Mit *ceci* und *cela* werden nur Sachen bezeichnet. *Ça* ist die verkürzte Form von *cela*, die in der mündlichen Sprache häufiger vorkommt, die aber auch in der schriftlichen Sprache nicht als falsch empfunden wird.

cecil/cela/ça

Ceci ne me plait pas.
Cela ne fait rien./Ça ne fait rien.

5.2 Demonstrativbegleiter

Demonstrativbegleiter stehen statt eines bestimmten oder unbestimmten Artikels vor dem Nomen.

déterminants démonstratifs

	maskulin Konsonant	maskulin Vokal	feminin
Singular	ce	cet	cette
Plural	ces	ces	cettes

Im Maskulinum Singular gibt es zwei Formen. Die eine Form wird gebraucht, wenn das nachfolgende Nomen mit einem Konsonanten beginnt, die zweite, wenn der Begleiter auf einen Vokal trifft.

Dies ist ein häufiges und bereits öfter erwähntes Prinzip im Französischen, das für eine flüssige Aussprache sorgt. Wenn jemand spricht, ist zwischen *cette* und *cet* kein Unterschied zu hören, das heißt, man hört das grammatische Geschlecht des Nomens im Singular nicht heraus.

Cette voiture me plaît bien.
Cet arbre est très vieux.
Ce magasin vend des vêtements très chers.

Auch bei den Demonstrativbegleitern gibt es zusammengesetzte Formen. Man hängt dabei *-ci* oder *-là* an das Nomen.

-ci/-là

Ce/cette ... -ci meint den näher stehenden Gegenstand, *ce/cette ... -là* den entfernteren.

Quelle voiture est la vôtre ? Cette voiture-ci ou cette voiture-là ?

pronoms et déterminants possessifs

6 Possessivpronomen und -begleiter

pronoms possessifs

6.1 Possessivpronomen

Possessivpronomen (oder besitzanzeigende Fürwörter) bezeichnen die Zugehörigkeit einer Sache, aber auch eines abstrakten Begriffs zu einer Person. Sie geben also an, wem was gehört.

Die Possessivpronomen werden gebildet aus dem bestimmten Artikel und dem Pronomen.

singulier

Wenn sie sich auf ein Nomen im Singular beziehen, gelten die folgenden Formen:

	maskulin	feminin
1. Pers. Sg.	le mien	la mienne
2. Pers. Sg.	le tien	la tienne
3. Pers. Sg.	le sien	la sienne
1. Pers. Pl.	le nôtre	la nôtre
2. Pers. Pl.	le vôtre	la vôtre
3. Pers. Pl.	le leur	la leur

pluriel

Wenn das Nomen, das sie ersetzen, im Plural steht, benutzt man die nachfolgenden Possessivpronomen. Die maskulinen und femininen Pluralformen für die erste, zweite und dritte Person Plural sind identisch.

	maskulin	feminin
1. Pers. Sg.	les miens	les miennes
2. Pers. Sg.	les tiens	les tiennes
3. Pers. Sg.	les siens	les siennes
1. Pers. Pl.	les nôtres	les nôtres
2. Pers. Pl.	les vôtres	les vôtres
3. Pers. Pl.	les leurs	les leurs

Zur orthografischen Unterscheidung von den Possessivbegleitern *notre* und *votre* (s. unten) tragen die Pronomen *vôtre* und *nôtre* einen *accent circonflexe* über dem *o*.

Possessivpronomen ersetzen Nomen mit ihrem Possessivbegleiter. Sie übernehmen Genus und Numerus des Nomens, das sie ersetzen.

Ton chat est très bien élevé. **Le mien** est beaucoup plus têtu.
Est-ce que ce sont mes clés ou **les vôtres** ?

In der gesprochenen Sprache finden sich statt der Possessivpronomen häufig Konstruktionen mit *à* und einem unverbundenen Personalpronomen.

Est-ce que ces clés sont **à moi** ou **à vous** ?

6.2 Possessivbegleiter

déterminants possessifs

Possessivbegleiter stehen vor dem Nomen und richten sich in Genus und Numerus nach ihm.

singulier

Die in der folgenden Tabelle aufgelisteten Formen gelten für den Singular. In der 1., 2., und 3. Person Plural sind maskuline und feminine Form gleich:

	maskulin	feminin
1. Pers. Sg.	mon	ma/mon
2. Pers. Sg.	ton	ta/ton
3. Pers. Sg.	son	sa/son
1. Pers. Pl.	notre	notre
2. Pers. Pl.	votre	votre
3. Pers. Pl.	leur	leur

pluriel

An den Pluralformen des Possessivbegleiters kann man das Geschlecht des Nomens nicht ablesen – sie sind identisch:

	maskulin und feminin
1. Pers. Sg.	mes
2. Pers. Sg.	tes
3. Pers. Sg.	ses
1. Pers. Pl.	nos
2. Pers. Pl.	vos
3. Pers. Pl.	leurs

Im Französischen richtet sich der Begleiter im Genus stets nach seinem Bezugswort und berücksichtigt nie das Geschlecht des Sprechers bzw. der Sprecherin.

3ème personne du singulier

Aufpassen muss man besonders bei der dritten Person Singular, bei der sich das Französische anders verhält als das Deutsche.

Ein deutscher Satz könnte z. B. so lauten: „Paul hat gesagt, dass es **seine** Zahnbürste sei, die auf dem Tisch liege." Durch den deutschen Begleiter „seine" ist zum einen ausgedrückt, dass „Zahnbürste" ein feminines Nomen ist („sein Fotoapparat"/„seine Zahnbürste"). Zum anderen ist ersichtlich, dass der Sprecher, Paul, ein Mann ist – sonst würde es „ihre Zahnbürste" heißen.

Paul a dit que c'était sa brosse à dents qui se trouvait sur la table.

Durch *sa* wird nur ersichtlich, dass *brosse à dent* feminin ist. Es gibt für feminine Begleiter zwei Formen. Hierbei handelt es sich wieder um eine Erleichterung für die Aussprache.

Fängt das Bezugsnomen mit einem Vokal an, so wird im Singular immer die maskuline Form des Possessivbegleiters verwendet.

Auf diese Weise ist es möglich, das *n*, mit dem der Possessivbegleiter endet, mit dem Vokal des nächsten Nomens in einer *Liaison* zu verbinden.

Das weibliche Nomen *assiette* bekommt z. B. den Possessivbegleiter *mon*, so dass das *n* von *mon* an das *a* von *assiette* gebunden werden kann. Diese Regel gilt für die ersten drei Personen im Singular (*mon*, *ton*, *son*).

Est-ce que tu m'apportes mon assiette que j'ai laissée dans la cuisine, s'il te plait ?

leur, leurs

Im Plural der 3. Person (*leur*, *leurs*) wird nur nach Numerus unterschieden, da es für maskulin und feminin keine verschiedenen Formen gibt. Das heißt, hier entscheidet nur der Numerus des Bezugsworts über den richtigen Begleiter.

Wenn es mehrere Besitzer gibt, die mehrere Gegenstände besitzen, dann heißt der Begleiter *leurs*.
Wenn mehrere Besitzer einen Gegenstand haben, so heißt der Begleiter *leur*.

Ces chaussures sont-elles à vous ?
Non, ce sont leurs chaussures. (de Pierre et de Claudine)
Est-ce que c'est la maison de tes parents ?
Oui, c'est leur maison.

7 Interrogativpronomen und -begleiter

pronoms et déterminants interrogatifs

7.1 Interrogativpronomen

pronoms interrogatifs

Es gibt im Französischen vier Interrogativpronomen (oder Fragefürwörter). Mit ihnen leitet man Fragesätze ein.

Fragt man nach einer Person, so verwendet man *qui*.
Fragt man nach Sachen, so verwendet man *que* oder *quoi*.
Fragt man nach Personen oder Sachen aus einer Gruppe, so verwendet man *lequel*.

Qui

qui : personnes

Qui wird immer dann verwendet, wenn nach einer Person gefragt werden soll. Dabei ist es egal, ob das Pronomen als Subjekt oder als Objekt des Satzes fungiert. Wenn kein sonstiges Subjekt im Satz vorhanden ist, muss *qui* das Subjekt sein.

fonction sujet/objet

Qui t'accompagne au bal ?

Man kann auch nach mehreren Personen fragen. *Qui* kann somit – wie im Deutschen - nach einem Nomen im Singular und einem Nomen im Plural fragen.

Qui veux-tu inviter à diner le jour de ton anniversaire ?

fonction objet indirect

Will man das Wort erfragen, welches das indirekte Objekt des Satzes ist, so benutzt man *qui* mit einer Präposition davor. Bei dem Verb *parler de qn* steht in der Frage *de* vor *qui*.

De qui parles-tu ?
À qui doit-on écrire ce courriel ?

que : choses

Que

fonction objet direct

Mit *que* fragt man nach Gegenständen oder abstrakten Begriffen. Wenn sich die Frage an das direkte Objekt des Satzes richtet, benutzt man *que* oder *qu'est ce que*.

Que veux-tu manger demain soir ?
Qu'est-ce que tu veux manger demain soir ?

fonction sujet

Fragt man nach dem Subjekt, muss man das mit *qu'est-ce qui* machen.

Qu'est-ce qui t'intéresse le plus dans tes études ?

(S. dazu auch „Fragesätze" im Kapitel „Satz")
Que kann im Gegensatz zu *qui* nicht mit Präpositionen verwendet werden. *Que* kann also nicht die Funktion des indirekten Objekts übernehmen.

quoi : choses

Quoi

avec préposition

Quoi kommt immer dann zum Einsatz, wenn *que* nicht möglich ist: also nach Präpositionen.
Mit diesem Pronomen fragt man stets nach Sachen.

À quoi est-ce que tu penses ?
De quoi parles-tu ?
Avec quoi veux-tu que j'ouvre cette bouteille ? Avec mes mains ?

phrases sans verbe

Quoi wird auch in Fragesätzen ohne konjugiertes Verb verwendet.

Quoi faire ?

lequel

Lequel

Lequel ist ein zusammengesetztes Pronomen. Es besteht aus *quel* und dem bestimmten Artikel *le*. Es existieren je nach Genus und Numerus des Wortes, nach dem gefragt wird, verschiedene Formen:

	maskulin	feminin
Singular	lequel	laquelle
Plural	lesquels	lesquelles

Man setzt immer dann *lequel* ein, wenn nach Teilen einer Menge gefragt werden soll. Dabei kann dahinter – mit *de* angeschlossen – die zur Wahl stehende Menge genannt sein. Das Pronomen passt sich in Genus und Numerus an das erfragte Nomen an.

Laquelle des trois dates te convient le mieux ?

Lequel kann aber auch allein, ohne *de*-Ergänzung stehen, wenn aus dem Kontext klar ist, um welche Gruppe oder Menge es geht. Allerdings steht es nie direkt vor einem Nomen.

Il y a deux restaurants argentins dans le quartier.
Lequel est le moins cher ? Le sais-tu ?

Lequel kann zusätzlich mit den Präpositionen *à* oder *de* zu einem Wort oder einem Ausdruck verschmelzen.

Wenn es mit der Präposition *à* verwendet wird, sehen die Formen folgendermaßen aus:

à + lequel

	maskulin	feminin
Singular	auquel	à laquelle
Plural	auxquels	auxquelles

Mit der Präpsoition *de* zusammen gibt es diese Formen.

de + lequel

	maskulin	feminin
Singular	duquel	de laquelle
Plural	desquels	desquelles

Je nach Struktur des Verbs steht *de*, *à* oder eine andere Präposition vor *lequel*.

Nous avons le choix entre ces deux spectacles. Auquel préfères-tu aller ?

7.2 Interrogativbegleiter

déterminant interrogatif

Unter diese Kategorie fällt nur ein Wort: *quel*. Dieser Interrogativbegleiter richtet sich, wie alle andere Begleiter, in

Genus und Numerus nach dem Nomen, das er begleitet. Die Formen sind wie die des Interrogativpronomens *lequel* - nur ohne den bestimmten Artikel.

quel

	maskulin	feminin
Singular	quel	quelle
Plural	quels	quelles

Im Unterschied zum Pronomen ersetzt *quel* nicht ein Nomen, sondern begleitet es. Es darf also keine Präposition zwischen dem Begleiter und seinem Nomen stehen.

Quelle date te convient le mieux ?
Quelle heure est-il ?
Quel est votre nom, Monsieur ?

Der Interrogativbegleiter kann allerdings mit Präpositionen kombiniert werden, die dann vor ihm stehen.

À quelle date reviens-tu de vacances ?
De quel film parles-tu ?

pronoms relatifs

8 Relativpronomen

Relativpronomen leiten einen Nebensatz, einen Relativsatz ein. Sie vertreten im Nebensatz Nomen oder Pronomen des Hauptsatzes und bestimmen sie näher. Relativpronomen sind im Französischen meist unveränderlich. Nur manche von ihnen haben veränderliche Formen, das heißt, sie passen sich in Genus und Numerus an.
Im Gegensatz zum Deutschen wird der Relativsatz nur dann mit Kommas vom Hauptsatz abgetrennt, wenn er ein eingeschobener Nebensatz ist.

qui

Qui

Das Relativpronomen *qui* kann allein stehen oder mit ce zusammen den Relativsatz einleiten. Es hat im Relativsatz die Funktion des Subjekts.

Je vais rendre visite à ma cousine qui cuisine très bien.

Qui kann sich auf Personen oder Sachen beziehen. Fordert das Verb des Nebensatzes eine Präposition (z. B. *parler à qn*), so kann *qui* nur dann stehen, wenn es sich um Personen handelt, sonst muss das Pronomen *lequel* verwendet werden (s. weiter unten in diesem Kapitel).

Il n'aime pas le type à qui sa femme parle depuis une demi-heure.

Que

que

Que nimmt die Funktion des direkten Objekts im Nebensatz ein. Im Relativsatz muss deshalb bereits ein Subjekt vorhanden sein. *Que* bezieht sich wie *qui* auf Personen und Sachen.

L'armoire que tu m'as montrée dans le prospectus ne me plait pas.

accord du participe passé

Man muss aufpassen, wenn im Nebensatz ein *Passé composé* vorkommt. Das *Participe passé* passt sich an, sobald ein direktes Objekt vor dem konjugierten Verb steht, was mit *que* der Fall ist.

Ma cousine, que je n'ai plus vue depuis des semaines, cuisine très bien.

ce que

Fehlt ein Bezugswort, so muss wieder, wie bei *qui*, das neutrale Demonstrativpronomen *ce* vor *que* stehen. Auch hier lässt sich das Relativpronomen, das den Nebensatz einleitet, im Deutschen mit „was" wiedergeben.

Je ne comprends pas ce que tu veux dire.

Lequel

lequel

Das Pronomen *lequel*, welches bereits bei den Interrogativpronomen vorgestellt wurde, zählt auch zu den Relativpronomen. *Lequel* ist veränderbar und passt sich in Genus und Numerus an das Nomen an, das es vertritt:

	maskulin	feminin
Singular	lequel	laquelle
Plural	lesquels	lesquelles

> *Lequel* wird vor allem dann eingesetzt, wenn
> - ein Nomen mit Präposition ersetzt wird und
> - das Nomen eine Sache bezeichnet.

Clothilde prend des photos de notre fête avec son appareil photo numérique.
Clothilde s'est acheté un appareil photo numérique avec lequel elle peut prendre des photos de notre fête.

Handelt es sich um Personen, die im Nebensatz von einem Relativpronomen vertreten werden, kann man entweder *lequel* oder *qui* verwenden.

Clothilde a un nouveau copain avec qui/avec lequel elle viendra à notre fête.

Lequel kann auch zur genaueren Unterscheidung von männlich/weiblich verwendet werden.

La femme du voisin, avec laquelle je vais souvent me promener, est suédoise.
La femme du voisin, avec lequel son mari joue au foot, est suédoise.

dont

Dont

Dont taucht immer dann auf, wenn *de* im Spiel ist.

> *Dont* vertritt
> - eine Nominalergänzung,
> - eine Verbergänzung mit *de*
> - oder die Ergänzung eines Adjektivs mit *de*.

complément du nom

Beim *complément du nom* („Nominalergänzung") handelt es sich um zwei Nomen, die mit *de* und eventuell dem bestimmten Artikel verbunden sind:

la fin **du** monde, la tournée **des** Rolling Stones, le nom **du** chat, l'emblème **de** Paris

Das mit *de* angeschlossene Nomen ist die Nominalergänzung.

> Besonders, wenn es sich um Sachen handelt, wird das Relativpronomen *dont* verwendet.

De qui statt *dont* ist immer dann möglich, wenn es sich um Personen handelt, ist aber seltener gebräuchlich.

> Paris, dont l'emblème est connu dans le monde entier, est la capitale de la France.

complément d'objet

Bei Ergänzungen von Verben funktioniert das ganz ähnlich. Gehen wir vom Verb *se moquer de qn* aus: hier wir das Objekt mit *de* angeschlossen.

> Les élèves se moquent du nouveau camarade de classe.
> Il a déjà treize ans.

Diese beiden Sätze kann man zu einem Satz umformen, indem man einen Relativsatz mit *dont* bildet. Aus der Verbergänzung *le nouveau camarade* wird das Subjekt des Satzes. Das vorherige Subjekt *les élèves* ist nun das Subjekt des Nebensatzes.

> Le nouveau camarade de classe dont les élèves se moquent a déjà treize ans.

complément l'adjectif

Ergänzungen von Adjektiven, die mit *de* angeschlossen sind, werden in Relativsätzen ebenfalls mit *dont* wiedergegeben. Beim Adjektiv *amoureux* wird die betroffene Person mit *de qn* hinten angefügt.

> Jean-Luc est amoureux de ma cousine depuis son enfance.
> Ma cousine, dont Jean-Luc est amoureux depuis son enfance, s'est mariée avec René la semaine dernière.

où

Où

Où hat eine lokale (des Ortes) oder eine temporale (der Zeit) Bedeutung. Es kann statt *dans lequel, jusqu'à laquelle* oder anderen Pronomen mit Präposition im Relativsatz stehen. Das „wo" vor dem Relativsatz wird in der deutschen Umgangsprache auch verwendet („das Haus, wo ich wohne" statt „in dem ich wohne"), ganz korrekt ist es jedoch nicht.

Auf Französisch kann man *où* dagegen ohne Weiteres verwenden.

La maison où j'habite est très vieille./La maison dans laquelle j'habite est très vieille.
Le point jusqu'où je voulais aller se trouve devant nous./ Le point jusqu'auquel je voulais aller se trouve devant nous.

dont

Quoi

Quoi ist ein selten gebrauchtes Relativpronomen, das nur in ganz bestimmten Situationen zum Einsatz kommt. Es steht nach Präpositionen und in Sätzen, bei denen das Bezugswort unbestimmt und sächlich ist, wie z. B. *quelque chose*.

Il y a quelque chose à quoi je pense pendant toute la journée.

Ce vor Relativpronomen

Bei *qui* und *que* wurde es schon erwähnt, das Pronomen *ce* muss in bestimmten Fällen davor stehen. Auch bei *quoi* und *dont* kann es vorkommen, dass sich ein *ce* davor befindet. Hier noch einmal eine Zusammenfassung, wann *ce* stehen muss:

Wenn sich der Nebensatz auf den ganzen Satz bezieht oder ein direktes Bezugsnomen fehlt, muss *ce* stehen, um das Bezugswort zu ersetzen.

Ma tante m'a légué ce qu'elle possédait.

Zum Vergleich noch einmal ein Satz, in dem ein Bezugswort vorhanden ist. Das Nomen, das im Nebensatz näher erläutert wird, steht vor dem Pronomen. In solchen Fällen ist kein *ce* nötig.

Ma tante m'a légué la fortune qu'elle possédait.

Wenn ein Indefinitpronomen und kein Nomen am Anfang des Satzes steht, muss ebenfalls *ce* dazwischen geschoben werden.

Tout ce qui brille n'est pas d'or.

9 Indefinitpronomen und -begleiter

9.1 Indefinitpronomen

Zu den Indefinitpronomen (oder unbestimmten Pronomen) zählt man eine Anzahl von Ausdrücken, die dazu dienen, Unspezifisches aussagen zu können. Sie müssen nicht unbedingt, wie die anderen Pronomen, auf etwas verweisen, sondern stehen auch für sich selbst.

Folgende Wörter gehören zu den Indefinitpronomen:

- *chacun/chacune* → jeder/jede einzelne
- *n'importe qui/quoi* → irgendwer, jeder beliebige/irgendwas
- *quelqu'un* → jemand
- *quelques-uns/quelques-unes* → einige
- *quelque chose* → etwas
- *tous/toutes/tout* → alle/alles
- *tout le monde* → alle, jeder, jedermann
- *un/une autre, les autres* → ein/e andere/r, die anderen

Man sollte sich nicht zu sehr nach den deutschen Übersetzungen richten, da die französischen Begriffe im Gebrauch unterschiedlich sein können: Zwischen „alle" und „jeder" muss beispielsweise sorgfältig unterschieden werden.

Chacun, tous, tout le monde

chacun, tous, tout le monde

Die Pronomen *chacun, tous* sowie *tout le monde* können etwa dieselbe Bedeutung haben, werden aber in verschiedenen Situationen verwendet. Hier sind die Nuancen der Aussage von Bedeutung.

> *Chacun* bezeichnet den Einzelnen aus einer Gruppe und steht meistens mit *de* und einem Nomen dahinter. Die feminine Form lautet *chacune*.

Chacun de mes copains ressemblait à mon père.

Chacun kann auch, wie alle Indefinitpronomen, ohne Verweis auf eine Gruppe verwendet werden.

Chacun doit se présenter à l'heure.

Bei der Verwendung von *tous* wird nichts mit *de* angeschlossen, so dass in diesem Fall bereits klar sein muss, um wen es geht.

> *Tous* meint alle, ohne auf das Individuum einzugehen. Mit *tous* sieht man die Gruppe als eine Einheit an.

Tous ressemblaient à mon père.

Tous bezieht sich auf eine männliche Gruppe. Bezieht sich das Pronomen auf eine neutrale Menge, so lautet es *tout*, bezieht es sich auf eine weibliche Menge, dann heißt es *toutes*.

On a été au théâtre :
- On pouvait tout voir. (tout le spectacle)
- On pouvait les voir toutes. (toutes les actrices)
- On pouvait les voir tous. (tous les acteurs)

Den Ausdruck *tout le monde* verwendet man, ohne sich auf Vorangehendes beziehen zu müssen oder die Gruppe anzugeben, um die es geht.

J'ai une nouvelle copine :
- Tout le monde l'aime bien.

Zum Vergleich die Situation mit *chacun* und *tous*. Diese beiden Pronomen setzen eine bekannte Gruppe an Personen voraus, auf die sich die Pronomen beziehen.

J'ai une nouvelle copine :
- Chacun des membres de ma famille l'aime bien.
- Hier je l'ai présentée à ma famille. Tous l'ont bien aimée.

N'importe qui/n'importe quoi

n'importe qui/ n'importe quoi

N'importe qui und *n'importe quoi* werden auch im mündlichen Sprachgebrauch gerne verwendet.

N'importe qui bezieht sich auf Personen und meint „irgendjemand, jeder beliebige".

n'importe qui : personnes

Si tu ne fermes pas ta porte à clé, n'importe qui pourra entrer.

N'importe quoi ist sächlich und meint „irgendetwas".

n'importe quoi : choses

Hier, au bar, on parlait de n'importe quoi.

Quelqu'un/quelque chose

quelqu'un/quelque chose

Quelqu'un und *quelque chose* werden als Platzhalter für eine Person bzw. eine Sache verwendet, die noch nicht feststeht oder dessen Namen nicht von Bedeutung ist.

Im folgenden Beispiel geht es nicht darum, von wem eine Information stammt. Viel mehr geht es darum, zu sagen, dass man etwas von anderen gehört hat und nun gerne wüsste, ob das auch stimmt.

Quelqu'un m'a dit que les chauffeurs de bus seraient en grève les prochains jours. Est-ce que c'est vrai ?

Oder man weiß nicht genau, was einen stört oder was das Problem darstellt, es ist nur klar, dass „irgendetwas" nicht stimmt.

Depuis plusieurs semaines, il y a quelque chose qui ne va pas entre nous.

Im Plural kann *quelqu'un* in femininer oder maskuliner Form auftreten. Für *quelque chose* gibt es keinen Plural.

Quelques-unes de mes copines ne boivent jamais d'alcool.

Autre

autre

Autre ist ein Pronomen, das einen anderen Menschen sowie die anderen Menschen im Allgemeinen bezeichnen kann. Es kann mit dem bestimmten oder dem unbestimmten Artikel im Singular oder im Plural gebraucht werden.

Je n'aime pas ce livre. J'en voudrais un autre.
Valérie est une personne qui veut toujours le meilleur pour les autres et qui oublie de penser à elle-même.

Wenn in einem Satz wegen des Verbs eine Verbindung mit der Präposition *de* verlangt ist, wie z. B. bei *parler de qch*, so steht *des autres*, wenn der bestimmte Artikel gemeint ist. Dies ist dann der Fall, wenn von „den anderen", Menschen, die wir schon kennen, die Rede ist.

On a parlé des autres pendant deux heures.

Autre kann noch in anderen Wendungen vorkommen:

- *l'un l'autre* → sich gegenseitig, der eine dem anderen
- *l'un ou l'autre* → der eine oder der andere
- *ni l'un ni l'autre* → weder der eine noch der andere

Man kann also Wechselseitigkeit zwischen zwei Menschen oder Dingen ausdrücken.

On s'est aidé l'un l'autre pour finir ce travail immense.

Oder man spricht von zwei verschiedenen Personen:

– Tu connais Van Gogh et Picasso, je suppose ?
– Je ne connais ni l'un ni l'autre.
– L'un ou l'autre s'est coupé l'oreille, mais je ne me souviens plus lequel.

déterminants indéfinis

9.2 Indefinitbegleiter

Diese Begleiter stehen vor dem Nomen und können Ungenauigkeit und Ungewissheit ausdrücken oder werden dann gebraucht, wenn die genaue Anzahl einer Menge unwichtig ist. Sie unterscheiden sich von den Pronomen dadurch, dass sie ein Nomen begleiten. Die Pronomen *chacun*, *quelqu'un* sowie *aucun* haben mit *chaque*, *quelques-uns* und *(ne) aucun* ihr Pendant bei den Indefinitbegleitern.

- *aucun/aucune* → keine/r
- *autre* → andere/r
- *certain(s)/certaine(s)* → gewisse/r, manche
- *chaque* → jede/r
- *différents/différentes* → unterschiedliche, verschiedene
- *divers/diverses* → unterschiedliche, verschiedene
- *plusieurs* → mehrere
- *quelques* → einige, ein paar
- *tel/telle, tels/telles* → solch
- *tous/toutes, tout/toute* → der, die, das ganze

Plusieurs, quelques, certains

plusieurs, quelques, certains

Plusieurs und *quelques* unterscheiden sich lediglich hinsichtlich der Anzahl der bezeichneten Dinge oder Personen. *Plusieurs* betont die Anzahl mehr als *quelques.*

Il y a quelques jours, je suis allé en randonnée dans les Vosges.
Il y a plusieurs jours que je n'entends plus de mes voisins. Je commence à m'inquiéter.

Certains, certaines lässt die Menge dessen, was man angeben will, völlig im Unklaren. Es kann ähnlich wie der unbestimmte Artikel Plural *des* verwendet werden.

Certaines personnes votent à droite, mais ne le disent pas.

Im Singular führt *certain, certaine* meist den unbestimmten Artikel bei sich.

Je connais un certain monsieur qui ne mange pas de légumes.

Chaque, aucun

chaque, aucun

Chaque ist der Begleiter zum Pronomen *chacun* und wird nur in Zusammenhang mit seinem Bezugsnomen verwendet. *Chaque* bezeichnet „jeden einzelnen" im Besonderen.

Chaque citoyen a besoin d'une carte d'identité.

> Während es mit *chacun* und *chacune* eine männliche und eine weibliche Form gibt, ist *chaque* unveränderlich.

Aucun bzw. *aucune* bedeutet das Gegenteil von *chaque* – nämlich „kein/e/n“. Dieser Begleiter richtet sich in Genus und Numerus nach dem Nomen.

Je n'ai aucune idée où tu as laissé tes lunettes.
Sylvie ne connait aucun restaurant japonais dans son quartier.

divers, différents

Divers, différents

Diese beiden Begleiter sind nahezu identisch in ihrer Bedeutung. Sie bezeichnen die Verschiedenheit.
Für beide gibt es auch feminine Formen: *diverses* und *différentes*.

Dans diverses/différentes situations, une serviette peut être utile.
Sa copine l'a quitté pour diverses/différentes raisons.

Die Begleiter sind nicht zu verwechseln mit den Adjektiven *différents* und *divers*, die nach dem Nomen stehen.
Werden *divers* und *différents* als Begleiter gebraucht (vor dem Nomen) so haben sie wie *plusieurs* oder *des* eher einen aufzählenden Charakter.

Elle a travaillé comme médecin dans divers/différents pays.

Werden *différents* und *divers* als Adjektiv gebraucht, so steht vor dem Nomen ein Artikel oder sonstiger Begleiter und sie befinden sich hinter dem Nomen. Dann wird nicht die Anzahl der Dinge hervorgehoben, sondern ihre Verschiedenartigkeit.

Elle a travaillé comme médecin dans des pays divers/différents.

autre, tout, tel

Autre, tout, tel

Diese drei Wörter stehen häufig in Verbindung mit Artikeln, also anderen Begleitern.

Vor *autre* steht der bestimmte oder der unbestimmte Artikel. Der unbestimmte Artikel Plural wird mit *d'(autres)* ausgedrückt.

autre

On a parlé d'autres gens pendant deux heures.

Tout als echter Begleiter ist eher selten und kommt in festen Ausdrücken vor.

tout

- *à tout prix* → unbedingt
- *à toute heure* → jederzeit
- *de toute façon* → jedenfalls, sowieso
- *en tout cas* → auf jedem Fall

Tu peux venir chez moi à toute heure.
De toute façon, nous ne déménagerons pas avant l'été.

Häufiger anzutreffen ist *tout* (*tous*, *toute(s)*, *tout*) in Verbindung mit dem bestimmten Artikel. Der Artikel steht dabei zwischen *tout* und dem Nomen. Beide passen sich an das Nomen an.

Nous avons dansé toute la nuit.

Auch mit Possessiv- oder Demonstrativbegleitern kann *tout* stehen.

Elle a dépensé tout son/tout cet argent pendant ces six mois.

Tel steht wie *tout* häufiger mit einem Artikel. Es kann allerdings auch ohne Artikel vorkommen.

tel

Au village voisin, dans tel restaurant, le chef cuisinier est fameux.

Meist steht vor *tel* der unbestimmte Artikel. *Tel* (*telle*, *tels*, *telles*) und der Artikel passen sich dem Nomen an.

Les enfants font un tel bruit dans la rue que je n'arrive plus à me concentrer.

Auf einen Blick: Pronomen und Begleiter

- Pronomen vertreten Nomen, Begleiter begleiten Nomen
- Pronomen ersparen Wiederholungen und machen einen Text flüssiger

Personalpronomen – unbetont und betont

unbetont Subjekt	unbetont direktes Objekt	unbetont indir. Objekt	betont
je	me	me	moi
tu	te	te	toi
il/elle/on	le/la	lui	lui/elle/soi
nous	nous	nous	nous
vous	vous	vous	vous
ils/elles	les	leur	eux/elles

- Höflichkeitsform ist die 2. Person Plural: *vous*
- *il* steht auch bei unpersönlichen Verben (*Il pleut.*)
- *on* bedeutet „man" oder häufig in der gesprochenen Sprache „wir"
- *le*/*la* und *les* können für Sachen und für Personen stehen
- *lui* und *leur* können nur für Personen stehen
- betonte Personalpronomen stehen nach Präpositionen, in Sätzen ohne Verb, in der *mise en relief*, beim Imperativ, zur Betonung, in Vergleichssätzen
- *même* kann zur Verstärkung an ein betontes Personalpronomen angehängt werden: *moi-même*, *toi-même*, *lui-même*/*soi-même*, *nous-mêmes*, *vous-mêmes*, *eux-mêmes*, *elles-mêmes*
- *soi* bezieht sich immer auf ein neutrales Subjekt wie *on*, *ce*, *il* (*Il faut avoir confiance en soi-même.*)
- *lui* bezieht sich auf ein konkretes Subjekt, auf eine Person (*Nous avons confiance en lui.*)

Reflexivpronomen

- *me*, *te*, *se*, *nous*, *vous*, *se*
- Rückbezug auf das Subjekt; direktes oder indirektes Objekt (*Je me lave.*)
- Reflexivpronomen sind die direkten Objekte, wenn kein anderes direktes Objekt vorhanden ist und das Verb ein direktes Objekt zulässt
- *Passé composé*: wird mit *être* gebildet; Angleichung des *Participe passé*, wenn das Reflexivpronomen das direkte Objekt ist (*Je me suis lavée.*)

Adverbialpronomen

- die Adverbialpronomen *y* und *en* vertreten in den meisten Fällen Sachen
- *en* vertritt Ergänzungen mit *de* (von Verben, Adjektiven und Nomen)
- *y* vertritt Ergänzungen mit allen übrigen Präpositionen (*à, sur, dans, avec*)
- *en* bei Mengenangaben bezieht sich auf eine Teilmenge (*J'en prends trois kilos.*)
- *en* und *y* bei Ortsangaben (*J'en viens, j'y vais.*)

Objekt-/Adverbialpronomen und ihre Satzstellung

- die Pronomen stehen vor dem konjugierten Verb
- Kombinationsmöglichkeiten der Objektpronomen:
  me, te, se, nous, vous + *le, la, les*   *le, la, les* + *lui, leur*
- ein direktes Objektpronomen (*le, la, les*) muss immer dabei sein
- *y* und *en* können mit allen Pronomen kombiniert werden (außer *lui, leur* + *y*)
- *y* und *en* stehen hinter dem anderen Pronomen (*Je leur en parlerai.*)
- Infinitiv: die Pronomen stehen vor dem Infinitiv und nicht vor dem konjugierten Verb (*Il veut me le donner.*)
- Imperativ (bejaht): zuerst die direkten Pronomen *le, la, les* (*Montre-les-moi.*)
  moi und *toi* statt *me* und *te* außer in Verbindung mit *en* (*m'en, t'en*)
- Imperativ (verneint): es gelten genau dieselben Regeln wie im Aussagesatz (*Ne me les montre pas.*)

Demonstrativpronomen

	Singular			Plural	
	maskul.	feminin	Neutr.	maskul.	feminin
einfache Formen	celui	celle	ce	ceux	celles
zusammengesetzte Formen: nah	celui-ci	celle-ci	ceci	ceux-ci	celles-ci
zusammengesetzte Formen: fern	celui-là	celle-là	cela/ça	ceux-là	celles-là

- einfache Demonstrativpronomen dürfen nie alleine stehen: *de* + Nomen, *-ci*, *-là* oder Relativsatz (*que, qui*) als Stützelement
- zusammengesetzte Demonstrativpronomen unterscheiden zwei Gegenstände oder Personen durch die Distanz zum Sprecher: *celui-ci* bezeichnet einen näher liegenden Gegenstand („dieser"), *celui-là* einen entfernteren („jener")

Demonstrativbegleiter

Singular			Plural	
maskulin Konsonant	maskulin Vokal	feminin	maskulin	feminin
ce	cet	cette	ces	cettes

- *cet* ist männlich und steht vor vokalisch beginnenden Nomen (*cet arbre*)
- zusammengesetzte Formen mit *–ci* oder *–là* (*cette voiture-ci, cet arbre-là*)

Possessivpronomen

Singular		Plural	
maskulin	feminin	maskulin	feminin
le mien	la mienne	les miens	les miennes
le tien	la tienne	les tiens	les tiennes
le sien	la sienne	les siens	les siennes
le nôtre	la nôtre	les nôtres	les nôtres
le vôtre	la vôtre	les vôtres	les vôtres
le leur	la leur	les leurs	les leurs

- bezeichnen die Zugehörigkeit zu einer Person (oder Sache)
- vertreten ein Nomen mit Possessivbegleiter und richten sich in Genus und Numerus nach diesem

Possessivbegleiter

Singular		Plural
maskulin	feminin	maskulin/feminin
mon	ma	mes
ton	ta	tes
son	sa	ses
notre	notre	nos
votre	votre	vos
leur	leur	leurs

- der Begleiter richtet sich NUR nach dem Bezugsnomen und NICHT – wie im Deutschen – nach dem Subjekt: *son vélo* (*le vélo*), *sa voiture* (*la voiture*)
- bei vokalisch beginnendem Nomen steht stets der maskuline Begleiter, auch bei femininem Nomen: *mon idée, ton idée, son idée* (*une idée*)

Interrogativpronomen

- *qui*: eine oder mehrere Personen, Objekt oder Subjekt
- *que*: eine oder mehrere Sachen, nur direktes Objekt; *qu'est-ce qui* bei Subjekt
- *quoi*: eine oder mehrere Sachen; steht statt *que* nach Präpositionen und in Fragesätzen ohne Verb (*À quoi est-ce que tu penses ?*)
- *lequel*: Auswahl aus einer Gruppe; kann in Verbindung mit Präpositionen wie *de*, aber auch *dans, sur, en* stehen

	Singular		Plural	
	maskulin	feminin	maskulin	feminin
einfache Form	lequel	laquelle	lesquels	lesquelles
mit à	auquel	à laquelle	auxquels	auxquelles
mit de	duquel	de laquelle	desquels	desquelles

Interrogativbegleiter

- *quel* richtet sich nach dem Nomen, das es begleitet: *quel/quelle, quels/quelles*
- vor *quel* können Präpositionen stehen

Relativpronomen

- *qui, que, lequel, dont, où, quoi*
- Relativpronomen leiten einen Relativsatz ein
- *qui* vertritt das Subjekt im Relativsatz, *que* das direkte Objekt
- *qui* und *que* beziehen sich auf Sachen und Personen
- *qui* mit Präposition geht nur bei Personen (*la femme à qui je pense*)
- das *Participe passé* verändert sich, sobald *que* (als direktes Objekt) vor dem Verb steht
- *lequel* ist veränderlich: *lequel/laquelle, lesquels/lesquelles*; es kann mit Präpositionen als Vertretung für Sachen (indirektes Objekt, Präpositionalobjekt) oder zur genaueren Unterscheidung von z. B. männlich/weiblich verwendet werden
- *dont* steht in Verbindung mit *de* für Personen und Sachen, als Verb-, Adjektiv- oder Nominalergänzung
- *où* kann z. B. statt *dans lequel* oder *jusqu'à laquelle* stehen
- *quoi* steht nach Präpositionen und wenn das Bezugswort unbestimmt ist (z. B. *quelque chose*)
- *ce* muss vor den Relativpronomen stehen, sobald kein Bezugsnomen vorhanden ist oder sich der Relativsatz auf den ganzen Satz beziehen soll (*Je sais ce qu'il veut.*)

Indefinitpronomen

- *chacun/chacune, n'importe qui, n'importe quoi, quelqu'un, quelques-uns/quelques-unes, quelque chose, tout le monde, tous/toutes/tout, un/une autre, les autres*
- *chacun – tous – tout le monde*: *chacun* meint jeden Einzelnen individuell aus einer Gruppe, während *tous/toutes/tout* „alle" bedeutet und eine Gruppe in ihrer Gesamtheit meint; *tout le monde* bezieht sich nicht auf das Vorangegangene
- *chacun* steht häufig mit *de* und einem Nomen (*chacun de la classe*)
- *chacun, tout* und *quelqu'un* sind veränderbar
- *autre* steht zusammen mit dem bestimmten oder unbestimmten Artikel (*un autre, les autres*); in den Wendungen *l'un l'autre, l'un ou l'autre, ni l'un ni l'autre*
- in verneinten Sätzen (stets mit *ne*): *ne … aucun/aucune, ne … aucuns/aucunes, ne … personne, ne … rien*

Indefinitbegleiter

- *aucun/aucune, autre, certain(s)/certaine(s), chaque, différents/différentes, divers/diverses, plusieurs, quelques, tel(s)/telle(s), tous/toutes, tout/toute*
- *plusieurs* betont die Anzahl der Dinge, *quelques* meint lediglich „einige"; *certains* kann ähnlich dem unbestimmten Artikel Plural *des* verwendet werden
- *chaque* ist unveränderlich und bezeichnet „jeden Einzelnen"; Gegenteil: *aucun/aucune*, richtet sich nach dem Nomen
- *différents* und *divers* können auch Adjektive sein: *différents pays* betont die Anzahl der Länder, *des pays différents* meint die Verschiedenartigkeit der Länder
- *autre, tout, tel* werden in den meisten Fällen mit einem Artikel verwendet (*les autres gens, toute la nuit, un tel bruit*)
- *tout* und *tel* passen sich an das Nomen an: *tout/toute, tous/toutes, tel/telle, tels/telles*
- *tout* wird in festen Ausdrücken verwendet (*à tout prix, à toute heure, de toute façon, en tout cas*)

Verb

Verben, auf Deutsch „Tätigkeitswörter" oder „Zeitwörter", geben an, was passiert, was z. B. das Subjekt mit den Objekten macht.

Man teilt die Verben nach ihrer Funktion im Satz in Voll- und Hilfsverben und nach ihrer Infinitivendung in Konjugationsklassen ein.

Im Französischen gibt es vier Modi (Aussageweisen). In diesem Kapitel werden die infiniten (nicht konjugierbaren) Verbformen *Infinitif*, *Participe présent*, *Participe passé* und *Gérondif* besprochen.

Außerdem geht es in diesem Kapitel um die aktiven und passiven Formen.

classes de verbes

1 Verbklassen

In der französischen Grammatik findet man die Verben in *verbes* (Vollverben), *auxiliaires* (Hilfsverben) und *semi-auxiliaires* (Verben mit Spezialfunktionen, zu denen auch die Modalverben gehören) eingeteilt.

verbes et auxiliaires

1.1 Unterscheidung in Voll- und Hilfsverben

Verben können konjugiert werden. Sie verändern sich je nach Tempus, Modus und aktivem oder passivem Gebrauch. Zusätzlich haben sie je nach Person und Numerus eigene Formen. Sie bilden das Prädikat, das heißt, sie bestimmen die Tätigkeit des Subjekts im Satz.

verbes

Vollverben

Vollverben können im Deutschen wie im Französischen das alleinige Prädikat bilden.

Sophie mange.

Zudem können sie Objekte, z B. ein direktes Objekt an sich binden.

Sophie mange une pomme.

Indirekte Objekte werden mit einer Präposition an das Vollverb angeschlossen.

Sophie ressemble à sa mère.

Es ist auch möglich, dass zwei Objekte – ein direktes und ein indirektes – von einem Vollverb abhängen:

Sophie montre la pomme à sa mère.

In finiten (konjugierten) Formen gleichen sich Vollverben mit ihrer Konjugation immer an das Subjekt an.

Sophie et sa mère mangent des pommes.

auxiliaires

Hilfsverben

Hilfsverben können nie alleine das Prädikat des Satzes bilden, sondern unterstützen immer die Vollverben. Sie werden bei der Bildung der Vergangenheitszeiten, der Futurformen oder des Passivs benötigt. Zusammen mit einer infiniten Form des Vollverbs (Infinitiv, Partizip) werden sie Teil des Prädikats, haben dann aber keine eigene inhaltliche Bedeutung.

Im Französischen gibt es nur diese Hilfsverben:
- *être* → sein
- *avoir* → haben

Sophie et sa mère ont mangé des pommes.
Sophie et sa mère sont allées au supermarché.

In den folgenden Tabellen sind die beiden Hilfsverben mit ihren Formen in den verschiedenen Tempora und Modi aufgeführt. Die Zeiten und Modi der Verben und ihre Verwendung werden in den nächsten beiden Kapiteln genauer vorgestellt.
Zunächst die Formen des Verbs *être* in *Présent*, *Imparfait* und *Futur simple*:

être

	Présent	Imparfait	Futur
je	suis	étais	serai
tu	es	étais	seras
il/elle/on	est	était	sera
nous	sommes	étions	serons
vous	êtes	étiez	serez
ils/elles	sont	étaient	seront

Je suis sûr que tu seras un bon professeur.

In der nächsten Tabelle stehen die Formen des *Passé simple*, des *Conditionnel présent* und des *Subjonctif présent*.

	Passé simple	Cond.	Subj. (que ...)
je	fus	serais	sois
tu	fus	serais	sois
il/elle/on	fut	serait	soit
nous	fûmes	serions	soyons
vous	fûtes	seriez	soyez
ils/elles	furent	seraient	soient

Je doute que je sois un bon professeur.

Das Verb *avoir* wird auch zunächst in den Tempora *Présent*, *Imparfait* und *Futur simple* konjugiert:

avoir

	Présent	Imparfait	Futur
j'	ai	avais	aurai
tu	as	avais	auras
il/elle/on	a	avait	aura
nous	avons	avions	aurons
vous	avez	aviez	aurez
ils/elles	ont	avaient	auront

J'avais tout mon argent dans mon sac à dos.

Im *Passé simple*, *Conditionnel présent* und *Subjonctif présent* nimmt das Hilfsverb *avoir* folgende Formen an:

	Passé simple	Cond.	Subj. (que ...)
j'	eus	aurais	aie
tu	eus	aurais	aies
il/elle/on	eut	aurait	ait
nous	eûmes	aurions	ayons
vous	eûtes	auriez	ayez
ils/elles	eurent	auraient	aient

Il n'aurait pas de chance s'il pleuvait demain.

Die zusammengesetzten Zeiten *Passé composé*, *Plus-que-parfait*, *Conditionnel passé* sowie *Subjonctif passé* werden für beide Hilfsverben mit *avoir* gebildet. In den Tabellen ist jeweils nur die erste Person Singular aufgeführt:

	Passé composé	Plus-que-parfait
être	j'ai été	j'avais été
avoir	j'ai eu	j'avais eu

Dans mon souvenir, Monsieur Dupont avait toujours été vieux et maigre.

	Conditionnel passé	Subjonctif passé
être	j'aurais été	que j'aie été
avoir	j'aurais eu	que j'aie eu

J'aurais été l'homme le plus heureux du monde si j'avais dit oui au bon moment.

Die finiten Verbformen *Gérondif*, *Participe présent* und *Participe passé* sind in der folgenden Tabelle aufgeführt. Das *Participe passé* des Verbs *être* bleibt immer unverändert.

modes impersonnels

	Gérondif	Part. prés.	Part. passé
être	en étant	étant	été
avoir	en ayant	ayant	eu(s)/eue(s)

Tout en ayant de l'asthme, il ne cesse pas de fumer.

Die Formen des *Impératif* entsprechen den Formen des *Subjonctif présent*.

impératif

	2. Ps. Sg.	1. Ps. Pl.	2. Ps. Pl.
être	sois	soyons	soyez
avoir	aie	ayons	ayez

Ne sois plus triste.

1.2 *Semi-auxiliaires* und Modalverben

semi-auxiliaires et auxiliaires de mode

In der französischen Grammatik spricht man von *semi-auxiliaires* („halben Hilfsverben"). Darunter fallen alle Verben, die mit einem Infinitiv oder Partizip eines Vollverbs zusammen nicht mehr ihre eigentliche Bedeutung haben. Sie dienen dann dazu, das Vollverb zu „modalisieren". Das Verb *aller* z. B. hat seine Bedeutung „gehen" weitgehend verloren, wenn ihm ein Vollverb im Infinitiv folgt. Es drückt dann das Futur aus.

aller

Nous allons partir en vacances.

Etwas kürzlich Vergangenes wird oft mit *venir de* und dem Infinitiv eines Vollverbs ausgedrückt; ins Deutsche gern mit „gerade" + Perfekt übersetzt („...hat gerade gemacht").

venir de

Claude vient de dire qu'il faut prendre le métro dans l'autre direction.

Mit *être en train de* drückt man aus, dass etwas gerade geschieht. Ins Deutsche übersetzt man es mit „dabei sein, etwas gerade tun".

être en train de

Je suis en train de travailler, laisse-moi tranquille !

auxiliaires de mode

Im Deutschen spricht man von einer eigenen Kategorie Verben, den Modalverben. Dazu zählen „dürfen", „können", „mögen", „müssen", „sollen" und „wollen".

Diese Modalverben sind auch im Französischen wichtig:

- *devoir* → müssen
- *pouvoir* → können, die Möglichkeit haben
- *savoir* → können, wissen
- *vouloir* → wollen

Der Infinitiv des Vollverbs wird direkt ohne Präposition angeschlossen.

Nous devons rentrer tôt à la maison.
Ce matin à 7 heures, Jean ne voulait pas se lever pour aller travailler. Il était trop fatigué.

Die Unterscheidung zwischen *pouvoir* und *savoir* ist für Deutsche ungewohnt. Beide Verben bedeuten „können", sind im Französischen jedoch nicht austauschbar.

pouvoir

Pouvoir meint das momentane Können. Es geht nicht um Fähigkeiten, die man besitzt, sondern um die Möglichkeit, etwas zu tun. *Pouvoir* meint auch „das Recht, die Erlaubnis haben, etwas zu tun".

Je pourrais aller au cinéma avec les autres, mais je n'en ai pas envie.
Hélène ne peut pas dormir.
René ne peut pas conduire la voiture parce qu'il a oublié son permis de conduire.
Est-ce que je peux sortir de table, maintenant ?

savoir

Savoir als *semi-auxiliaire* hingegen bedeutet ein dauerndes, erlerntes Können. Es bezeichnet ein Wissen, das man erworben und immer zur Verfügung hat. *Savoir* übersetzt man je nach Kontext mit „wissen" oder „können".

Je sais parler français.
René ne sait pas conduire. Il n'a pas passé son permis.

2 Verbstrukturen – Valenz des Verbs

valence du verbe

Verben können verschiedene Ergänzungen mit sich führen. Dazu zählen die direkten Objekte, die indirekten Objekte und die prädikativen Ergänzungen. Manche Verben benötigen gar keine Ergänzung.
Jedes Verb bestimmt, welche Objekte wie angeschlossen werden. Das nennt man die Valenz des Verbs. Sie gehört zur Verbstruktur und muss mit dem Verb gelernt werden.

2.1 Transitive Verben

verbes transitifs

Zu den transitiven Verben gehören alle Verben, die ein oder zwei Objekte anschließen können. Wenn ein direktes Objekt – ohne Präposition – angeschlossen ist, so spricht man von transitiv direkten Verben.

complément d'objet direct (COD)

transitif direct

acheter qch, adorer qch, prendre qch, voir qch, aimer qn, connaitre qn

Das direkte Objekt kann dabei eine Sache oder eine Person sein.

J'adore le cinéma français.
Je connais le frère de Nathalie.

Indirekte Objekte sind mit einer Präposition an das Verb angeschlossen. Meistens handelt es sich um die Präpositionen *à* oder *de*. Diese Verben nennt man transitiv indirekt.

complément d'objet indirect (COI)

transitif indirect

appartenir à qn, parler de qch

Auch die Präpositionen *contre*, *dans*, *en*, *sur* können vorkommen.

compter sur qn, consister dans qch, se fâcher contre qn, croire en qn

Diese Verben werden z. B. folgendermaßen verwendet:

On compte sur toi !
Le travail consiste dans la réalisation d'un court-métrage sur un sujet de votre choix.
Le grand-père s'est fâché contre son petit-fils.

Schließlich gibt es die Verben, die sowohl ein direktes als auch ein indirektes Objekt bei sich haben können. Darunter fallen folgende Verben:

apprendre qch à qn, écrire qch à qn, montrer qch à qn, recevoir qch de qn

Hinter dem Prädikat des Satzes steht das direkte Objekt, gefolgt vom indirekten, das mit einer Präposition angeschlossen ist:
Verb → direktes Objekt → indirektes Objekt

J'ai reçu la confirmation de l'université.
Le professeur a montré un documentaire à ses élèves.

verbes intransitifs

2.2 Intransitive Verben

Intransitive Verben haben kein Objekt. Das liegt einfach am Sinn der Wörter. Es ist z. B. unmöglich, „jemand" oder „etwas" zu „blühen".
Folgende Verben sind z. B. intransitiv:

dormir, écumer, fleurir
Les lys dans le jardin fleurissent déjà.

verbes de mouvement

Unter den intransitiven Verben befinden sich viele Verben, die Bewegung ausdrücken:

aller, courir, nager, tomber, voyager

Diese Verben sind zwar nicht mit einem Objekt verbunden, können aber sehr wohl eine mit einer Präposition eingeleitete adverbiale Ergänzung bei sich haben.

Ce soir, on ira au théâtre.

verbes pronominaux

2.3 Reflexive Verben

Es gibt viele Verben, die auch reflexiv (rückbezüglich) gebraucht werden können und solche, die nur reflexiv vorkommen oder eine andere Bedeutung bekommen, wenn sie nicht reflexiv gebraucht werden.

Reflexiv gebrauchte Verben

verbes réfléchis

Zu dieser Gruppe gehören die Verben, die ein direktes oder indirektes Objekt haben können, also transitiv sind. Eins dieser Objekte ist beim reflexiven Gebrauch dann das Reflexivpronomen.

verbes transitifs

- *s'acheter qch* → *acheter qch*
- *s'excuser* → *excuser qn/qch*
- *s'habiller* → *habiller qn/qch*
- *se marier avec qn* → *marier qn*
- *se montrer à qn* → *montrer qch à qn*
- *se regarder* → *regarder qch*

Solche Verben können je nach Bedarf rückbezüglich oder nicht rückbezüglich eingesetzt werden.

Hier, mon oncle s'est marié avec Jeanne.
Dans certaines parties du monde, on marie les jeunes filles dès qu'elles ont atteint l'âge de treize ans.

Reflexive Verben

verbes essentiellement pronominaux

Echte reflexive Verben können nur mit einem Reflexivpronomen zusammen gebraucht werden; sie kommen in der Sprache nicht anders vor.
Das Reflexivpronomen hat dann keine analysierbare Funktion mehr, sondern ist Bestandteil des Verbs.

- *s'évanouir* → ohnmächtig werden
- *se repentir de qch* → etwas bereuen
- *se taire* → schweigen

Das wirkt sich insofern auf die Bildung des *Passé composé* aus, als sich das *Participe passé* bei diesen Verben immer nach dem Subjekt richtet.

Nous, les filles de la classe 4b, nous nous sommes tues après que notre professeur nous ait annoncé un contrôle surprise.

2.4 Unpersönliche Verben

verbes impersonnels

Schließlich gibt es einige Verben, die kein Subjekt haben. An Stelle des Subjekts steht das unpersönliche *il*.

Mit unpersönlichen Verben werden
- Wettererscheinungen (*il pleut*) und
- Zeitangaben (*il est cinq heures*)

ausgedrückt.

Il fait chaud.
Il va pleuvoir.
Il est cinq heures moins le quart.

Außerdem gibt es folgende geläufige Wendungen, die unpersönlich konstruiert sind:

- *il semble que/il parait que* → es scheint, dass ...
- *il faut* → man muss
- *il y a* → es gibt
- *il s'agit de* → es handelt sich um

Il parait que les impôts vont augmenter.
Il semble que les oiseaux reviennent tôt cette année.
Il y a des cafards dans la cuisine.
Il faut faire le ménage.
Il s'agit de l'histoire d'un jeune homme en Algérie.

conjugaisons

3 Konjugationsklassen

Unter Konjugationsklassen versteht man die Einteilung der Verben nach ihrer Konjugation. Im Französischen wie in vielen anderen Sprachen gibt es regelmäßige und unregelmäßige Verben.
Die regelmäßigen Verben wiederum können je nach ihrer Endung im Infinitiv in zwei verschiedene Konjugationsklassen eingeordnet werden: *voyager, finir.*

Verben bestehen aus einem Stamm und variablen Endungen. Der Stamm enthält die Bedeutung des Verbs. Die Endung, die das Verb erhält, zeigt die grammatische Person sowie Tempus und Modus des Verbs an.

- Stamm von *voyager*: *voyag–*
- Stamm von *finir*: *fin–*

Besonders im *Présent* und im *Subjonctif* ist der Unterschied zwischen stammbetonten und endungsbetonten Formen wichtig. Man beschreibt damit, auf welchem Teil des Worts die Betonung in der gesprochenen Sprache liegt.

formes à radical tonique/à radical atone

Im *Présent* sind die ersten drei Personen sowie die 3. Person Plural stammbetont:

- *je voyage, tu voyages, il/elle/on voyage, ils/elles voyagent*

Die 1. und 2. Person Plural sind endungsbetont:

- *nous voyageons, vous voyagez*

3.1 Verben auf *-er* (1. Konjugation)

verbes en -er (1ère conjugaison)

Die Konjugation der Verben auf *-er* ist die verbreitetste französische Konjugationsklasse und enthält die meisten Wörter (ca. 90 % der französischen Verben). Diese Konjugation umfasst z. B. Verben wie:

aimer, arrêter, chanter, donner, habiter, marquer, montrer, observer, parler, regarder, rencontrer, travailler

Auch neu geschaffene Verben, die aktuelle Sachverhalte beschreiben sollen, werden auf *-er* gebildet, wie z. B. das Verb *informatiser*: „auf EDV umstellen".

La gestion des stocks a été informatisée.

Die Verben der 1. Konjugation werden alle nach dem gleichen Muster konjugiert. Manche Verben, die zu dieser Konjugation gehören, weisen aber im Stamm orthografische und lautliche Besonderheiten auf. Sie bilden die Formen dennoch regelmäßig.

particularités

Orthografische Besonderheiten und Ausnahmen

c → ç
g → ge

Bei einer Gruppe von Verben wird das *c* vor dunklen Vokalen *(a, o, u)* zu ç, bzw. das *g* zu *ge*, um die Aussprache des Infinitivs zu erhalten.

annoncer, avancer, lancer, manger, ranger, voyager
Ils annonçaient leur mariage pour bientôt.

verbes en -eler ou -eter

Nach der neuen französischen Rechtschreibung können Verben, die auf *-eler* oder *-eter* enden, vor einem stummen *e* einen *Accent grave* erhalten.

acheter, amonceler, épousseter, étinceler, geler, peler, renouveler, ruisseler
Il gèle et cette plante ne va pas résister.

appeler, jeter

Ausnahmen von dieser Regel sind *appeler* und *jeter* sowie deren Komposita (die Verben mit deren Stamm). Sie verdoppeln vor dem stummen *e* den Konsonanten im Stamm.

appeler, rappeler, jeter, rejeter
Je m'appelle André.

espérer, préférer

Verben wie *espérer* und *préférer* tauschen in den betroffenen Formen und Zeiten ihren *Accent aigu* gegen einen *Accent grave*.

J'espère te revoir bientôt.

Die Verdoppelung der Konsonanten bzw. der *Accent grave* kommen in den Zeiten *Présent* (stammbetonte Formen), im *Futur simple*, im *Conditionnel présent*, im *Subjonctif présent* (stammbetonte Formen) sowie im *Impératif* (2. Person Singular) vor.

j'appelle, j'appellerai, j'appellerais, que j'appelle, appelle
je pèle, je pèlerai, je pèlerais, que je pèle, pèle

In den übrigen Zeiten und in den endungsbetonten Formen von *Présent* und *Subjonctif présent* kommt bei den Verben vom Typ *peler* kein *Accent* vor, bei *espérer* und *préférer* ein *Accent aigu* und *appeler* und *jeter* haben nur einen Konsonanten.

Nous appelons la police si vous ne sortez pas de notre maison immédiatement !
Nous pelons beaucoup de pommes de terre.

Die Auswirkung auf die Aussprache ist in beiden Fällen – der Verdoppelung des Konsonanten sowie der Schreibung mit *Accent grave* – identisch: Das *e* wird offen und ähnlich dem deutschen *ä* ausgesprochen.

verbes en –yer

Schließlich gibt es noch Verben mit der Endung *–yer*, die das *y* vor einem stummen *e* zu einem *i* umwandeln.

appuyer, envoyer, nettoyer, payer

Dies geschieht im *Présent* (bei den stammbetonten Formen), *Futur simple*, *Conditionnel présent*, *Subjonctif présent* (stammbetonte Formen) und *Impératif* (2. Person Singular).

Appuie sur le bouton, s'il te plait.

verbes en –ayer

Verben auf *–ayer* wie *payer* können immer mit *y* geschrieben werden. Beide Varianten sind korrekt.

Je paierai/payerai la prochaine fois.

verbes irréguliers : envoyer, aller

Die Verben *envoyer* und *aller* zählen zu den unregelmäßigen Verben der 1. Konjugation. Das Verb *envoyer* hat im *Futur simple* und *Conditionnel présent* eigene Formen, die sich an die des Verbs *voir* anlehnen. Das Verb *aller* hat bereits im *Présent* abweichende Formen.

Je vous enverrai le contrat par courrier.
Ils vont chez Jules.

3.2 Verben auf *–ir* (2. Konjugation)

verbes en –ir (2ème conjugaison)

Die Verben, die auf *–ir* enden, stellen die 2. französische Konjugation dar. Hierunter fallen etwa 300 Verben.

Die 2. Konjugation zeichnet sich durch eine Stammerweiterung mit *–iss–* aus: *finir* → *nous finissons*

Das bedeutet, dass nur die Verben, die auf *–ir* enden und ihren Stamm erweitern, zur 2. Konjugation gehören. Die ande-

ren auf *-ir* endenden Verben werden zu den unregelmäßigen Verben gezählt.
Unter den ca. 300 regelmäßigen Verben sind die folgenden:

accomplir, finir, grandir, jaillir, jouir, maigrir, maudire, mincir, moisir, murir, se nourrir, pâlir, pourrir, punir, réfléchir, saisir, trahir, unir, vrombir

Sie werden alle nach dem gleichen Muster konjugiert, wobei die Endungen denen der 1. Konjugation ähneln.
Die charakteristische Stammerweiterung tritt im *Présent* in den endungsbetonten Personen (1. und 2. Person Plural), im *Imparfait* und *Subjonctif présent* durch alle Personen hindurch auf. Auch im *Impératif* Plural und im *Participe présent* bzw. *Gérondif* taucht die Stammerweiterung auf.

Il faut que nous finissions avant qu'il fasse nuit.
Le bourdon vrombissait autour de sa tête.

verbes irréguliers

3.3 Unregelmäßige Verben

Die unregelmäßigen Verben lassen sich auch nach ihren Endungen im Infinitiv zu Gruppen zusammenfassen. Allerdings lässt sich nicht immer von der Endung auf das Konjugationsmuster schließen.

verbes en -ir sans -iss-

Verben auf *-ir* ohne *-iss-*

Neben den Verben auf *-ir*, die wie *finir* einem regelmäßigen Konjugationsschema folgen, gibt es eine ganze Reihe an Verben auf *-ir*, die ohne die Stammerweiterung *-iss-* konjugiert werden.

partir

Eine Gruppe an Verben vom Typ *partir* verliert in den ersten drei Personen Singular des *Présent* den Endkonsonanten des Stammes (*part-*).
Ansonsten werden diese Verben mit den gleichen Endungen wie *finir* ohne Stammerweiterung und ohne *i* konjugiert.

dormir, mentir, partir, se repentir, sentir, servir, sortir
Je ne pars pas !
Tu ne te sens pas bien ?
Elle dort déjà.

ouvrir

Bei den Verben vom Typ *ouvrir* werden an den Stamm *ouvr–* die Endungen der 1. Konjugation angehängt.

couvrir, découvrir, offrir, ouvrir, souffrir
J'ouvre la bouteille.
Est-ce que tu souffres ?
Christophe Colomb découvre l'Amérique en 1492.

Daneben gibt es noch eine Reihe an Verben, die auf *–ir* enden und sich nicht zu Gruppen zusammenfassen lassen, weil sie zu viele Unregelmäßigkeiten aufweisen.

accueillir, bouillir, cueillir, courir, s'enfuir, fuir, vêtir

Hierunter fallen auch Verben, die große Veränderungen im Stamm haben.

acquérir, mourir, tenir, venir

Verben auf *–oir*

verbes en –oir

Die Verben auf *–oir* bilden eine eigene Gruppe mit großen Unregelmäßigkeiten.
Die Verben *pouvoir* und *vouloir* z. B. erhalten ein charakteristisches *x* in den ersten beiden Personen des *Présent*.

Je peux te montrer l'appartement.
Est-ce que tu veux dîner avec nous ce soir ?

Folgende Verben auf *–oir* verhalten sich ebenfalls unregelmäßig:

s'apercevoir, s'asseoir, concevoir, devoir, mouvoir, pleuvoir, recevoir, savoir, valoir, voir

Teilweise ändert sich der Stamm des Verbs.

Gérard a reçu un cadeau de sa tante préférée.

Verben auf *–dre*

verbes en –dre

Unter den Verben, die auf *–dre* enden, befinden sich einige, die eine gewisse Regelmäßigkeit aufweisen. Dazu gehören:

attendre, confondre, correspondre, défendre, dépendre, étendre, entendre, fondre, mordre, perdre, pondre, rendre, tordre

Sie behalten das *d* in allen Formen und Personen.

Tu confonds travail et vie privée.

prendre

Das Verb *prendre* mit all seinen Komposita verliert das *d* im *Présent* Plural, im *Imparfait*, im *Passé simple*, im *Subjonctif présent* und bei den Partizipien. Ebenso:

prendre, méprendre, reprendre, moudre

Dadurch ändert sich auch die Aussprache. Die Buchstabenkombination *en* wird vor dem *d* nasal ausgesprochen, ohne *d* allerdings nicht.

Tu prends tes valises, nous prenons le reste.

rompre

Das Verb *rompre* wird so wie die auf *-dre* endenden Verben konjugiert – außer in der 3. Person Singular des *Présent*. Hier ist das *t* der letzte Buchstabe.

À la suite d'un malentendu, elle rompt ses fiançailles.

coudre, résoudre

Die Verben *coudre* und *résoudre* sind unregelmäßig.

Je cousais une robe. J'avais résolu d'aller à sa recherche.

verbes en -indre

Verben auf *-indre*

Innerhalb der Verben auf *-dre* bilden die Verben auf *-indre* einen Sonderfall. Dazu gehören:

atteindre, craindre, empreindre, éteindre, étreindre,
feindre, geindre, joindre, peindre, plaindre, teindre

Die Verben auf *-indre* lassen sich aufgrund zweier Besonderheiten zu einer Gruppe zusammenfassen:

In den Personen des Plurals im *Présent* sowie im *Imparfait*, im *Passé simple* und im *Subjonctif présent* erhalten diese Verben ein *gn*.
Außerdem verlieren sie das *d* in allen Formen außer im *Futur simple* und im *Conditionnel présent*.

In den anderen Zeiten werden sie analog den Verben auf *-dre* konjugiert.

Je crains que tu l'aies offensée.
Nous peignons les murs de la salle de séjour.

Verben auf –*re*

verbes en –re

Die Verben auf –*re* vereinen eine große Anzahl verschiedener Konjugationsmuster. An dieser Stelle werden beispielhaft vier Verbtypen vorgestellt.

conduire

Die Verben vom Typ *conduire* konjugieren sich alle nach dem gleichen Muster. Dazu gehören neben *conduire* folgende Wörter:

construire, cuire, déduire, détruire, instruire, introduire, nuire, réduire, reluire, reproduire, traduire

Sie zeichnen sich dadurch aus, dass sie ein *s* in den Formen *Présent* Plural, *Imparfait*, *Subjonctif présent* und *Passé simple* erhalten. Dies vereinfacht die Aussprache, da der Stamm auf einen Vokal endet: *condui–*.

Marie conduisait toujours trop vite.

Das *Participe passé* dieser Verben endet auf –*t*: *conduit*.

Marie a conduit la voiture.

lire

Eine weitere Gruppe der Verben auf –*re* vom Typ *lire* verhält sich in den meisten Zeiten gleich. Im *Passé simple* und *Participe passé* (*lu*) unterscheiden sich die Formen allerdings.

lire, plaire, se taire

boire, écrire

Bei Verben wie *boire* oder *écrire* taucht in manchen Formen ein neuer Buchstabe auf. Bei diesen beiden Verben handelt es sich um das *v*.

Nous buvons de l'eau minérale non gazeuse.

connaitre, paraitre

Die Verben *connaitre* und *paraitre* erhalten in einigen Formen ein doppeltes *s* vor der Endung.

Je ne le connaissais pas avant ce soir.

Neben diesen Beispielen gibt es noch viele unregelmäßige, aber auch häufige Verben, die einzeln mit ihrer Konjugation gelernt werden müssen. Hierzu zählen:

croire, dire, faire, mettre, rire, suivre, vivre
Elle riait tellement qu'elle avait mal au ventre.

modes impersonnels

4 Infinite Verbformen

Man unterscheidet zwischen finiten und infiniten Verbformen. Zu den finiten Verbformen gehören alle, die konjugiert werden und Person, Numerus, Tempus sowie Modus des Verbs mitteilen. Die infiniten Formen sind nicht konjugierbar und sagen nichts über diese Kategorien aus. Zu den infiniten Formen gehören im Französischen der *Infinitif*, das *Gérondif*, das *Participe présent* und das *Participe passé*. Letzteres kann sich in Genus und Numerus wie ein Adjektiv anpassen.

infinitif

4.1 *Infinitif*

Der *Infinitif* („Infinitiv") ist ein Modus, der keine Information über Person oder Numerus mitteilt.
Verben werden normalerweise im *Infinitif* angegeben, wenn man sie lernt oder im Wörterbuch nachschlägt.

Ils n'osaient pas en parler à Catherine.

Die Verben sind nach ihrer Endung im *Infinitif* in Konjugationsgruppen eingeteilt.

parler – finir – attendre – conduire

infinitif passé

Der *Infinitif* kann die Gleichzeitigkeit, aber auch die Vorzeitigkeit ausdrücken. Dafür benutzt man den *Infinitif* der Vergangenheit. Dieser wird mit einem der Hilfsverben *avoir* oder *être* und dem Verb im *Participe passé* gebildet. Es wird das Hilfsverb benutzt, das auch im *Passé composé* und den zusammengesetzten Zeiten verwendet wird.

Il y a des livres qu'il faut avoir lu avant de mourir.

proposition infinitive

Adverbiale Bestimmung

Anstelle eines adverbialen Nebensatzes kann auch eine Präposition, gefolgt von einem Verb, im *Infinitif* stehen.
Diese Infinitivkonstruktionen bieten sich vor allem bei gleichem Subjekt von Haupt- und Nebensatz an. Sie verdichten die Satzaussage.

> Geeignete Präpositionen, nach denen ein Verb im *Infinitif* statt eines Adverbialsatzes stehen kann, sind:
> - *après avoir fait qch*
> - *avant de faire qch*
> - *pour faire/avoir fait qch*
> - *afin de faire qch*
> - *faute de faire qch*
> - *de crainte de faire qch*
> - *dans l'intention de faire qch*
> - *au lieu de faire qch*
> - *à condition de faire qch*

Einige dieser Präpositionen, wie z. B. *après* haben häufig den *Infinitif* der Vergangenheit hinter sich.

Après avoir accompli sa mission, il repartit chez lui.
On ne devient pas vieux pour avoir vécu un certain nombre d'années.
Au lieu de discuter avec lui, tu te fais beaucoup de soucis.

Es gibt auch Formulierungen, die ein Adjektiv mit einschließen.

Elle est trop honnête pour te mentir là-dessus.

Nominalergänzung

complément du nom

Nach Nomen kann statt eines weiteren Nomens als Ergänzung auch der *Infinitif* eines Verbs stehen. Oft werden feste Ausdrücke so gebildet, mit denen dann z. B. Maschinen oder Räume bezeichnet werden. Dabei wird meistens die Präposition *à* verwendet.

> - *le fer à repasser* → das Bügeleisen
> - *la machine à écrire* → die Schreibmaschine
> - *la machine à laver* → die Waschmaschine
> - *la salle à manger* → das Esszimmer

Tu me donnes le fer à repasser, s'il te plait ? Je voudrais repasser ma jupe avant d'aller à la fête.

Adjektiv- und Verbergänzung

complément de l'adjectif/du verbe

Adjektive können eine Nominalergänzung (*être fier de qn*) oder eine Infinitivergänzung haben. Die gebräuchlichsten Präpositionen, die das Adjektiv mit dem *Infinitif* verbinden, sind *à* und *de*.

Nous sommes fiers d'avoir tenu nos promesses.
Patricia est la seule à te connaitre depuis ton enfance.

Adjektive und vor allem Verben sollte man am besten mit ihren Anschlüssen lernen. Einige Verben schließen die Infinitivergänzung ohne Präposition, einige mit *à*, andere mit *de* an.

Nous préférons prendre la route de Rouen.
Tu dois arrêter de fumer.
Claudine et Alain nous ont invités à diner chez eux.

proposition infinitive

4.2 *Gérondif*

Das *Gérondif* ist eine Verbform, die es im Deutschen nicht gibt. Je nach Kontext übersetzt man das *Gérondif* im Deutschen mit einem Adverbialsatz oder einem präpositionalen Ausdruck, z. B. *en conduisant* „während er fuhr".

gérondif

Formen

Das *Gérondif* wird aus dem Stamm des Verbs, so wie er in der 1. Person Plural des *Présent* vorliegt und der Endung *-ant* gebildet. Es wird mit *en* verwendet.

Infinitiv	1. Ps. Pl. Prés.	Gérondif
montrer	nous montrons	en montrant
finir	nous finissons	en finissant
partir	nous partons	en partant
ouvrir	nous ouvrons	en ouvrant
boire	nous buvons	en buvant
lire	nous lisons	en lisant
conduire	nous conduisons	en conduisant
craindre	nous craignons	en craignant

En conduisant, le chauffeur de taxi racontait sa vie.

Die Bildung des *Gérondif* ist sehr regelmäßig. Es gibt nur drei Ausnahmen:

- *être* → *en étant*
- *avoir* → *en ayant*
- *savoir* → *en sachant*

En ayant de la chance, tu pourras passer ton permis de conduire la semaine prochaine.

Gebrauch

emploi

Das *Gérondif* kommt sowohl in gesprochener als auch in geschriebener Sprache vor. Es wird benutzt, um Sätze zu verkürzen und Sachverhalte knapper als mit einer Nebensatzkonstruktion darzustellen.

Das *Gérondif* kann man statt eines Adverbialsatzes nur verwenden, wenn die Subjekte von Haupt- und Adverbialsatz identisch sind.

En partant (= Si **nous** partons) de bonne heure, **nous** allons éviter les embouteillages.

simultanéité

Man kann das *Gérondif* mit allen Zeiten kombinieren, muss sich allerdings dessen bewusst sein, dass das *Gérondif* Gleichzeitigkeit ausdrückt.

En arrivant à la maison, nous avons constaté qu'on avait été cambriolés.

Das *Gérondif* kann mit vier Sinnrichtungen gebraucht werden:

- temporal (zeitlich)
- konzessiv (einräumend)
- konditional (Bedingung)
- modal (Art und Weise)

de temps

Im temporalen Gebrauch steht das *Gérondif* für die Gleichzeitigkeit zweier Handlungen. Man könnte den gleichen Sachverhalt häufig auch durch einen Adverbialsatz mit *quand* oder *pendant que* wiedergeben.

En voyant (= Quand il a vu) ce film français, il a eu envie de déménager en France.

pendant que

Mit der Konjunktion *pendant que* wird die Gleichzeitigkeit besonders deutlich.

En regardant (= Pendant qu'elle regardait) la télé, Marie réfléchissait sur sa journée au bureau.

Um bei zwei gleichzeitig ausgeführten Handlungen herauszustreichen, dass sie gar nicht zusammenpassen, kann vor dem *Gérondif tout* stehen.

tout

Tout en regardant la télé, Marie réfléchissait sur sa journée au bureau.

de concession

Gerade, wenn *tout* vor dem *Gérondif* steht, kann der Satz eine konzessive Bedeutung erhalten. Im Deutschen kann der Adverbialsatz dann mit „obwohl" eingeleitet werden.

Tout en sachant que Jean-Paul n'appellerait pas, Marguerite n'osait pas quitter le téléphone des yeux.

de condition

Auch für einen Konditionalsatz kann ein *Gérondif* stehen. Konditionalsätze werden im Französischen mit *si* eingeleitet.

(S. dazu auch „*Si*-Sätze" im Kapitel „Satz")

En suivant (= Si je suivais) plus régulièrement les classes de yoga, je progresserais plus vite.

de manière

In modaler Bedeutung übersetzt man ein *Gérondif* am besten mit „dadurch, dass" oder „indem" oder man verwendet einen präpositionalen Ausdruck mit „durch".

En travaillant pendant toutes les vacances scolaires, Philippe gagne de l'argent pour son voyage en Afrique.

Das *Gérondif* kann am Anfang des Satzes oder auch erst nach dem Hauptsatz stehen. Die Bedeutung des Satzes bleibt gleich. Die beiden Satzteile werden stets mit einem Komma voneinander abgetrennt.

Philippe gagne de l'argent pour son voyage en Afrique, en travaillant pendant toutes les vacances scolaires.

participe présent

4.3 *Participe présent*

Das *Participe présent* ist dem *Gérondif* in seiner Bildung und seinem Gebrauch ähnlich.

formes

Formen

Es wird nicht mit voranstehendem *en* verwendet, hat aber sonst die gleichen Formen wie das *Gérondif*.

> Ableitungsbasis ist die 1. Person Plural des *Présent* ohne *-ons*. An diesen Stamm wird die Endung *-ant* angefügt.

Infinitiv	**1. Ps. Pl. Prés.**	**Part. présent**
montrer	nous **montrons**	montr**ant**
finir	nous **finissons**	finiss**ant**
partir	nous **partons**	part**ant**
sortir	nous **sortons**	sort**ant**

Les hommes, sortant du café, parlaient affaires.

> Ein wesentlicher Unterschied zum *Gérondif* liegt darin, dass das *Participe présent* immer eine Ergänzung bei sich haben muss.

complément

Diese Ergänzung kann ein Objekt des Verbs sein, eine präpositionale Ergänzung, eine Ortsangabe oder ein adverbialer Ausdruck.

Un jeune écrivain, habitant Paris, s'est fait connaitre d'un public international avec son premier roman.

Gebrauch

emploi

Im Prinzip kann das *Participe présent* alle Funktionen übernehmen, die auch das *Gérondif* kennt. Es kann ebenso in temporalem, modalem und konzessivem Sinn gebraucht werden. Konditional wird das *Participe présent* nur selten verwendet.

Sortant le chien, je n'ai vu personne.
J'ai vu les enfants jouant au football.
Il a fumé une cigarette, sachant pourtant que le médecin le lui a interdit.

> Es steht nur das *Participe présent* und nie das *Gérondif* statt eines:
> - kausalen Adverbialsatzes
> - Relativsatzes mit *qui*.

Neben- und Hauptsatz werden immer mit einem Komma abgetrennt.

de cause

In kausaler Bedeutung steht der Satzteil mit dem *Participe présent* meist am Satzanfang. Die französischen Konjunktionen, die einen kausalen Nebensatz einleiten, sind *parce que* und *comme*, wobei *comme* auch nur am Satzanfang verwendet wird.

Ne voyant (= Comme elle ne voit) plus bien, la grand-mère ne sort jamais sans ses lunettes.

proposition relative avec qui

Der Relativsatz mit *qui* wird ebenfalls häufig mit einem *Participe présent* vertreten. Dadurch wird ein Satz übersichtlicher und kürzer. Hierbei muss man allerdings aufpassen, das *Participe présent* immer dem richtigen Nomen zuzuordnen. Die Subjekte von Haupt- und Nebensatz müssen auf jeden Fall übereinstimmen.

Une vieille dame portant (= qui portait) un manteau rouge m'a demandé où se trouvait la bibliothèque.

Das *Participe présent* kommt häufiger in geschriebener als in gesprochener Sprache vor. Es findet sich in offiziellen Dokumenten und in Zeitungsartikeln, da sich damit Sätze übersichtlich gestalten lassen. Im mündlichen Sprachgebrauch überwiegen Relativ- und Adverbialsätze.

Le Premier Ministre ayant (= qui avait) accordé une interview aux journalistes du « Monde » a été très critiqué.
Le Premier Minisitre qui a été responsable de l'affaire a donné une interview que j'ai vue à la télé.

participe passé

4.4 *Participe passé*

Neben dem *Participe présent* gibt es auch das *Participe passé*. Es zählt ebenfalls zu den infiniten Verbformen, ist allerdings wie ein Adjektiv veränderlich. Im Deutschen haben wir das Partizip Perfekt, das im Gebrauch dem *Participe passé* stark ähnelt.

Formen

formes

Das *Participe passé* hat vier Formen: für Maskulinum Singular und Plural sowie Femininum Singular und Plural.

participe passé en -é

In der ersten Konjugation wird das *Participe passé* stets aus dem Stamm des Verbs im Infinitiv mit der Endung *-é* für maskulin Singular gebildet.

Infinitif	Participe passé mask. Sg.
regarder	regardé

Les Muller ont regardé les tableaux dans le musée d'art contemporain.

participe passé en -i

Bei den Verben der 2. Konjugation entspricht das *Participe passé* maskulin Singular dem Infinitiv ohne *-r* am Ende.

Infinitif	Participe passé mask. Sg.
grandir	grandi

Tu as tellement grandi !

Die Verben auf *-ir* ohne Stammerweiterung (*partir*), bilden das *Participe passé* wie die Verben der zweiten Konjugation vom Typ *finir*.

Il est parti sans dire au revoir.

participe passé en -u

Die restlichen Verben enden im *Participe passé* auf *-u* oder *-t*, verkürzen sich aber auch teilweise im Stamm.
Bei den Verben auf *-dre* bleibt das *d* im *Participe passé* erhalten. Folgende Verben enden im *Participe passé* auf *-u*:

Infinitif	Participe passé mask. Sg.
attendre	attendu
lire	lu
pouvoir	pu
recevoir	reçu
vouloir	voulu

Nous t'avons attendu dans la voiture.
Je n'ai pas pu te joindre.

participe passé en -t

Diese Verben enden im *Participe passé* auf *-t*:

Infinitiv	Participe passé mask. Sg.
craindre	craint
conduire	conduit
dire	dit
faire	fait
ouvrir	ouvert

Ma tante a ouvert une lettre qui était pour moi.

formes féminines

Die femininen Formen und die Formen des Plurals werden bei allen Partizipien gleich gebildet.

Im Femininum Singular wird ein *e* angehängt, der Plural wird durch ein zusätzliches *s* markiert.

mask. Sg.	fem. Sg.	mask. Pl.	fem. Pl.
montré	montrée	montrés	montrées
fini	finie	finis	finies
reçu	reçue	reçus	reçues
attendu	attendue	attendus	attendues
craint	crainte	craints	craintes

Manche Verben sind im *Participe passé* unveränderlich:

- *dormir* → *dormi*
- *être* → *été*
- *plaire* → *plu*
- *pouvoir* → *pu*
- *rire* → *ri*
- *suffire* → *suffi*

Nous avons ri aux larmes.

emploi

Gebrauch

Das *Participe passé* benutzt man hauptsächlich in den zusammengesetzten Zeiten der Vergangenheit: *Passé composé*, *Plus-que-parfait*, *Conditionnel passé* sowie *Subjonctif passé*.

Zusammen mit dem konjugierten Hilfsverb *être* oder *avoir* im *Présent* entsteht das *Passé composé*. — passé composé

Nous avons vu la Joconde au Louvre.

Steht das Hilfsverb in einer konjugierten Form des *Imparfait* vor dem *Participe passé*, handelt es sich um das *Plus-que-parfait*. — plus-que-parfait

Nous avions vu la Joconde au Louvre.

Conditionnel passé und *Subjonctif passé* bildet man mit den Formen des *Conditionnel présent* bzw. des *Subjonctif présent* von *être* oder *avoir* und dem *Participe passé* des Verbs. — conditionnel passé, subjonctif passé

(S. dazu auch „Zeiten des *Indicatif*" bzw. „*Subjonctif* und *Impératif*")

Das *Participe passé* eines Verbs kann auch wie ein Adjektiv verwendet werden. — emploi comme adjectif

(S. dazu auch „Genus" im Kapitel „Adjektiv und Adverb")

Les enfants fatigués ne cessaient pas de bâiller.

Auch für die Bildung des Passivs wird das *Participe passé* gebraucht. — voix passive

La souris est mangée par le chat.

Schließlich kann das *Participe passé*, wie das *Participe présent*, anstelle eines Adverbial- oder Relativsatzes verwendet werden. — proposition conjonctive, relative

Entrés dans la salle les premiers, nous en sommes sortis les derniers.
Mon frère, arrivé à Paris hier soir, est encore très fatigué.

Accord des *Participe passé*

accord du participe passé

Unter dem *Accord* des *Participe passé* versteht man die Übereinstimmung des *Participe* mit seinem Bezugsnomen in Genus und Numerus.

> Das *Participe passé* ist nur in bestimmten Fällen veränderlich:
>
> - wenn die zusammengesetzte Verbform mit *être* gebildet wird, gleicht sich das *Participe passé* an das Subjekt an;
> - wenn die zusammengesetzte Verbform mit *avoir* gebildet wird **und** ein direktes Objekt vor dem Verb steht, gleicht sich das *Participe passé* an das Objekt an.

pronom objet direct

Zwischen dem Subjekt und dem Hilfsverb *avoir* können Objekt- oder Adverbialpronomen stehen. Wenn es sich um ein weibliches Pronomen handelt oder das Pronomen im Plural steht, nimmt auch das *Participe passé* diese Form an.

Nous l'avions vue au Louvre.
Nous avons pris des photos de plusieurs tableaux. Nous les avons montrées à nos amis.

(S. dazu auch „Objekt-/Adverbialpronomen und ihre Stellung im Satz" im Kapitel „Pronomen und Begleiter")

proposition relative avec que

Außerdem kann das Relativpronomen *que* als direktes Objekt vor dem Verb stehen. In diesem Fall wird das *Participe passé* ebenfalls an dieses Objekt angeglichen.

Au musée, nous avions pris des photos que nous avons montrées à nos amis.

Beim *Passé composé* mit *être* gleicht sich das *Participe passé* an das Subjekt an.

Ils sont allés au musée.

Die reflexiven Verben, die alle mit *être* gebraucht werden, bilden eine Ausnahme. Das *Participe passé* wird nur angeglichen, wenn das Reflexivpronomen die Funktion des direkten Objekts hat.

Elle s'est coupée.
Elle s'est coupé le doigt.

5 Aktiv und Passiv

voix active et voix passive

Das Passiv wird auf Deutsch auch „Leideform" genannt.

> Man kann Passiv von Aktiv unterscheiden, wenn man sich vor Augen führt, ob jemand etwas tut oder ob jemandem etwas widerfährt:
> - Aktiv: „Meine Freundin ruft mich an."
> - Passiv: „Ich werde von meiner Freundin angerufen."

Das Subjekt des Aktivsatzes wird im Passivsatz zu einer präpositionalen Ergänzung. Im Deutschen benutzt man die Präposition „von", um diese präpositionale Ergänzung einzuleiten.
Man benutzt passivische Sätze vorwiegend in schriftlicher Sprache, wie z. B. in Zeitungsartikeln.

5.1 Formen des Passivs

passif

verbes transitifs directs

Nur direkt transitive Verben können eine Passivform bilden.

afficher qch, affirmer qch, lever qch, montrer qch, vendre qch

Intransitive Verben wie *dormir* („schlafen"), *courir* („laufen") oder *fleurir* („blühen") können weder im Deutschen noch im Französischen passiv sein. Das gilt auch für indirekt transitive Verben wie *se fâcher contre qn* („sich über jemanden ärgern").

> Man bildet das französische Passiv, indem man die konjugierte Form von *être* mit dem *Participe passé* des Verbs kombiniert.

Le tableau est vendu.

In der Tabelle ist die Konjugation des Verbs *élire* im *Présent passif* zu sehen. Das e in Klammern beim *Participe passé* verdeutlicht die feminine Form, die bei einem femininen Subjekt benutzt werden muss.

élire

	Singular	Plural
1. Person	je suis élu(e)	nous sommes élu(e)s
2. Person	tu es élu(e)	vous êtes élu(e)s
3. Person	il/elle/on est élu(e)(s)	ils/elles sont élu(e)s

Das Passiv gibt es in allen Zeiten und Modi. Das Hilfsverb *être* steht in der entsprechende Zeit.

In den folgenden Tabellen ist jeweils nur die 3. Person Plural angegeben:

3ème personne du pluriel à la voix passive

Présent	ils/elles sont élu(e)s
Imparfait	ils/elles étaient élu(e)s
Passé composé	ils/elles ont été élu(e)s
Passé simple	ils/elles furent élu(e)s
Plus-que-parfait	ils/elles avaient été élu(e)s
Futur simple	ils/elles seront élu(e)s
Futur proche	ils/elles vont être élu(e)s
Conditionnel présent	ils/elles seraient élu(e)s
Conditionnel passé	ils/elles auraient été élu(e)s
Subjonctif présent	qu'ils/elles soient élu(e)s
Subjonctif passé	qu'ils/elles aient été élu(e)s
Impératif	sois/soyons/soyez élu(es)

Le candidat de gauche a été élu par 60 % de la population.

passif-état et passif action

5.2 Zustands- und Vorgangspassiv

Im Deutschen wird auffälliger zwischen Zustands- und Vorgangspassiv unterschieden als im Französischen. Es ist aber dennoch nützlich, den Unterschied zu kennen.

Das Vorgangspassiv (im Deutschen mit „werden") drückt eine Handlung aus, das Zustandspassiv (im Deutschen mit „sein") ein Ergebnis.

- Vorgangspassiv: „Das Bild wurde vom Agenten des Künstlers verkauft."
- Zustandspassiv: „Das Bild ist verkauft."

Beide Formen des Passivs werden im Französischen auf die gleiche Art mit *être* und *Participe passé* gebildet. Beim Anschluss der präpositionalen Ergänzung spielt die Unterscheidung von Zuständen und Handlungen allerdings eine wichtige Rolle.

5.3 Präpositionale Ergänzung

complément d'agent

Das Subjekt des Aktivsatzes wird im Passivsatz zu einer präpositionalen Ergänzung umgewandelt.

Ma copine m'a appelée.
J'ai été appelée par ma copine.

Zwei Präpositionen können im Französischen vor der Ergänzung stehen: *par* und *de*.

Für die Wahl der richtigen Präposition gelten zwei Kriterien:

- *par* steht beim Vorgangspassiv und wenn das Verb in seiner ursprünglichen Bedeutung gebraucht wird.
- *de* steht beim Zustandspassiv und wenn das Verb in einer übertragenen Bedeutung gebraucht wird.

Le sanglier a été écrasé par un camion.
Depuis des semaines, Mathilde est écrasée de travail.

phrase passive non-achevée

Das Passiv kann auch ohne Ergänzung vorkommen, wenn das Subjekt der Handlung unbekannt ist oder nicht genannt werden soll.

Trente personnes ont été blessées.

Auf einen Blick: Verb

Verbklassen

- Vollverben: bilden das Prädikat und zeigen Person, Genus, Numerus, Modus und Tempus an
- *auxiliaires* (Hilfsverben): unterstützen die Vollverben bei der Bildung der zusammengesetzten Zeiten: *être* und *avoir*
- *semi-auxiliaires*: modalisieren die Aussage des Vollverbs, z. B. *aller* + Infintiv (*Futur proche*)
- unter Modalverben fallen: *devoir, pouvoir, savoir, vouloir*

Verbstrukturen – Valenz des Verbs

- transitive Verben können ein oder zwei Objekte bei sich haben (*acheter qch, montrer qch à qn*)
- transitiv direkt: das Objekt (*COD*) wird ohne Präposition an das Verb angeschlossen
- transitiv indirekt: das Objekt (*COI*) wird mit Präposition (*à, de, contre, dans, de, en, sur*) an das Verb angeschlossen
- intransitive Verben können kein Objekt bei sich haben (*fleurir*)
- reflexiv gebrauchte Verben kommen auch ohne Reflexivpronomen vor: *s'habiller* (*habiller qn*)
- echte reflexive Verben stehen stets mit Reflexivpronomen (*se taire*)
- unpersönliche Verben werden mit *il* gebraucht: Wetter-, Zeitangaben (*Il pleut. Il est cinq heures.*), *il y a, il faut, il s'agit de, il semble que, il parait que*

Konjugationsklassen

- Verben bestehen aus einem Stamm und einer Endung
- stammbetonte Formen im *Présent*: die Personen des Singulars sowie die 3. Person Plural; endungsbetonte Formen im *Présent*: 1. und 2. Person Plural
- 1. Konjugation: Verben auf *-er* (*habiter, parler, regarder, travailler*)
- 2. Konjugation: Verben auf *-ir* mit Stammerweiterung (*finir, grandir, se nourrir*)
- unregelmäßige Verben:
  Verben auf *-ir* ohne Stammerweiterung (*courir, ouvrir, partir*)
  Verben auf *-oir* (*recevoir*)
  Verben auf *-dre* (*attendre, coudre, prendre*)
  Verben auf *-indre* (*craindre*)
  Verben auf *-re* (*boire, conduire, connaitre, dire, écrire, faire, lire, rire*)

Infinite Verbformen

- infinite Verbformen werden nicht konjugiert: *Infinitif, Gérondif, Participe présent, Participe passé*
- finite Verbformen: zeigen Genus, Numerus, Person, Tempus und Modus an

Infinitif

- gibt die Grundform des Verbs an
- *Infinitif* der Gegenwart (*chanter*) und der Vergangenheit (*avoir chanté*)
- in adverbialen Bestimmungen (*avant de faire qch*)
- in nominalen Ergänzungen (*machine à laver*)
- Infinitivergänzung beim Adjektiv mit *de* oder *à* (*être fier de faire qch*)
- Infinitivergänzung beim Verb: Anschluss ohne Präposition (*préférer faire qch*), mit *de* (*arrêter de faire qch*), mit *à* (*inviter qn à faire qch*)

Gérondif

- Formen: Stamm: 1. Person Plural Präsens des Verbs ohne *-ons*, Endung: *-ant*, davor steht *en* (*nous regardons* → *en regardant*)
- drei Ausnahmen: *en étant* (*être*), *en ayant* (*avoir*), *en sachant* (*savoir*)
- Subjekt von Haupt- und Nebensatz müssen identisch sein
- das *Gérondif* drückt die Gleichzeitigkeit aus
- Bedeutung: temporal (zeitlich), konzessiv (einräumend), konditional (Bedingung), modal (Art und Weise)

Participe présent

- Formen: Stamm: 1. Person Plural Präsens des Verbs ohne *-ons*, Endung: *-ant* (*nous regardons* → *regardant*)
- *Participe présent* hat immer eine Ergänzung bei sich
- wird hauptsächlich statt kausalem Adverbialsatz und Relativsatz mit *qui* verwendet

Participe passé

- veränderliche infinite Verbform: passt sich in Genus und Numerus an
- Formen:
  1. Konjugation: Infinitiv ohne *-er*, Endung é im Maskulinum Singular (*montré*)
  2. Konjugation: Infinitiv ohne *-r* (*fini*)
  unregelmäßige Verben: Endung auf *-u* (*lire* → *lu*) oder *-t* (*conduire* → *conduit*)

mask. Singular	fem. Singular	mask. Plural	fem. Plural
montré	montrée	montrés	montrées
fini	finie	finis	finies
lu	lue	lus	lues
conduit	conduite	conduits	conduites

- Verwendung: bei den zusammengesetzten Zeiten (*Passé composé, Plus-que-parfait, Conditionnel passé, Subjonctif passé*) sowie als Adjektiv, im Passiv, anstelle eines Adverbial- oder Relativsatzes
- Veränderlichkeit (*accord*) des *Participe passé*, wenn die zusammengesetzte Zeit mit *être* gebildet wird oder wenn das *COD* bei der zusammengesetzten Zeit mit *avoir* vor dem *Participe* steht und bei reflexiven Verben

Aktiv und Passiv

- Passiv nur möglich bei direkt transitiven Verben
- Bildung: *être* in entsprechendem Tempus und gewünschter Person konjugiert + *Participe passé* des Verbs (*Il est vendu*)
- Zustandspassiv: *Le tableau est vendu.* („ist verkauft")
- Vorgangspassiv: *Le tableau est vendu par l'artiste.* („wird verkauft")
- Präpositionale Ergänzung (*complément d'agent*): das Subjekt des Aktivsatzes wird im Passivsatz zur präpositionalen Ergänzung
- *par*: Vorgangspassiv, Verb wird in ursprünglicher Bedeutung gebraucht (*Le sanglier a été écrasé par un camion.*)
- *de*: Zustandspassiv, Verb wird in übertragener Bedeutung gebraucht (*Mathilde est écrasée de travail.*)

Zeiten des *Indicatif*

Der *Indicatif* ist der Modus, der über die meisten grammatischen Zeiten (Tempora) verfügt. Mit diesem erzählt man von früher (Vergangenheitszeiten), von jetzt (Präsens) und von später (Futur) und setzt einzelne Geschehnisse zueinander in Beziehung.

Im Französischen werden insbesondere die Zeiten der Vergangenheit anders verwendet als im Deutschen. Während das *Imparfait* eher für die Beschreibung einer Situation geeignet ist, gebraucht man das *Passé composé*, um den Handlungsstrang wiederzugeben.

présent

1 *Présent*

Das *Présent* (Präsens) ist die Zeit der Gegenwart, dessen, was jetzt passiert.

formes

1.1 Formen

1ère conjugaison

1. Konjugation: Verben auf *-er*

Das *Présent* wird aus dem Stamm des Verbs und einer je nach Person verschiedenen Endung gebildet.

désinences

Die Endungen sind in der 1. Konjugation stets die gleichen und lauten:
-e, -es, -e, -ons, -ez, -ent.

radical

Der Stamm entspricht dem Verb im Infinitiv ohne *-er.* In der Tabelle wird beispielhaft das Verb *parler* durch alle Personen konjugiert. Der Stamm des Verbs lautet: *parl-*.

parler

	Singular	Plural
1. Person	je parl**e**	nous parl**ons**
2. Person	tu parl**es**	vous parl**ez**
3. Person	il/elle/on parl**e**	ils/elles parl**ent**

Nous buvons un café au lait et nous parlons des gens qui passent.

Wie bereits im vorherigen Kapitel angedeutet, gibt es einige Verben der 1. Konjugation, die orthografische Besonderheiten aufweisen.

verbes en -cer/-ger

Die Verben auf *-cer* (*avancer*) oder *-ger* (*manger*) werden in der 1. Person Plural mit ç bzw. mit *ge* geschrieben, da die Endung dort mit dem dunklen Vokal *o* anfängt.

La neige bloque les routes et nous avançons très lentement.
Nous mangeons chaque soir à sept heures et demi.

verbes en -eler/-eter

Die Verben auf *-eler* und *-eter* werden gemäß der neuen Rechtschreibung im *Présent* nach dem Muster von *peler* konjugiert:

	Singular	Plural
1. Person	je pèle	nous pelons
2. Person	tu pèles	vous pelez
3. Person	il/elle/on pèle	ils/elles pèlent

peler

Ils pèlent des fruits.
Claire achète des fraises et des framboises au marché.

Appeler und *jeter* stellen die beiden Ausnahmen von dieser Regel dar. Bei ihnen wird der Konsonant *l* bzw. *t* in den stammbetonten Formen verdoppelt.

appeler, jeter

	Singular	Plural
1. Person	j'appelle	nous appelons
2. Person	tu appelles	vous appelez
3. Person	il/elle/on appelle	ils/elles appellent

appeler

J'appelle François pour le remercier de son cadeau d'anniversaire.

Die Verben *espérer* und *préférer* tauschen in den stammbetonten Formen den *Accent aigu* gegen einen *Accent grave*.

espérer, préférer

	Singular	Plural
1. Person	j'espère	nous espérons
2. Person	tu espères	vous espérez
3. Person	il/elle/on espère	ils/elles espèrent

espérer

Il espère la revoir bientôt.

Die Verben auf *-yer* wie *envoyer*, *appuyer* oder *nettoyer* wechseln in den stammbetonten Formen das *y* gegen ein *i* aus.

verbes en -yer

	Singular	Plural
1. Person	je nettoie	nous nettoyons
2. Person	tu nettoies	vous nettoyez
3. Person	il/elle/on nettoie	ils/elles nettoient

nettoyer

Paul nettoie toute la maison parce que ses parents viendront lui rendre visite.

verbes en -ayer

Nur Verben auf *-ayer* wie *payer* können ihr *y* behalten oder mit *i* konjugiert werden. Beide Formen kommen etwa gleich häufig vor.

payer

	Singular	Plural
1. Person	je paie/je paye	nous payons
2. Person	tu paies/tu payes	vous payez
3. Person	il/elle/on paie/paye	ils/elles paient/payent

Cette fois, c'est toi qui paies l'addition au restaurant !

Ausnahme

exception : aller

Das häufig gebrauchte Verb *aller* wird im *Présent* völlig unregelmäßig konjugiert. Nur die beiden endungsbetonten Formen, 1. und 2. Person Plural, verhalten sich regelmäßig.

	Singular	Plural
1. Person	je vais	nous allons
2. Person	tu vas	vous allez
3. Person	il/elle/on va	ils/elles vont

Est-ce que tu vas à l'école à pied ?

2ème conjugaison

2. Konjugation: Verben auf *-ir*

Die Verben der 2. Konjugation haben in den Formen des Plurals die gleichen Endungen wie die der 1. Konjugation.

> Die Endungen der Verben vom Typ *finir* lauten:
> *-is, -is, -it, -ons, -ez, -ent.*

In der Tabelle ist das Beispielverb *finir* konjugiert. Im Singular hat es den Stamm *fin-*, im Plural *finiss-*.

finir

	Singular	Plural
1. Person	je finis	nous finissons
2. Person	tu finis	vous finissez
3. Person	il/elle/on finit	ils/elles finissent

Dieses Konjugationsmuster gilt ebenso für alle anderen Verben der 2. Konjugation wie *attendrir*, *grandir* oder *trahir*.

L'accusé ne trahit pas ses complices.

Unregelmäßige Verben auf *–ir*

verbes en –ir irréguliers

Die Gruppe von Verben auf *–ir* vom Typ *partir*, die nicht zur 2. Konjugation gehören, haben dieselben Endungen ohne *i* und ohne Stammerweiterung. Der Stamm ist im Singular kürzer, da der Konsonant vor der Endung wegfällt.

Im Singular lautet der Stamm von *partir*: *par–*; im Plural: *part–*. Die Endungen lauten:
–s, –s, –t, –ons, –ez, –ent.

partir

	Singular	Plural
1. Person	je pars	nous partons
2. Person	tu pars	vous partez
3. Person	il/elle/on part	ils/elles partent

Quand est-ce que nous partons ?

Das Verb *ouvrir* und ihm ähnliche Verben wie *couvrir*, *découvrir* und *souffrir* werden nach einem anderen Muster konjugiert. Ihre Konjugation im *Présent* entspricht den Formen der 1. Konjugation.

Der Stamm des Beispielverbs *ouvrir* lautet *ouvr–*. Die Endungen dieser Verben lauten:
–e, –es, –e, –ons, –ez, –ent.

ouvrir

	Singular	Plural
1. Person	j'ouvre	nous ouvrons
2. Person	tu ouvres	vous ouvrez
3. Person	il/elle/on ouvre	ils/elles ouvrent

La vendeuse ouvre la porte à son client.

Ausnahmen

exceptions

Die Verben *tenir* und *venir* werden unregelmäßig konjugiert. Beide Verben haben die gleichen Formen und unterscheiden sich nur im Anfangskonsonanten.

venir

	Singular	Plural
1. Person	je viens	nous venons
2. Person	tu viens	vous venez
3. Person	il/elle/on vient	ils/elles viennent

Ce fromage vient de Normandie.
Deux amoureux se tiennent la main.

Die Konjugationen von *acquérir* und *mourir* sind ebenfalls unregelmäßig:

acquérir

	Singular	Plural
1. Person	j'acquiers	nous acquérons
2. Person	tu acquiers	vous acquérez
3. Person	il/elle/on acquiert	ils/elles acquièrent

Il acquiert vite la confiance de tout le monde.

mourir

	Singular	Plural
1. Person	je meurs	nous mourons
2. Person	tu meurs	vous mourez
3. Person	il/elle/on meurt	ils/elles meurent

Selon certaines religions, les gens qui meurent renaissent dans un autre corps.

verbes en -oir

Verben auf *-oir*

Die *semi-auxiliaires pouvoir* und *vouloir* werden im *Présent* nach einem ähnlichen Muster konjugiert, *savoir* und *devoir* weisen dagegen Unterschiede auf. Allen vier Verben ist gemeinsam, dass die ersten beiden Personen des Singulars mit *-x* oder *-s* enden, die dritte Person aber auf *-t* auslautet. *Pouvoir* konjugiert man folgendermaßen:

pouvoir

	Singular	Plural
1. Person	je peux	nous pouvons
2. Person	tu peux	vous pouvez
3. Person	il/elle/on peut	ils/elles peuvent

Peux-tu me montrer où se trouve le prochain supermarché, s'il te plait ?

Wie *pouvoir* hat auch das Verb *vouloir* in den ersten drei Personen ein *eu* statt einem *ou*.
In den Personen des Plurals bleibt bei *vouloir* das *l* des Infinitivs erhalten, so wie bei *pouvoir* das *v* erhalten bleibt.

vouloir

	Singular	Plural
1. Person	je veux	nous voulons
2. Person	tu veux	vous voulez
3. Person	il/elle/on veut	ils/elles veulent

Est-ce que vous voulez diner avec moi ?

Bei *savoir* und *devoir* erkennt man wie bei *pouvoir* und *savoir* in den endungsbetonten Personen die Infinitivform des Verbs. *Savoir* wird folgendermaßen konjugiert:

savoir

	Singular	Plural
1. Person	je sais	nous savons
2. Person	tu sais	vous savez
3. Person	il/elle/on sait	ils/elles savent

Je ne sais pas où se trouve le Louvre.

Beim Verb *devoir* sieht die Konjugation im *Présent* so aus:

devoir

	Singular	Plural
1. Person	je dois	nous devons
2. Person	tu dois	vous devez
3. Person	il/elle/on doit	ils/elles doivent

Françoise ne doit pas manger de fromage parce qu'elle a une allergie aux produits laitiers.

Ähnlich wie *devoir* werden auch die Verben *s'apercevoir, concevoir* und *recevoir* konjugiert. Auch hier ist der Unterschied zwischen stamm- und endungsbetonten Formen in der Orthografie und Aussprache deutlich erkennbar. Wo nötig, wandelt sich das *c* zu einem *ç*: immer, wenn *c* vor einem dunklen Vokal steht, aber wie ein *s* ausgesprochen werden soll, um die Aussprache über die ganzen Personen hinweg gleich zu behalten.

recevoir

	Singular	Plural
1. Person	je reçois	nous recevons
2. Person	tu reçois	vous recevez
3. Person	il/elle/on reçoit	ils/elles reçoivent

Chaque anneé à Noël, nous recevons une lettre de nos amis d'Australie.

Das Verb *voir* tauscht sein *i* gegen ein *y* in den ersten beiden Personen des Plurals. Sobald man den Laut hört, der einem deutschen *j* entspricht, wird ein *y* geschrieben:

voir

	Singular	Plural
1. Person	je vois	nous voyons
2. Person	tu vois	vous voyez
3. Person	il/elle/on voit	ils/elles voient

Est-ce que tu vois la confiture de prunes ? Je ne la trouve pas.

Damit verhält sich *voir* wie das Verb *fuir* und sein Kompositum *s'enfuir*, auch wenn deren Endung nicht *-oir* lautet.

fuir

	Singular	Plural
1. Person	je fuis	nous fuyons
2. Person	tu fuis	vous fuyez
3. Person	il/elle/on fuit	ils/elles fuient

Les voleurs s'enfuient du musée.

verbes en -dre

Verben auf *-dre*

Den Verben auf *-dre* ist gemeinsam, dass das *d* stets erhalten bleibt und danach erst die Endung angefügt wird. Die Konjugation von *attendre* sieht so aus:

attendre

	Singular	Plural
1. Person	j'attends	nous attendons
2. Person	tu attends	vous attendez
3. Person	il/elle/on attend	ils/elles attendent

Die Verben *dépendre*, *entendre*, *fondre* und *rendre* werden ebenso konjugiert.

Est-ce que vous attendez le bus ?

Das Verb *prendre* bildet eine Ausnahme innerhalb dieser Gruppe. Hier ist das *d* nur im Singular vorhanden.

prendre

	Singular	Plural
1. Person	je prends	nous prenons
2. Person	tu prends	vous prenez
3. Person	il/elle/on prend	ils/elles prennent

Je prends un jour de congé pour fêter mon anniversaire.

Verben auf *-indre*

verbes en -indre

Die Verben auf *-indre* lassen sich ebenfalls mit einem Konjugationsmuster lernen. Charakteristisch für diese Verben ist das in manchen Personen und Zeiten auftauchende *gn*. Im *Présent* erhalten die Personen des Plurals dieses *gn*. In der Tabelle wird als Beispiel das Verb *craindre* konjugiert:

craindre

	Singular	Plural
1. Person	je crains	nous craignons
2. Person	tu crains	vous craignez
3. Person	il/elle/on craint	ils/elles craignent

Nous craignons qu'elle ne vienne pas malgré sa promesse.

Verben auf *-re*

verbes en -re

Die Verben von Typ *conduire* und vom Typ *lire* werden im *Présent* gleich konjugiert.

Der Verbstamm besteht aus der Infinitivform ohne *-re*: *condui-* bzw. *li-*. An diesen Stamm werden dann jeweils folgende Endungen angehängt:
-s, -s, -t, -ons, -ez, -ent.

Im Plural wird zur leichteren Aussprache ein *s* zwischen Stamm und Endung eingefügt.

conduire

	Singular	Plural
1. Person	je conduis	nous conduisons
2. Person	tu conduis	vous conduisez
3. Person	il/elle/on conduit	ils/elles conduisent

Nous lisons *La peste* de Camus au cours de français.

Im *Présent* wird *dire* ebenfalls wie *conduire* konjugiert.

Souvent, il ne faut pas écouter ce que les gens disent.

Beim den Verben *boire* und *écrire* taucht im Plural ein zusätzlicher Konsonant auf: das *v*. *Boire* ändert außerdem in den endungsbetonten Formen seinen Vokal im Stamm von *oi* zu *u*:

boire

	Singular	Plural
1. Person	je bois	nous buvons
2. Person	tu bois	vous buvez
3. Person	il/elle/on boit	ils/elles boivent

Ma grand-mère ne boit pas assez.

Die Konjugation von *écrire* sieht folgendermaßen aus:

écrire

	Singular	Plural
1. Person	j'écris	nous écrivons
2. Person	tu écris	vous écrivez
3. Person	il/elle/on écrit	ils/elles écrivent

Est-ce que tu écris souvent à tes amis ?

Suivre und *vivre* werden im *Présent* gleich konjugiert. Hier stellvertretend die Konjugation von *vivre*:

vivre

	Singular	Plural
1. Person	je vis	nous vivons
2. Person	tu vis	vous vivez
3. Person	il/elle/on vit	ils/elles vivent

Vous vivez dans une très belle maison !

Auch bei den Verben *connaitre*, *naitre* und *paraitre* bzw. *disparaitre* tauchen im Plural zusätzlich Konsonanten auf – ein doppeltes *s*. Im Singular werden sie wie die anderen Verben auf *–re* konjugiert:

connaitre

	Singular	Plural
1. Person	je connais	nous connaissons
2. Person	tu connais	vous connaissez
3. Person	il/elle/on connait	ils/elles connaissent

Nous nous connaissons depuis l'école maternelle.

Als letztes Beispiel der Verben auf *-re* ist hier die Konjugation des Verbs *mettre* aufgeführt, bei dem ein *t* im Singular erhalten bleibt.

mettre

	Singular	Plural
1. Person	je mets	nous mettons
2. Person	tu mets	vous mettez
3. Person	il/elle/on met	ils/elles mettent

De plus en plus de gens se mettent à la photographie numérique.

1.2 Gebrauch

emploi

Das *Présent* wird wie das deutsche Präsens gebraucht, um gegenwärtige Ereignisse zu beschreiben. Außerdem werden mit ihm Regeln, allgemeine Erkenntnisse und Gewohnheiten wiedergegeben.

Le président attend les explications de la SNCF.
Les élections présidentielles ont lieu tous les 5 ans.

présent historique

Das sogenannte *Présent historique* wird oft gebraucht, um Ereignisse der Vergangenheit auf eine lebendige Weise wiederzugeben.

Le 18 juin 1940, Charles de Gaulle appelle tous les Français à rejoindre la Résistance.

Im Deutschen kann man das Präsens auch verwenden, um etwas Zukünftiges auszudrücken. Im Französischen wird in solchen Sätzen besser das *Futur* verwendet.

Demain, on va aller au cinéma.

2 Imparfait

imparfait

Das *Imparfait* entspricht nicht dem deutschen Imperfekt oder Präteritum, auch wenn es einen ähnlichen Namen hat.

formes

2.1 Formen

> Das *Imparfait* leitet sich wie das *Participe présent* und das *Gérondif* von der 1. Person Plural *Présent* des Verbs ab.

désinences régulières

Die Endungen sind bei allen Konjugationen und unregelmäßigen Verben gleich.

> Die Endungen des *Imparfait* lauten:
> *-ais, -ais, -ait, -ions, -iez, -aient.*

In der Tabelle ist das regelmäßige Verb der 1. Konjugation *parler* konjugiert. In der 1. Person Plural *Présent* heißt dieses Verb: *nous parlons.* Wenn man die Endung *-ons* wegstreicht, erhält man den Stamm *parl-*, der für das *Imparfait* gilt.

parler

	Singular	Plural
1. Person	je parl**ais**	nous parl**ions**
2. Person	tu parl**ais**	vous parl**iez**
3. Person	il/elle/on parl**ait**	ils/elles parl**aient**

2ème conjugaison et verbes irréguliers

Auch die Verben der 2. Konjugation und die unregelmäßigen Verben leiten ihre Formen für das *Imparfait* aus der 1. Person Plural des *Présent* ab:

Infinitif	1. Ps. Pl. Prés.	Imparfait
finir	nous finissons	nous finissions
ouvrir	nous ouvrons	nous ouvrions
partir	nous partons	nous partions
venir	nous venons	nous venions
pouvoir	nous pouvons	nous pouvions
savoir	nous savons	nous savions
attendre	nous attendons	nous attendions
prendre	nous prenons	nous prenions
craindre	nous craignons	nous craignions
boire	nous buvons	nous buvions
connaitre	nous connaissons	nous connaissions
mettre	nous mettons	nous mettions

Pendant que nous attendions le train, un orage a éclaté.

Bei der 1. und 2. Person Plural unterscheidet das *i* die Endung des *Imparfait* von der Endung im *Présent*. Dieses *i* wird auch geschrieben, wenn der Stamm des Verbs auf *y* endet:

voir, fuir

Infinitif	1. Ps. Pl. Prés.	Imparfait
voir	nous voyons	nous voyions
fuir	nous fuyons	nous fuyions

Nous fuyions devant la tempête.

2.2 Gebrauch

emploi

Das *Imparfait* benutzt man zur Schilderung von Vergangenem.

Mit dem *Imparfait* werden
- Zustände,
- Hintergrundhandlungen,
- Gewohnheitshandlungen oder
- Beschreibungen

ausgedrückt.

actions sans début et sans fin

Das *Imparfait* signalisiert, dass die Handlung, die das Verb beschreibt, nicht mit Anfangs- und Endzeitpunkt gesehen wird, sondern als zeitlich unbestimmt. Das heißt nicht, dass man mit dem *Imparfait* nur Ereignisse wiedergeben kann, die ohne Anfang und Ende sind, sondern, dass Anfang und Ende der Handlung unwichtig sind.

Les oiseaux chantaient dans le jardin.

états

Bei der Schilderung eines Vorgangs werden häufig Zustände erwähnt. Dabei kann es sich z. B. um das Wetter oder die Tageszeit handeln. Wetter und Zeit sind dann feststehende Gegebenheiten.

Il était midi et le soleil brillait.

actions en arrière-plan

In einer erzählten Geschichte gibt es oftmals Hintergrundhandlungen, die das Geschehen nicht weiter vorantreiben. Diese werden im *Imparfait* ausgedrückt, während die eigentliche Handlung im *Passé composé* steht. Häufig erkennt man solche Hintergrundhandlungen an Konjunktionen wie *pendant que*.

pendant que

> Pendant qu'elle préparait le déjeuner dans la cuisine, elle a entendu un bruit curieux venant de la salle de séjour.

Wenn man im Deutschen „gerade" einsetzen könnte, ist dies ein guter Hinweis darauf, dass im Französischen das *Imparfait* die richtige Zeitwahl ist.

> Je travaillais dans mon bureau quand j'ai appris la bonne nouvelle.

habitudes

Gewohnheitshandlungen werden häufig mit der Konjunktion *quand* eingeleitet. *Quand* hat zwei Bedeutungen: „als" und „immer, wenn". Sobald man *quand* mit „immer, wenn" übersetzen kann, steht im Französischen höchstwahrscheinlich das *Imparfait*.

> Quand nous partions en vacances, nous nous disputions toujours quelques jours auparavant.

descriptions

Alle Beschreibungen und Angaben zu der Umgebung des Ortes, an dem eine Handlung stattfindet, zählen zu den feststehenden Gegebenheiten und stehen im *Imparfait*. Damit kann das Wetter gemeint sein, die Farbe eines Hauses, das Aussehen eines Menschen oder Ähnliches.

> Il faisait beau. Je me promenais dans la rue et je ne voyais que des gens souriants. Les murs des maisons étaient très blancs.

passé composé

3 *Passé composé*

Das *Passé composé* ist ein zusammengesetztes Tempus und gehört auch zu den Zeiten der Vergangenheit. Es wird mit dem *Imparfait* zusammen zur Schilderung vergangener Handlungen oder Ereignisse verwendet. Das deutsche Perfekt ist in vielen Fällen mit dem Präteritum austauschbar, das *Passé composé* hingegen kann nur in festgelegten Situationen gebraucht werden.

3.1 Formen

formes

> Das *Passé composé* wird aus einem der Hilfsverben *être* oder *avoir* im *Présent* sowie dem *Participe passé* des Vollverbs gebildet.

accord du participe passé

Das *Participe passé* ist immer veränderlich, sobald das *Passé composé* mit *être* gebildet wird. Die weibliche Form ist in der Tabelle mit einem *e* in Klammern bezeichnet. In den Personen des Plurals wird ein *-s* angehängt.

venir/demander

Passé composé : être	Passé composé : avoir
je suis venu(e)	j'ai demandé
tu es venu(e)	tu as demandé
il/elle/on est venu(e)	il/elle/on a demandé
nous sommes venu(e)s	nous avons demandé
vous êtes venu(e)s	vous avez demandé
ils/elles sont venu(e)s	ils/elles ont demandé

Les amies de Frédéric sont venues à notre fête.
Nous avons demandé l'heure à un passant.

Passé composé mit *avoir*

passé composé avec avoir

verbes transitifs

Die meisten Verben bilden das *Passé composé* mit *avoir*, transitive Verben immer. Das *Participe passé* ist nur dann veränderlich, wenn ein direktes Objekt vor dem Verb steht. Das kann entweder ein Objekt- oder ein Relativpronomen sein.
(S. dazu auch „*Participe passé*" im Kapitel „Verb")

être, avoir

Auch *être* und *avoir* bilden ihr *Passé composé* mit *avoir*. Das *Participe passé* von *être* (*été*) ist unveränderlich.

J'ai eu une nouvelle idée concernant notre projet.
J'ai été au musée d'histoire avec Mathilde.

verbes de mouvement

Verben der Bewegungsart bilden ihr *Passé composé* ebenfalls mit *avoir* – im Gegensatz zu den Verben, die eine Bewegungsrichtung ausdrücken.

Zu den Verben, die eine Art der Bewegung bezeichnen, gehören: *avancer, courir, danser, errer, marcher, nager, ralentir, sauter, voyager, voler.*

J'ai sauté en l'air quand j'ai su les résultats des élections.
Nous avons nagé dans la mer, puis nous avons couru à la maison.

passé composé avec être

Passé composé mit *être*

Einige intransitive Verben bilden ihr *Passé composé* mit *être*. Wenn das *Passé composé* mit *être* gebildet wird, passt sich das *Participe passé* an das Subjekt an.

Die Verben, die eine Bewegungsrichtung ausdrücken, werden im *Passé composé* mit *être* gebraucht. Dazu zählen: *aller, arriver, entrer, rester, sortir, venir.*

Elle est arrivée hier.

verbes essentiellement pronominaux

Reflexive Verben bilden das *Passé composé* ebenfalls mit *être*. Bei Verben mit festem Reflexivpronomen verändert sich das *Participe passé* auf jeden Fall und richtet sich in Genus und Numerus nach dem Subjekt.

Elles se sont tues.

Man muss also prüfen, ob das Reflexivpronomen wirklich das direkte Objekt ist. Wenn es das indirekte Objekt ist, bleibt das *Participe passé* unverändert.

Elle s'est demandé s'il allait pleuvoir demain.

(S. dazu auch „Reflexivpronomen" im Kapitel „Pronomen und Begleiter")

emploi

3.2 Gebrauch

Das *Passé composé* ist ein Tempus der Vergangenheit und befindet sich mit dem *Imparfait* auf derselben Zeitebene. Es ist allerdings nicht mit dem *Imparfait* beliebig austauschbar.

Mit dem *Passé composé* werden
- ein Handlungsstrang,
- aufeinanderfolgende Ereignisse,
- neu beginnende Ereignisse,
- einmalige Handlungen,
- zeitlich begrenzte punktuelle Handlungen und
- Handlungen, die noch bis in die Gegenwart wirken,

wiedergegeben.

actions avec début et fin

Steht ein Verb im *Passé composé*, so wird durch die Wahl dieser Zeit ausgedrückt, dass die Handlung einen Anfang und ein Ende hatte. Selbst wenn Anfangs- und Endzeitpunkt nicht genannt sind, so geht man dennoch davon aus, dass das Geschehen abgeschlossen ist.

Il a fait beau hier.

déroulement de l'action

Der Handlungsstrang einer Geschichte wird komplett im *Passé composé* wiedergegeben. Wird aber eine Erzählung mit Zustandsbeschreibungen und Nebenhandlungen ausgeschmückt, so werden diese im *Imparfait* dargestellt (s.o.). Man muss also die eigentliche Handlung genau herausfiltern, um das richtige Tempus verwenden zu können.

Nous marchions dans la rue et parlions du week-end quand une voiture s'est arrêtée à côté de nous.

chaine d'action

Es kommt häufig vor, dass mehrere Handlungen hintereinander aufgezählt werden: das nennt man auch Handlungskette. All diese Handlungen oder Ereignisse stehen im *Passé composé*.

J'ai pris mon petit déjeuner, j'ai fait la vaisselle et je suis sorti de la maison.

Einige Wörter können Hinweise auf die Verwendung des *Passé composé* liefern:
- *quand* („als")
- *soudain*
- *tout à coup*

évènements nouveaux

Diese Wörter signalisieren ein neu einsetzendes, plötzliches Geschehen, das mit dem *Passé composé* wiedergegeben werden muss.

Nous regardions le match de football chez Claude, quand tout à coup l'écran de la télé est devenu tout noir.

actions uniques

Wiederholte Handlungen und Zustände werden also im *Imparfait* wiedergegeben, während für einmalige Handlungen das *Passé composé* zuständig ist.

Cet été, nous avons passé nos vacances en Bretagne.

aspect ponctuel

Der punktuelle Aspekt einer Handlung entscheidet ebenfalls über die Verwendung von *Passé composé* als richtigem Tempus. Mit punktuell ist gemeint, dass das Ereignis an einem bestimmten Zeitpunkt in der Vergangenheit stattfand und abgeschlossen wurde.

Jean-Luc a sorti de sa poche un cadeau pour moi.

actions avec rapport au présent

Auch abgeschlossene Handlungen, die also eigentlich zur Vergangenheit gehören, können Auswirkungen in die Gegenwart haben. Um diesen Zustand auszudrücken, oder bei Handlungen, die in der Vergangenheit angefangen haben und heute noch fortdauern, benutzt man das *Passé composé*.

J'ai compris pourquoi il m'a quitté.

Das *Passé composé* wird hauptsächlich in der gesprochenen Sprache benutzt. In literarischen Texten findet fast ausschließlich das *Passé simple* Verwendung. Der Roman *L'étranger* von Albert Camus ist ein berühmtes Beispiel für die Verwendung des *Passé composé* als bewusstes Stilmittel in einem literarischen Text.

4 Passé simple

passé simple

Das *Passé simple* ist die Zeit der Literatur. Es wird nur geschrieben verwendet. Dennoch ist es nützlich, zumindest die 3. Person Singular und Plural zu kennen, um beim Lesen von französischen Prosatexten keine Schwierigkeiten zu haben. Das *Passé simple* ersetzt das *Passé composé* der Alltagstexte und der mündlichen Sprache. Es wird in den gleichen Situationen benutzt, hat aber im Unterschied zum *Passé composé* keinen Bezug zur Gegenwart.

1. Konjugation: Verben auf *-er*

1ère conjugaison

Die Verben auf *-er* haben alle im *Passé simple* regelmäßige Formen. Der Stamm besteht aus dem Infinitiv ohne *-er*. Daran wird die jeweilige Endung gehängt.

Die Endungen des *Passé simple* für die 1. Konjugation lauten:
-ai, -as, -a, -âmes, -âtes, -èrent.

Beim Verb *parler* sieht die Konjugation folgendermaßen aus:

parler

	Singular	Plural
1. Person	je parlai	nous parlâmes
2. Person	tu parlas	vous parlâtes
3. Person	il/elle/on parla	ils/elles parlèrent

Jean-Paul parla trop vite.

Auch die Verben *aller* und *envoyer* folgen diesem Muster.

Ils allèrent chez Pascale pour dîner avec elle.
Il envoya la marchandise par la poste.

2. Konjugation: Verben auf *-ir*

2ème conjugaison

Die Verben der 2. Konjugation besitzen im Singular des *Passé simple* die gleichen Formen wie im *Présent*. Die Stammerweiterung mit *-iss* kommt im *Passé simple* nicht zum Einsatz.

Die Endungen des *Passé simple* für die 2. Konjugation lauten:
-is, -is, -it, -îmes, -îtes, -irent.

Das Verb *finir* wird so konjugiert:

finir

	Singular	Plural
1. Person	je finis	nous finîmes
2. Person	tu finis	vous finîtes
3. Person	il/elle/on finit	ils/elles finirent

Les Romains finirent par conquérir presque tous les pays autour de la Méditerranée.

verbes irréguliers

-it/-irent

Unregelmäßige Verben

Passé simple auf *-it/-irent*

Das *Passé simple* auf *-it/-irent* in der 3. Person bilden:

- die meisten Verben auf *-ir* (außer *courir, mourir, tenir, venir*),
- die meisten Verben auf *-re*,
- *voir* und
- *s'asseoir*.

Als Beispiel die Konjugation des Verbs *partir*:

partir

	Singular	Plural
1. Person	je partis	nous partîmes
2. Person	tu partis	vous partîtes
3. Person	il/elle/on partit	ils/elles partirent

Rose-Rouge prit les ciseaux qu'elle avait dans la poche, coupa la barbe du nain et partit en courant.

Die nächste Tabelle bietet eine Übersicht über häufig verwendete unregelmäßige Verben, die auf *-it/-irent* enden. Es sind jeweils nur die dritte Person Singular und Plural aufgeführt. Die anderen Formen können aus obigem Konjugationsschema abgeleitet werden, da die Endungen stets die gleichen sind.

Infinitiv	3. Ps. Singular	3. Ps. Plural
ouvrir	il/elle/on ouvrit	ils/elles ouvrirent
s'asseoir	il/elle/on s'assit	ils/elles s'assirent
voir	il/elle/on vit	ils/elles virent
attendre	il/elle/on attendit	ils/elles attendirent
prendre	il/elle/on prit	ils/elles prirent
dire	il/elle/on dit	ils/elles dirent
faire	il/elle/on fit	ils/elles firent
mettre	il/elle/on mit	ils/elles mirent

Elle mit les fleurs sur la table.

Verben, die im *Présent* Plural einen zusätzlichen Konsonanten haben, behalten diesen oft auch im *Passé simple*: *conduire* → *nous conduisons* → *il conduisit*.

In der folgenden Tabelle sind solche Verben beispielhaft aufgeführt:

Infinitiv	3. Ps. Singular	3. Ps. Plural
conduire	il/elle/on conduisit	ils/elles conduisirent
craindre	il/elle/on craignit	ils/elles craignirent
écrire	il/elle/on écrivit	ils/elles écrivirent

Philippe Soupault et André Breton écrivirent le premier texte d'écriture automatique surréaliste.

Passé simple auf *-ut/-urent*

-ut/-urent

Folgende Verben bilden das *Passé simple* mit den Endungen *-us*, *-us*, *-ut*, *-ûmes*, *-ûtes*, *-urent*:

- die Verben auf *-oir* wie *devoir* (außer *voir* und *s'asseoir*);
- einige Verben auf *-re*: *boire*, *croire*, *exclure*, *lire*, *paraître*, *se taire*, *vivre*;
- manche Verben auf *-dre*: *moudre*, *résoudre*,
- *courir* und
- *mourir*.

In den folgenden Tabellen sind einige Verben zu sehen, die im *Passé simple* auf *-ut/-urent* enden. Der Stamm dieser Verben kann im *Passé simple* verkürzt sein:

Infinitiv	3. Ps. Singular	3. Ps. Plural
pouvoir	il/elle/on put	ils/elles purent
savoir	il/elle/on sut	ils/elles surent
boire	il/elle/on but	ils/elles burent
croire	il/elle/on crut	ils/elles crurent
lire	il/elle/on lut	ils/elles lurent
paraitre	il/elle/on parut	ils/elles parurent
se taire	il/elle/on se tut	ils/elles se turent

Elle lut ce qui était écrit sur le monument.

Es gibt auch Verben, deren Stamm im *Passé simple* dem Infinitiv ohne Endung entspricht oder deren Stamm sich ändert:

Infinitiv	3. Ps. Singular	3. Ps. Plural
courir	il/elle/on courut	ils/elles coururent
mourir	il/elle/on mourut	ils/elles moururent
vouloir	il/elle/on voulut	ils/elles voulurent
moudre	il/elle/on moulut	ils/elles moulurent
résoudre	il/elle/on résolut	ils/elles résolurent
exclure	il/elle/on exclut	ils/elles exclurent
vivre	il/elle/on vécut	ils/elles vécurent

Ils vécurent heureux et eurent beaucoup d'enfants.

exceptions

Ausnahmen

Die Verben *tenir* und *venir* sind Ausnahmen. Ihre Endungen sind zwar auch regelmäßig, sie werden aber auf *-int/-inrent* gebildet. Beide Verben werden gleich konjugiert, so dass hier nur das Verb *venir* aufgeführt ist:

venir

	Singular	Plural
1. Person	je vins	nous vînmes
2. Person	tu vins	vous vîntes
3. Person	il/elle/on vint	ils/elles vinrent

Les magiciens vinrent à trois et guérirent l'enfant.
Il ne tint pas sa promesse et nous déçut tous.

5 Plus-que-parfait

plus-que-parfait

Das *Plus-que-parfait* entspricht dem deutschen Plusquamperfekt. Es wird nach dem gleichen Prinzip gebildet und sehr ähnlich wie im Deutschen verwendet. Es drückt die Vorzeitigkeit zu vergangenen Ereignissen aus.

5.1 Formen

formes

Zur Bildung des *Plus-que-parfait* benötigt man wie beim *Passé composé* ein Hilfsverb, entweder *avoir* oder *être*, sowie das *Participe passé* des Vollverbs. Das *Plus que parfait* zählt somit auch zu den zusammengesetzten Zeiten.
Das Hilfsverb des *Plus-que-parfait* ist das gleiche, das auch beim *Passé composé* verwendet wird.

Das *Plus-que-parfait* setzt sich aus dem *Imparfait* des Hilfsverbs *avoir* oder *être* in der entsprechenden Person und dem *Participe passé* des Vollverbs zusammen.

Zur Veranschaulichung sind hier noch einmal die gleichen Verben wie beim *Passé composé*, nur diesmal im *Plus-que-parfait* aufgeführt:

venir/demander

Plus-que-parfait : être	Plus-que-parfait : avoir
j'étais venu(e)	j'avais demandé
tu étais venu(e)	tu avais demandé
il/elle/on était venu(e)	il/elle/on avait demandé
nous étions venu(e)s	nous avions demandé
vous étiez venu(e)s	vous aviez demandé
ils/elles étaient venu(e)s	ils/elles avaient demandé

Für die Veränderlichkeit des *Participe passé* gelten die gleichen Regeln wie beim *Passé composé*.
(S. dazu auch „*Participe passé*" im Kapitel „Verb")

5.2 Gebrauch

emploi

antériorité Vorzeitigkeit

Das *Plus-que-parfait* verwendet man in Texten, die in der Vergangenheit spielen. Will man von Ereignissen berichten, die noch vor den erzählten Geschehnissen passiert sind, so verwendet man das *Plus-que-parfait* als Tempus der Vorzeitigkeit.

L'autre jour, j'étais chez un ami que je n'avais plus vu depuis notre enfance.

futur simple

6 *Futur simple*

Im Französischen hat man zwei Möglichkeiten, etwas Zukünftiges auszudrücken. Das eine Tempus der Zukunft heißt *Futur simple*. Es ist eine einfache und keine zusammengesetzte Zeit.

formes

6.1 Formen

Im *Futur simple* sind die Endungen für die beiden Konjugationen und für die unregelmäßigen Verben gleich. Der Stamm, von dem ausgegangen wird, ist allerdings verschieden.

Die Endungen des *Futur simple* heißen:
-rai, -ras, -ra, -rons, -rez, -ront.

1ère conjugaison

1. Konjugation: Verben auf *-er*

Man bildet das *Futur simple* der Verben auf *-er*, indem man von der 1. Person Singular des *Présent* ausgeht und die Futurendungen anhängt.

1ère personne du singulier au présent

Beim Verb *parler* lautet die 1. Person Singular *Présent je parle*. Die Futurendungen werden an diese Form des Verbs angefügt, was dann in der 1. Person *Futur je parlerai* ergibt. Alle Formen dieses Verbs sind in der Tabelle zu sehen:

parler

	Singular	Plural
1. Person	je parlerai	nous parler**ons**
2. Person	tu parleras	vous parler**ez**
3. Person	il/elle/on parlera	ils/elles parler**ont**

Plus de 10% de la population regarderont cette émission à la télé et en parleront.

Die Verben, die im *Présent* orthografische Besonderheiten aufweisen, behalten diese meist auch im *Futur simple* bei. Bei den Verben auf *-eler* oder *-eter* inklusive der Verben *appeler* und *jeter* sowie (nach der neuen Rechtschreibung) bei *espérer* und *préférer* ist es also wichtig, die Formen des *Futur simple* wirklich aus der 1. Person Singular des *Présent* abzuleiten.

appeler

Infinitif	1. Ps. Sg. Prés.	1. Ps. Sg. Futur
appeler	j'appelle	j'appellerai
jeter	je jette	je jetterai
acheter	j'achète	j'achèterai
geler	je gèle	je gèlerai
espérer	j'espère	j'espèrerai
préférer	je préfère	je préfèrerai

Claude achètera de la viande pour ce soir.

Die Endungen der Verben im *Futur simple* sind auch hier wieder gleich. Die komplette Konjugation des Beispielverbs *appeler* sieht folgendermaßen aus:

	Singular	Plural
1. Person	j'appellerai	nous appellerons
2. Person	tu appelleras	vous appellerez
3. Person	il/elle/on appellera	ils/elles appelleront

Je t'appellerai demain, d'accord ?

Ausnahmen

exceptions

In der ersten Konjugation sind zwei Ausnahmen nennenswert. Zum einen hat das Verb *aller* völlig eigene Formen, die an das lateinische Wort für „gehen" (*ire*) erinnern.

aller

	Singular	Plural
1. Person	j'irai	nous irons
2. Person	tu iras	vous irez
3. Person	il/elle/on ira	ils/elles iront

Est-ce que tu iras au concert du groupe italien ?

Zum anderen weist das Verb *envoyer* im *Futur simple* ebenfalls eigene Formen auf. Sie entsprechen den Formen des Verbs *voir*:

envoyer

	Singular	Plural
1. Person	j'enverrai	nous enverrons
2. Person	tu enverras	vous enverrez
3. Person	il/elle/on enverra	ils/elles enverront

Je t'enverrai ton paquet d'anniversaire dès demain.

2ème conjugaison

2. Konjugation: Verben auf *-ir*

Die Verben auf *-ir* vom Typ *finir* bilden das *Futur simple* mit den gleichen Endungen wie die Verben der 1. Konjugation.

Als Stamm nimmt man das Verb im Infinitiv ohne *-r*. Daran werden die Endungen des *Futur simple* angefügt. Die Stammerweiterung mit *-iss* findet im *Futur* nicht statt.

Beim Verb *finir* heißt der Stamm also *fini-*. Hieran werden die Endungen *-rai*, *-ras*, *-ra*, *-rons*, *-rez*, *-ront* gehängt.

finir

	Singular	Plural
1. Person	je finirai	nous finirons
2. Person	tu finiras	vous finirez
3. Person	il/elle/on finira	ils/elles finiront

Je finirai par l'oublier.

verbes irréguliers

Unregelmäßige Verben

Die restlichen als unregelmäßig eingestuften Verben werden im *Futur simple* oft ähnlich wie Verben der beiden regelmäßigen Konjugationsklassen konjugiert.

verbes en -ir

Bei den Verben auf *-ir* werden die Endungen des *Futur simple* an den Infinitiv ohne *-r* angehängt.

Diese Grundregel gilt für einen großen Teil der Verben auf *-ir*, aber z. B. nicht für die Verben *courir*, *mourir*, *tenir* und *venir*. Als Beispiel wird das Verb *partir* konjugiert:

partir

	Singular	Plural
1. Person	je partirai	nous partirons
2. Person	tu partiras	vous partirez
3. Person	il/elle/on partira	ils/elles partiront

Nous partirons tout de suite après mon examen.

courir, mourir, tenir, venir

Von den Verben *courir, mourir, tenir* und *venir* ist hier neben der 1. Person Singular des *Présent* nur die 1. Person im *Futur simple* angegeben. Alle anderen Formen lassen sich davon ableiten:

Infinitif	1. Ps. Sg. Prés.	1. Ps. Sg. Futur
courir	je cours	je courrai
mourir	je meurs	je mourrai
tenir	je tiens	je tiendrai
venir	je viens	je viendrai

Je viendrai un peu plus tard chez toi. Est-ce que cela posera des problèmes ?

Bei den Verben, die auf *–dre*, *–indre* oder *–re* enden, werden die Endungen des *Futur* an den Infinitiv ohne *–re* angefügt:
attendre → *attend–* + Endungen des *Futur*.

attendre

	Singular	Plural
1. Person	j'attendrai	nous attendrons
2. Person	tu attendras	vous attendrez
3. Person	il/elle/on attendra	ils/elles attendront

Le mari de Joséphine attendra dans la voiture.
Il se plaindra si elle est en retard.

plaire

	Singular	Plural
1. Person	je plairai	nous plairons
2. Person	tu plairas	vous plairez
3. Person	il/elle/on plaira	ils/elles plairont

Le film te plaira. J'en suis absolument certaine !

Das Verb *faire* wird mit einem völlig unregelmäßigen Stamm konjugiert:

faire

	Singular	Plural
1. Person	je ferai	nous ferons
2. Person	tu feras	vous ferez
3. Person	il/elle/on fera	ils/elles feront

Tu feras tes devoirs sans l'aide de ta sœur !

verbes en -oir

Verben auf *-oir*

Die Verben auf *-oir* haben Sonderformen. Der Stamm, an den die Endungen angefügt werden, kann nicht einfach abgeleitet werden. Die Endungen sind allerdings gleich. Das Verb *voir* z. B. wird mit diesen Formen konjugiert:

voir

	Singular	Plural
1. Person	je verrai	nous verrons
2. Person	tu verras	vous verrez
3. Person	il/elle/on verra	ils/elles verront

Ils verront „Nabucco" au festival d'opéra de l'Arène de Vérone.

In der Tabelle sieht man einige der wichtigsten Verben auf *-oir* mit ihrer Form in der 1. Person Singular.

Infinitif	1. Ps. Sg. Futur simple
devoir	je devrai
pouvoir	je pourrai
recevoir	je recevrai
savoir	je saurai
vouloir	je voudrai

Je saurai les résultats de l'examen dans deux semaines.

emploi

6.2 Gebrauch

Das *Futur simple* wird verwendet, um in der Zukunft Liegendes auszudrücken. Es ist meist mit dem zweiten Tempus der Zukunft, dem *Futur proche*, austauschbar, bezieht sich aber mehr als dieses auf entfernt Zukünftiges.

Dans trois ans, je serai millionnaire !

Das Futur wird generell häufiger benutzt als im Deutschen. Im Deutschen verwendet man umgangssprachlich auch das Präsens, wenn man eigentlich über die Zukunft spricht („Morgen gehe ich..."). Im Französischen benutzt man in solchen Fällen eine Form des *Futur.*

Cet après-midi, au cours de cette excursion, nous pourrons observer des baleines nageant dans la mer.

Das *Futur simple* wird in der gesprochenen wie in der geschriebenen Sprache gleich gern verwendet.

J'irai au cinéma ce soir pour voir le film sur la vie des femmes en orient.

7 Futur proche

futur proche

Das zweite Tempus der Zukunft heißt *Futur proche* oder *Futur composé.* Es handelt sich um eine zusammengesetzte Zeit.

7.1 Formen

formes

Das *Futur proche* setzt sich aus dem Verb *aller* konjugiert im *Présent* und dem Infinitiv des jeweiligen Verbs zusammen.

aller + infinitif

Aller verliert dabei seine Bedeutung „gehen" und dient allein dazu, das Futur des Verbs auszudrücken. In einer Übersetzung würde man das Verb in das Futur setzen und *aller* nicht übersetzen.

faire

	Singular	Plural
1. Person	je vais faire	nous allons faire
2. Person	tu vas faire	vous allez faire
3. Person	il/elle/on va faire	ils/elles vont faire

On va faire à manger. Est-ce que tu vas manger avec nous ?

emploi

7.2 Gebrauch

Diese Zeit heißt *Futur composé* oder *proche*, weil mit ihm eine Zukunft bezeichnet wird, die von der Gegenwart aus gesehen ist, einen Bezug zur Gegenwart hat. Das heißt, vom jetzigen Standpunkt aus möchte ich etwas über eine in der Zukunft liegende Handlung von mir oder jemand anderem aussagen.

L'enfant de Suzanne va bientôt venir au monde.

Die zukünftigen Ereignisse, die mit dem *Futur proche* bezeichnet werden, liegen normalerweise zeitlich nahe an der Gegenwart, in der unmittelbaren Zukunft. Oft drückt man mit dem *Futur proche* eine Absicht aus.

Je vais te raconter l'histoire de ma vie.

Das *Futur proche* ist in der gesprochenen Sprache beliebt. Man kann in den meisten Fällen aber auch das *Futur simple* verwenden.

conditionnel

8 *Conditionnel*

Das *Conditionnel* zählt zu den Zeiten des *Indikatif* und ersetzt in bestimmten Fällen das *Futur*. Es kann nicht mit dem deutschen Konjunktiv gleichgesetzt werden.

conditionnel présent

8.1 Formen des *Conditionnel présent*

Das *Conditionnel présent* wird nach denselben Regeln gebildet wie das *Futur simple*. Für die regelmäßigen und die unregelmäßigen Verben gilt derselbe Stamm wie beim *Futur simple*. Beide Zeiten unterscheiden sich nur in den Endungen voneinander.

Die Endungen des *Conditionnel présent* lauten:
-rais, -rais, -rait, -rions, -riez, -raient.

Sie erinnern an die Endungen des *Imparfait*. Das *Conditionnel présent* ist aber gut am charakteristischen *r* erkennbar.

1ère conjugaison

1. Konjugation: Verben auf *-er*

Der Stamm der Verben auf *-er* entspricht der 1. Person Singular *Présent*. An ihn werden die oben genannten Endungen des *Conditionnel présent* angefügt.
Das Beispielverb *parler* wird so konjugiert:

parler

	Singular	Plural
1. Person	je parle**rais**	nous parle**rions**
2. Person	tu parle**rais**	vous parle**riez**
3. Person	il/elle/on parle**rait**	ils/elles parle**raient**

Si tu me promettais de garder le silence, je te parlerais de l'affaire au ministère.

verbes en -eler/ -eter

Die Verben auf *-eler* und *-eter*, auch *appeler* und *jeter*, sowie *espérer* und *préférer* nach der neuen Rechtschreibung, leiten ihre Form wie im *Futur simple* und wie alle anderen regelmäßigen Verben der 1. Konjugation von der 1. Person Singular des *Présent* ab:

Infinitif	1. Ps. Sg. Prés.	1. Ps. Sg. Cond.
peler	je pèle	je pèlerais
acheter	j'achète	j'achèterais
appeler	j'appelle	j'appellerais
jeter	je jette	je jetterais
espérer	j'espère	j'espèrerais
préférer	je préfère	je préfèrerais

J'achèterais bien un nouvel ordinateur, mais je n'ai pas assez d'argent.

Die Endungen des *Conditionnel présent* bleiben stets die gleichen, selbst wenn sich im Stamm des Verbs etwas ändert. Der Stamm bleibt im *Conditionnel présent* wie im *Futur simple* in allen Personen konstant.

Il ne jetterait jamais les photos de son enfance.

Die Verben *aller* und *envoyer* stellen wie im *Futur simple* die zwei Ausnahmen der 1. Konjugation dar. Der Stamm ist derselbe wie im *Futur simple*, man erkennt das *Conditionnel présent* nur an der Endung.

J'irais me promener s'il ne tombait pas des cordes.
S'ils habitaient dans la même ville que nous, nous ne leur enverrions pas de paquets aussi souvent.

2ème conjugaison

2. Konjugation: Verben auf *-ir*

Die Verben der 2. Konjugation vom Typ *finir* haben im *Conditionnel présent* dieselben Endungen wie die Verben auf *-er*.

Der Stamm für das *Conditionnel présent* der Verben auf *-ir* entspricht dem Infinitiv ohne *-r*. Die Stammerweiterung mit *-iss-* findet im *Conditionnel présent* nicht statt.

Das Verb *finir* hat den Stamm *fini-*. An diesen werden die Endungen des *Conditionnel* angehängt:

finir

	Singular	Plural
1. Person	je fini**rais**	nous fini**rions**
2. Person	tu fini**rais**	vous fini**riez**
3. Person	il/elle/on fini**rait**	ils/elles fini**raient**

Je finirais mes devoirs de maths plus vite si cette matière m'intéressait.

verbes irréguliers

Unregelmäßige Verben

Die Verben, die nicht zu den beiden Konjugationsgruppen zählen, werden zum großen Teil wie die Verben der 2. Konjugation konjugiert. Die Endungen bleiben auf jeden Fall stets gleich.

verbes en -ir

Bei den Verben auf *-ir* vom Typ *partir* und *ouvrir* werden die Endungen des *Conditionnel présent* an den Infinitiv ohne *-r* angehängt.

Diese Grundregel gilt für den Großteil der Verben auf *-ir*. Im Beispiel wird das Verb *partir* konjugiert:

partir

	Singular	Plural
1. Person	je partirais	nous partirions
2. Person	tu partirais	vous partiriez
3. Person	il/elle/on partirait	ils/elles partiraient

Nous partirions dès demain si le temps restait mauvais.

Courir, mourir, tenir und *venir* bilden auch im *Conditionnel présent* die Ausnahme:

courir, mourir, tenir, venir

Infinitif	1. Ps. Sg. Prés.	1. Ps. Sg. Cond.
courir	je cours	je courrais
mourir	je meurs	je mourrais
tenir	je tiens	je tiendrais
venir	je viens	je viendrais

Elle mourrait de faim si son mari ne savait pas tellement bien cuisiner.
Il m'avait dit qu'il viendrait à Paris.

Bei den Verben, die auf *–dre*, *–indre* oder *–re* enden, werden die Endungen an den Infinitiv ohne *–re* angefügt: *attendre* → *attend–* + Endungen des *Conditionnel*.

attendre

	Singular	Plural
1. Person	j'attendrais	nous attendrions
2. Person	tu attendrais	vous attendriez
3. Person	il/elle/on attendrait	ils/elles attendraient

Il l'attendrait pendant toute sa vie.

plaire

	Singular	Plural
1. Person	je plairais	nous plairions
2. Person	tu plairais	vous plairiez
3. Person	il/elle/on plairait	ils/elles plairaient

L'appartement me plairait s'il était plus ensoleillé.

Faire mit dem Stamm *fe–* stellt auch beim *Conditionnel présent* eine Ausnahme innerhalb der Verben auf *–re* dar.

Tu m'avais promis que nous ferions le tour du monde.

Verben auf *–oir*

verbes en –oir

Bei den Verben, die auf *–oir* enden, verändert sich der Stamm, an den die Endungen angehängt werden. Man kann ihn nicht aus einer bestimmten anderen Form ableiten. Das Verb *voir* z. B. wird mit diesen Formen konjugiert:

voir

	Singular	Plural
1. Person	je verrais	nous verrions
2. Person	tu verrais	vous verriez
3. Person	il/elle/on verrait	ils/elles verraient

Je verrais mieux si l'homme devant moi était moins grand.

Die Formen einiger anderer Verben auf *-oir* sind in der Tabelle mit ihrem Infinitiv und der 1. Person Singular im *Conditionnel présent* aufgeführt. Die Formen der anderen Personen kann man aus dieser 1. Person ableiten:

Infinitif	1. Ps. Sg. Cond. présent
devoir	je devrais
pouvoir	je pourrais
recevoir	je recevrais
savoir	je saurais
vouloir	je voudrais

Pourriez-vous ouvrir la fenêtre, s'il vous plait ?

conditionnel passé

8.2 Formen des *Conditionnel passé*

Das *Conditionnel passé* ist eine zusammengesetzte Form.

Es setzt sich aus einer im *Conditionnel présent* konjugierten Form des Hilfsverbs *être* oder *avoir* und dem *Participe passé* des Verbs zusammen.

Mit welchem der beiden Hilfsverben das Verb steht, dafür gelten dieselben Regeln wie beim *Passé composé*.
In der Tabelle sind die beiden Verben *venir* und *demander* im *Conditionnel passé* in allen Personen konjugiert.

venir, demander

Cond. passé : être	Cond. passé : avoir
je serais venu(e)	j'aurais demandé
tu serais venu(e)	tu aurais demandé
il/elle/on serait venu(e)	il/elle/on aurait demandé
nous serions venu(e)s	nous aurions demandé
vous seriez venu(e)s	vous auriez demandé
ils/elles seraient venu(e)s	ils/elles auraient demandé

Ils auraient demandé leur chemin à quelqu'un s'ils parlaient la langue du pays.

8.3 Gebrauch des *Conditionnel*

emploi

Das *Conditionnel* zählt zu den Zeiten des *Indicatif*, hat aber in bestimmten Fällen auch modale Funktionen. Es ist in konditionalen *Si*-Sätzen nötig und folgt dort, wie in der indirekten Rede, den Regeln der Zeitenfolge.
(S. dazu auch „Indirekte Rede/Frage" im Kapitel „Satz")

Conditionnel présent

conditionnel présent

futur du passé

Das *Conditionnel présent* wird zum einen als das *Futur* der Vergangenheit betrachtet. Besonders deutlich sieht man das in der indirekten Rede, wenn die Einleitungsfloskel in der Vergangenheit steht. Dort übernimmt das *Conditionnel* die Funktion des *Futur*.

Il y a trois heures, Sophie a dit qu'elle reviendrait dans une heure.

discours indirect libre

Auch in der erlebten Rede, dem *discours indirect libre*, wird das *Conditionnel* verwendet, um anzuzeigen, dass die Gedanken von jemand anderem wiedergegeben werden. Bei der erlebten Rede stehen keine Einleitungsformeln wie *elle a dit que* oder *elle a répondu que* vor der Aussage. Diese Technik ist durch Flauberts Roman *Madame Bovary* berühmt geworden.

Dans trois ans, il la quitterait et se chercherait une femme plus jeune qu'elle.

fait hypothétique ou imaginaire

Das *Conditionnel présent* dient des Weiteren dazu anzuzeigen, dass die vorgebrachten Fakten bloß erdacht und spekulativer Natur sind. Es bezieht sich dabei auf Fakten in der Gegenwart oder in der Zukunft. Auf diese Weise wird das *Conditionnel* gerne in der Presse verwendet, um anzudeuten, dass der Inhalt der Aussage von jemand anderem stammt und keine Garantie für ihren Wahrheitsgehalt übernommen wird.

Un deuxième tour aux élections législatives pourrait avoir lieu.

devoir, pouvoir, vouloir

Stehen Verben wie *devoir*, *pouvoir* oder *vouloir* im *Conditionnel présent*, so bedeutet dies, dass die Verwirklichung des Gesagten angezweifelt wird, aber möglich ist.

Tu devrais t'acheter une nouvelle voiture. La tienne est trop vieille.

souhait, politesse

Das *Conditionnel* wird außerdem verwendet, um einen Wunsch oder eine höfliche Bitte auszudrücken.

J'aimerais visiter le Sénégal.
Je voudrais trois kilos de tomates, s'il vous plait.

conditionnel passé

Conditionnel passé

Das *Conditionnel passé* erfüllt dieselben Aufgaben wie das *Conditionnel présent*, nur eben auf die Vergangenheit bezogen.

discours indirect

concordance des temps

In der indirekten Rede wird das *Conditionnel passé* verwendet, um Zukünftiges, das auf einen Moment in der Vergangenheit Bezug nimmt, auszudrücken. Der Gebrauch des *Conditionnel passé* folgt dabei den Regeln der Zeitenfolge. Wenn der Einleitungssatz im *Plus-que-parfait* steht, wird die indirekte Rede im *Conditionnel passé* wiedergegeben.

Sophie avait dit qu'elle serait revenue dans trois heures.

Das *Conditionnel passé* signalisiert, dass man von einer Handlung oder einer Tatsache spricht, die möglich war, die aber nicht stattgefunden hat. Besonders häufig werden bei solchen Aussagen Verben wie *devoir*, *pouvoir* oder *vouloir* benutzt.

Tu aurais pu m'en parler plus tôt !

fait irréel ou imaginaire

Außerdem benutzt man das *Conditionnel passé* zum Ausdruck des Irrealen, des Imaginären und bloß theoretisch Vorgestellten in Bezug auf die Vergangenheit. Das *Conditionnel présent* drückt Mögliches aus, das *Conditionnel passé* ist für das Unmögliche zuständig.

À ta place, je n'aurais pas acheté tellement d'actions de cette entreprise. Elle pourrait faire faillite.

Auf einen Blick: Zeiten des *Indicatif*

Présent

- 1. Konjugation: Verben auf *-er*:

	Singular	Plural
1. Person	je parle	nous parlons
2. Person	tu parles	vous parlez
3. Person	il/elle/on parle	ils/elles parlent

- 2. Konjugation: Verben auf *-ir* wie *finir*:

	Singular	Plural
1. Person	je finis	nous finissons
2. Person	tu finis	vous finissez
3. Person	il/elle/on finit	ils/elles finissent

- Verben auf *-ir* wie *partir*:

	Singular	Plural
1. Person	je pars	nous partons
2. Person	tu pars	vous partez
3. Person	il/elle/on part	ils/elles partent

- Verben auf *-ir* wie *ouvrir*:

	Singular	Plural
1. Person	j'ouvre	nous ouvrons
2. Person	tu ouvres	vous ouvrez
3. Person	il/elle/on ouvre	ils/elles ouvrent

- Verben auf *-oir* wie *recevoir*:

	Singular	Plural
1. Person	je reçois	nous recevons
2. Person	tu reçois	vous recevez
3. Person	il/elle/on reçoit	ils/elles reçoivent

- Verben auf *-dre* wie *attendre*:

	Singular	Plural
1. Person	j'attends	nous attendons
2. Person	tu attends	vous attendez
3. Person	il/elle/on attend	ils/elles attendent

- Verben auf *-indre* wie *craindre*:

	Singular	Plural
1. Person	je crains	nous craignons
2. Person	tu crains	vous craignez
3. Person	il/elle/on craint	ils/elles craignent

- Verben auf *-re*: viele Unregelmäßigkeiten; Beispiel *conduire*:

	Singular	Plural
1. Person	je conduis	nous conduisons
2. Person	tu conduis	vous conduisez
3. Person	il/elle/on conduit	ils/elles conduisent

Imparfait

- Ableitungsbasis bei allen Verben: 1. Person Plural des *Présent*
- Endungen: *-ais*, *-ais*, *-ait*, *-ions*, *-iez*, *-aient*

	Singular	Plural
1. Person	je regardais	nous regardions
2. Person	tu regardais	vous regardiez
3. Person	il/elle/on regardait	ils/elles regardaient

- Tempus der Vergangenheit für: Zustände, Hintergrundhandlungen, Gewohnheitshandlungen, Beschreibungen
- undefinierte Dauer in der Vergangenheit

Passé composé

- konjugierte Form von *être*/*avoir* im Präsens + *Participe passé*
  je suis venu(e), j'ai demandé
- *Passé composé* mit *avoir*: transitive Verben, Verben der Bewegungsart; *Participe passé* ist unveränderlich, richtet sich aber nach dem COD, wenn dieses vor dem Verb steht
- *Passé composé* mit *être*: manche intransitive Verben, reflexive Verben, Verben der Bewegungsrichtung
  Participe passé richtet sich immer nach dem Subjekt
- Tempus der Vergangenheit für: Handlungsstrang, aufeinanderfolgende Ereignisse, neu beginnende Ereignisse, einmalige Handlungen, zeitlich begrenzte punktuelle Handlungen, Handlungen, die bis in die Gegenwart wirken

Passé simple

- Endungen in der 3. Person Singular/Plural:
  Verben auf *-er*: *-a*/*-èrent*
  restliche Verben: *-it*/*-irent* oder *-ut*/*-urent*
  tenir und *venir*: *-int*/*-inrent*

Infinitiv	3. Person Singular	3. Person Plural
regarder	il/elle/on regarda	ils/elles regardèrent
finir	il/elle/on finit	ils/elles finirent
partir	il/elle/on partit	ils/elles partirent
vouloir	il/elle voulut	ils/elles voulurent
craindre	il/elle/on craignit	ils/elles craignirent
prendre	il/elle/on prit	ils/elles prirent
faire	il/elle/on fit	ils/elles firent
lire	il/elle/on lut	ils/elles lurent

- nur geschrieben verwendet
- ersetzt in literarischen Texten die Funktionen des *Passé composé* ohne den Gegenwartsbezug

Plus-que-parfait

- konjugierte Form von *avoir*/*être* im *Imparfait* + *Participe passé*
  j'étais venu(e), j'avais demandé
- Vorvergangenheit zur Vergangenheit

Futur simple

- Endungen bei allen Verben: *-rai, -ras, -ra, -rons, -rez, -ront*
- Ableitungsbasis für die Verben auf *-er*: 1. Person Singular des *Présent* (*parle-*)

	Singular	Plural
1. Person	je parlerai	nous parlerons
2. Person	tu parleras	vous parlerez
3. Person	il/elle/on parlera	ils/elles parleront

- Ableitungsbasis für die Verben auf *-ir*: Infinitiv ohne *-r* (*fini-*, *parti-*, *ouvri-*)

	Singular	Plural
1. Person	je finirai	nous finirons
2. Person	tu finiras	vous finirez
3. Person	il/elle/on finira	ils/elles finiront

- Ableitungsbasis für die Verben auf *–re*, *–dre*, *–indre*: Infinitiv ohne *–re* (*li–*, *attend–*, *craind–*)

	Singular	Plural
1. Person	j'attendrai	nous attendrons
2. Person	tu attendras	vous attendrez
3. Person	il/elle/on attendra	ils/elles attendront

- Sonderformen: *aller* → *j'irai*, *courir* → *je courrai*, *mourir* → *je mourrai*, *venir* → *je viendrai*, *devoir* → *je devrai*, *pouvoir* → *je pourrai*, *savoir* → *je saurai*, *voir* → *je verrai*, *faire* → *je ferai*
- Ausdruck der Zukunft, auch entfernte Zukunft

Futur proche

- konjugierte Form von *aller* im *Présent* + Infinitiv des Vollverbs

	Singular	Plural
1. Person	je vais faire	nous allons faire
2. Person	tu vas faire	vous allez faire
3. Person	il/elle/on va faire	ils/elles vont faire

- Ausdruck der unmittelbaren Zukunft

Conditionnel présent

- Endungen bei allen Verben: *–rais*, *–rais*, *–rait*, *–rions*, *–riez*, *–raient*
- Ableitungsbasis wie bei *Futur simple*

	Singular	Plural
1. Person	je parlerais	nous parlerions
2. Person	tu parlerais	vous parleriez
3. Person	il/elle/on parlerait	ils/elles parleraient

- die Unregelmäßigkeiten der Verben, die im Futur auftauchen, gelten genauso für das *Conditionnel présent* (*je courrais*, *je saurais*, *je verrais*, etc.)
- Gebrauch: Futur der Vergangenheit, indirekte Rede, erlebte Rede, spekulative Aussagen, Zweifel an der Verwirklichung des Gesagten, Wunsch oder höfliche Bitte

Conditionnel passé

- konjugierte Form von *avoir*/*être* im *Conditionnel présent* + *Participe passé* (*je serais venu(e)*, *j'aurais demandé*)
- Gebrauch: irreale Aussagen, nicht realisierte Möglichkeiten, indirekte Rede

Subjonctif und *Impératif*

Subjonctif und *Impératif* („Imperativ") zählen neben dem *Indicatif* zu den konjugierbaren Modi des Französischen. Das heißt, in diesen Modi verändern sich die Verben je nach Person, Numerus und Tempus.

Der *Subjonctif* steht im Französischen häufig automatisch nach bestimmten Wörtern und Wendungen. Meist drückt er Zweifel und Distanznahme zum Inhalt der Aussage aus.

Mit dem *Impératif* kann man wie im Deutschen auffordernde Äußerungen machen und Befehle erteilen.

subjonctif

1 *Subjonctif*

Der *Subjonctif* ist ein für romanische Sprachen typischer Modus, der im Deutschen keine Entsprechung hat. Der Gebrauch des *Subjonctif* wird durch bestimmte Verben, Adjektive und Ausdrücke festgelegt. In der deutschen Übersetzung des *Subjonctif* benutzt man meist den Indikativ.

formes

1.1 Formen

Es gibt den Subjonctif im Präsens (*Subjonctif présent*) und in der Vergangenheit (*Subjonctif passé*). In anspruchsvollen literarischen Texten können auch das *Imparfait* und das *Plus-que-parfait* des *Subjonctif* vorkommen. Diese Formen werden hier jedoch nicht vorgestellt, da sie selbst in literarischen Texten sehr selten verwendet werden und in der gesprochenen Sprache so gut wie nie. Das Futur gibt es als Tempus im *Subjonctif* nicht, je nach Kontext drückt der *Subjonctif* dennoch Zukünftiges aus.

subjonctif présent

Die Formen des *Subjonctif présent*

Die Bildung des *Subjonctif présent* geschieht bei den meisten Verben regelmäßig.

> Als Ableitungsbasis dient immer der Verbstamm, so wie er in der 3. Person Plural im *Indicatif Présent* ohne die Endung *-ent* vorliegt.

Besonderheiten bestehen nur in der 1. und 2. Person Plural bei den Verben, die schon im *Présent* von den anderen Personen abweichende Formen haben (*je prends, nous prenons*).

> Die Endungen sind bei allen Verben stets die gleichen und stellen eine Mischung aus den Endungen des *Présent* und des *Imparfait* dar:
> *-e, -es, -e, -ions, -iez, -ent.*

1ère conjugaison

1. Konjugation: Verben auf –*er*

Bei einem Verb der 1. Konjugation wie *parler* lautet die 3. Person Plural im *Présent ils/elles parlent*. Der Stamm heißt also *parl–*. An diesen werden die oben genannten Endungen angefügt, so dass das Verb wie in der folgenden Tabelle konjugiert wird. Oft wird vor die Verbform ein *que* geschrieben, um zu verdeutlichen, dass der *Subjonctif* in den meisten Fällen in einem von *que* eingeleiteten Nebensatz auftaucht.

parler

	Singular	Plural
1. Person	que je parle	que nous parlions
2. Person	que tu parles	que vous parliez
3. Person	qu'il/elle/on parle	qu'ils/elles parlent

Il faut que je te parle en tête à tête.

Wie man an den Verbformen des *Subjonctif présent* in der 1. Konjugation sieht, ist bei den Personen des Singular und bei der 3. Person Plural kein Unterschied zum *Indicatif Présent* zu erkennen. Die 1. und die 2. Person Plural gleichen den Formen des *Imparfait*.

Bei den Verben, die im *Présent* zwei Stämme haben – wie z. B. *acheter, lever, espérer* – ist zu beachten, dass die Formen der 1. und 2. Person Plural im *Subjonctif présent* die gleichen Änderungen aufweisen wie im *Présent*.

Diese endungsbetonten Formen sind äußerlich den Formen des *Imparfait* gleich, während die stammbetonten mit den Formen des *Présent* identisch sind. Am Beispiel *acheter* kann man diesen Wechsel in den Formen erkennen:

acheter

	Singular	Plural
1. Person	que j'achète	que nous achetions
2. Person	que tu achètes	que vous achetiez
3. Person	qu'il/elle/on achète	qu'ils/elles achètent

Il faut que nous achetions de la farine pour faire ce gâteau au chocolat.

2ème conjugaison

2. Konjugation: Verben auf *–ir*

Bei einem Verb der 2. Konjugation vom Typ *finir* wird der Stamm ebenfalls von der 3. Person Plural des *Indicatif Présent* abgeleitet, so dass die Stammerweiterung mit *–iss–* in den *Subjonctif présent* übernommen wird (*ils/elles finissent*).

Die Formen des Verbs *finir* sehen im *Subjonctif présent* folgendermaßen aus:

	Singular	Plural
1. Person	que je finisse	que nous finissions
2. Person	que tu finisses	que vous finissiez
3. Person	qu'il/elle/on finisse	qu'ils/elles finissent

Il faut que je finisse à trois heures parce que j'ai rendez-vous avec Nathalie.

verbes en –ir, –dre, –indre

Verben auf *–ir, –dre* und *–indre*

Auch Verben dieser Gruppen leiten ihre *Subjonctif*-Formen von der 3. Person Plural des *Présent* ab.

In der Tabelle sind die für den *Subjonctif présent* maßgeblichen Verbstämme zu sehen, wie sie von der 3. Person Plural des *Présent* abgeleitet werden können:

Infinitiv	3. Ps. Pl. présent	Stamm Subj. prés.
partir	ils/elles partent	part–
ouvrir	ils/elles ouvrent	ouvr–
craindre	ils/elles craignent	craign–
attendre	ils/elles attendent	attend–
prendre	ils/elles prennent	prenn–

verbes en –re

Verben auf *–re*

Es gilt zu beachten, wie das Verb im *Présent* konjugiert wird. Hat das Verb im *Présent* bereits zwei Stämme, so behält es diese auch im *Subjonctif présent*. Im Beispiel ist das Verb *boire* konjugiert:

boire

	Singular	Plural
1. Person	que je boive	que nous buvions
2. Person	que tu boives	que vous buviez
3. Person	qu'il/elle/on boive	qu'ils/elles boivent

Je doute que nous buvions du vin rouge de qualité.

Verben auf *-oir*

verbes en -oir

Die Verben auf *-oir* vom Typ *recevoir* fallen ebenfalls nicht aus dem Rahmen. Sie werden in den stammbetonten Formen mit dem Verbstamm des *Présent* gebildet und nehmen in den endungsbetonten Formen die Formen des *Imparfait* an.

recevoir

	Singular	Plural
1. Person	que je reçoive	que nous recevions
2. Person	que tu reçoives	que vous receviez
3. Person	qu'il/elle/on reçoive	qu'ils/elles reçoivent

Die modalisierenden Verben *devoir*, *pouvoir* und *vouloir* allerdings haben zwar die gleichen Endungen wie die anderen Verben, jedoch verändert sich der Stamm:

devoir, pouvoir, vouloir

Infinitiv	1. Ps. Sg. Subjonctif prés.
devoir	que je doive
pouvoir	que je puisse
vouloir	que je veuille

Ausnahmen

exceptions

Auch sonst gibt es einige Verben, die im *Subjonctif présent* Sonderformen annehmen. Hierzu gehören unter anderem folgende Verben:

- *aller* → *que j'aille*
- *faire* → *que je fasse*
- *savoir* → *que je sache*
- *valoir* → *que je vaille*

Je ne pense pas qu'il fasse nuit avant 21 heures aujourd'hui.

Die Formen des *Subjonctif passé*

subjonctif passé

Der *Subjonctif passé* ist eine zusammengesetzte Form.

Man bildet den *Subjonctif passé* aus einem der beiden Hilfsverben *être* oder *avoir* im *Subjonctif présent* und dem *Participe passé* des Vollverbs.

venir/demander

Subjonctif passé : être	Subjonctif passé : avoir
que je sois venu(e)	que j'aie demandé
que tu sois venu(e)	que tu aies demandé
qu'il/elle/on soit venu(e)	qu'il/elle/on ait demandé
que nous soyons venu(e)s	que nous ayons demandé
que vous soyez venu(e)s	que vous ayez demandé
qu'ils/elles soient venu(e)s	qu'ils/elles aient demandé

emploi

1.2 Gebrauch

Der *Subjonctif* ist im Unterschied zum *Indicatif* ein Modus, der anzeigt, dass die übermittelte Information aus der Perspektive des Sprechers unsicher ist oder nicht stimmt.

Wichtig ist, sich den jeweiligen Satz genau anzusehen und zu verstehen, welche Verben und Ausdrücke den *Subjonctif* auslösen. Wenn die Information, die im Nebensatz gegeben wird, durch den Hauptsatz eingeschränkt wird, sei es durch Zweifel, Ablehnung oder wertende Stellungnahme, so ist dies ein Indiz dafür, dass im Nebensatz der *Subjonctif* erscheinen muss. Der Sprecher distanziert sich damit von seiner eigenen Aussage.

Der *Subjonctif* steht meist nach ganz bestimmten Verben und Ausdrücken, die man auch einfach auswendig lernen könnte. Doch es hilft ungemein, sich die Bedeutung des *Subjonctif* genau vor Augen zu führen, um ihn leichter anwenden zu können.

Der *Subjonctif* steht nach *que* im dass-Satz, wenn bestimmte Verben und Ausdrücke vorangehen, im Adverbialsatz nach bestimmten Konjunktionen, aber auch im Relativsatz in Verbindung mit Superlativen oder zum Ausdruck einer gewünschten Eigenschaft.

propositions subordonnées complétives avec que

Subjonctif in dass-Sätzen

Dass-Sätze sind Nebensätze, die ein Verb ergänzen, z. B. „ich denke, dass ...". Im Französischen werden sie mit *que* eingeleitet. Nach diesem *que* steht im Nebensatz in sehr vielen Fällen der *Subjonctif*.

In Haupt- und Nebensatz muss jeweils ein unterschiedliches Subjekt vorhanden sein. Sonst tritt an die Stelle des *que*-Satzes eine Infinitivkonstruktion.

Je ne crois pas qu'il puisse venir demain. Il est malade.
Je ne crois pas pouvoir venir demain. Je suis malade.

il faut que

Eine Wendung kann man sich gleich besonders merken, weil sie sehr häufig vorkommt und nach ihr immer der *Subjonctif* steht: *il faut que*.

Il faut que j'aille chez le dentiste demain.

Ins Deutsche wird dieser Satz einfach mit dem Indikativ übersetzt: „Ich muss morgen zum Zahnnarzt gehen."
Verben und unpersönliche Ausdrücke, die den *Subjonctif* nach *que* verlangen, lassen sich grob in fünf inhaltliche Kategorien einteilen.

Nicht denken, nicht glauben, nicht meinen

ne pas penser, ne pas croire, ne pas dire

Besonders anschaulich lässt sich der Unterschied zwischen Sätzen im *Indicatif* und solchen im *Subjonctif* an Verben des Sagens, Meinens, Denkens und Wissens aufzeigen.

Der Subjonctif steht nach:
- *ne pas croire que*
- *ne pas penser que*

Der Indicatif steht nach:
- *croire que*
- *penser que*

négation

Bei verneintem Denken, Meinen oder Glauben steht stets der *Subjonctif* nach *que*, weil die Aussage, die nach dem *que* kommt, vom Sprecher selbst bezweifelt wird. Der Hauptsatz schränkt also die Bedeutung des Nebensatzes ein.

Je ne crois pas qu'il aille en Amérique.
Je ne pense pas qu'elle puisse connaitre la réponse.

affirmation

Werden diese Verben nicht verneint, steht der *Indicatif*, da im Haupt- und Nebensatz sozusagen dieselbe Meinung ausgedrückt wird. Der Sprecher stimmt seiner eigenen Aussage zu. Es ist zwar möglich, dass die Information falsch ist, aber für den Sprecher ist sie zumindest im Moment der Aussage richtig.

Je pense qu'elle peut connaitre la réponse.

Nach den Verben des Wissens, Sagens und Urteilens steht der *Indicatif*, da mit ihnen eine Übereinstimmung von Meinung des Sprechers und Aussage des Nebensatzes besteht:

- *savoir que*
- *dire que*
- *prétendre que*
- *jurer que*

Je sais que tu n'as pas assez travaillé pour l'examen.

Werden diese Verben allerdings negativ mit *ne ... pas* gebraucht, kann nach ihnen auch der *Subjonctif* stehen. Auf diese Weise distanziert sich wieder der Sprecher vom Wahrheitsgehalt der Aussage hinter dem *que*.

Je ne prétends pas que le temps soit beau.

exprimer un sentiment, juger

Gefühle äußern, bewerten

Bei Sätzen, die eine gefühlsmäßige Bewertung ausdrücken, steht das Verb im *que*-Satz meist im *Subjonctif*. Hier handelt es sich um eine subjektive Bewertung der Information oder um die Mitteilung eines Gefühlszustandes. Dadurch wird der Inhalt eines Satzes modalisiert.

- *avoir honte que*
- *craindre que*
- *détester que*
- *s'inquiéter que*
- *regretter que*

Je crains que vous ratiez votre train.

trouver + adjectif + que

Kombinationen aus *trouver* und einem Adjektiv verlangen ebenfalls den *Subjonctif* im *que*-Satz:

- *trouver bien que*
- *trouver mal que*
- *trouver terrible que*
- *trouver drôle que*
- *trouver amusant que*

Trouver bedeutet dann „erachten als" und fällt in die Kategorie des Bewertens.

Je trouve bien qu'il fasse tellement chaud dehors.

Trouver que allein, ohne ein Adjektiv, steht mit dem *Indicatif*, da hier keine Bewertung abgegeben, sondern lediglich eine Meinung wiedergegeben wird, die keinen Einfluss auf die Information hat.

Je trouve que ta coiffure était mieux avant.

tournures impersonnelles

Des Weiteren gibt es viele Adjektive, die in Kombination mit dem Verb *être* Gefühlszustände ausdrücken. Mit diesen Adjektiven nimmt der Sprecher Einfluss auf die weitere Aussage des Satzes und teilt seine Reaktion oder Ansicht auf eine Sachlage mit.

Nach folgenden mit *être* gebrauchten Adjektiven steht der *Subjonctif*:

- *être étonné(e) que*
- *être surpris(e) que*
- *être fâché(e) que*
- *être fier (fière) que*
- *être flatté(e) que*
- *être heureux(se) que*
- *être ravi(e) que*
- *être indigné(e) que*
- *être satisfait(e) que*
- *être triste que*

Elle est triste que vous partiez en vacances sans elle.
Nous sommes étonnées qu'il apprenne tellement vite.

Es gibt auch eine Reihe an unpersönlichen Ausdrücken, die in den Bereich der Gefühlsäußerungen und Beurteilungen fallen und die den *Subjonctif* auslösen.

Der *Subjonctif* steht unter anderem nach:

- *il est étonnant que*
- *il est incompréhensible que*
- *il est nécessaire que*

Diese Begriffe werden als Einleitungsformeln benutzt, nach der die bewertete Aussage steht.

Il est étonnant que ce pull soit tellement bon marché.

proposer, refuser, empêcher

Vorschlagen, ablehnen, verhindern

In dieser Gruppe lassen sich alle Verben und Ausdrücke versammeln, die etwas mit der persönlichen Reaktion auf einen Sachverhalt zu tun haben. Auch hier handelt es sich um emotionale und subjektive Stellungnahmen zu einer Aussage. Der Modus im *que*-Satz ist in diesem Fall der *Subjonctif.*

Mit den folgenden Verben drückt man Ablehnung aus, möchte etwas verhindern oder jemand zustimmen:

- *proposer que*
- *refuser que/s'opposer à ce que/désapprouver que*
- *accepter que/être d'accord pour que/approuver que*
- *empêcher que/éviter que*
- *tolérer que/supporter que*

Diese Verben kann man sich auch gut in Gegensatzpaaren wie *refuser que – accepter que* merken.

Le suspect refuse qu'on prenne ses empreintes.
Le suspect accepte qu'on prenne ses empreintes.

vouloir, souhaiter, interdire

Wollen, wünschen, verbieten

Diese Kategorie von Verben und Ausdrücken lässt sich mit „(nicht) wollen" am besten zusammenfassen.

Es sind Verben, die ein Wünschen ausdrücken, aber eben auch ein Verbieten. Wichtig ist hier wieder die betonte Subjektivität der Mitteilung: Die Aussage wird nicht nur übermittelt, sondern es wird ein bestimmter Wunsch oder eine bestimmte Anordnung ausgedrückt.

Zu den Verben des Wollens, Wünschens und Verbietens, die den *Subjonctif* nach sich ziehen, gehören:

- *vouloir que – ne pas vouloir que*
- *désirer que/souhaiter que*
- *j'aimerais que/avoir envie que*
- *permettre que*
- *interdire que/défendre que*
- *ordonner que/demander que/exiger que*

Ma mère souhaite qu'on lui dise toujours la vérité.
Le ministre demande que la presse soit immédiatement informée.

In der deutschen Übersetzung wird wiederum der Indikativ benutzt: „Der Minister bittet darum, dass die Presse unverzüglich informiert wird."

douter, contester

Bezweifeln, für unwahrscheinlich halten
Verben des Zweifelns erfordern ebenfalls zwingend den *Subjonctif* im *que*-Satz. Der Zweifel bewirkt etwas Ähnliches wie das Nicht-Denken, Nicht-Glauben, Nicht-Meinen (s. o.). Mit diesen Verben drückt man aus, dass „meiner Meinung nach das Gegenteil von dem, was ich sage, passieren wird".

Je ne crois pas qu'il vienne.
Je doute qu'il vienne.

Zu den Verben des Zweifelns, die den *Subjonctif* nach sich ziehen, gehören:
- *contester que*
- *douter que*
- *nier que*

tournures impersonnelles

In dieser Kategorie spielen unpersönliche Ausdrücke eine große Rolle. Neben dem Anzweifeln einer Wahrheit kann man sie auch für unwahrscheinlich, unmöglich oder wenig wahrscheinlich halten. Man kann sich einer Sache sicher oder unsicher sein, sie als einleuchtend empfinden oder sie als falsch ansehen.

Nach folgenden verneinten Ausdrücken steht meist der *Subjonctif*:
- *il n'est pas certain que*
- *il n'est pas clair que*
- *il n'est pas évident que*
- *il n'est pas exact que*
- *il n'est pas sûr que*
- *il n'est pas vrai que*

Il n'est pas certain que nous ayons perdu le match.

affirmation

Stehen diese Ausdrücke allerdings in bejahender Form ohne *ne … pas*, so folgt nach ihnen der *Indicatif*. Es handelt sich nun um Aussagen, die Tatsachen beschreiben.

Il est exact que notre équipe va être reléguée à la dernière place.

improbabilité

Bei Äußerungen über die Wahrscheinlichkeit einer Information reicht die Skala der Ausdrücke von unwahrscheinlich über wenig wahrscheinlich und von möglich bis zu unmöglich.

Diese Ausdrücke stehen mit dem *Subjonctif*:

- *il est improbable que*
- *il est peu probable que*
- *il est possible que*
- *il est impossible que*

Il est improbable que nous ayons un Noël blanc cette année.

propositions subordonnées circonstancielles

Subjonctif in Adverbialsätzen

Adverbialsätze sind Nebensätze, die mit einer Konjunktion (Bindewort) eingeleitet werden. Sie haben die Funktion einer adverbialen Bestimmung. Je nachdem, welche Konjunktion im Adverbialsatz steht, muss der *Indicatif* oder der *Subjonctif* als Modus gewählt werden.
Es gibt verschiedene Typen von Adverbialsätzen, die nach ihrer Bedeutung unterteilt werden können.

Bei den Adverbialsätzen unterscheidet man:

- finale (Zweck),
- kausale (Grund),
- konditionale (Bedingung),
- konsekutive (Folge),
- konzessive (Einschränkung),
- modale (Art und Weise),
- temporale (zeitlich).

proposition de but

Mit einem finalen Nebensatz teilt man mit, was man mit einer Handlung bezweckt. Der Modus im finalen Nebensatz ist generell der *Subjonctif*.

Il l'appelle chaque jour pour qu'elle ne se sente pas trop seule.

Bei der Konjunktion *pour que* müssen die Subjekte von Haupt- und Nebensatz verschieden sein. Sonst wird der Satz mit einem *Infinitiv* gebildet.

Il s'entraine chaque jour pour participer aux Jeux Olympiques.

In einem kausalen Adverbialsatz steht der *Indicatif.* Man verwendet solche Nebensätze, um den Grund oder die Ursache eines Verhaltens anzugeben.

proposition de cause

Il veut passer le reste de sa vie avec elle parce qu'il l'aime beaucoup.

Mit konditionalen Adverbialsätzen drückt man Bedingungen aus. Solche Sätze werden auch „*Si*-Sätze" oder auf Deutsch „Wenn-Dann-Sätze" genannt. Solange kein que vorkommt, steht der *Indicatif* im Nebensatz. Es gibt allerdings einige konditionale Konjunktionen, nach denen der *Subjonctif* folgt.

proposition de condition

Si tu ne me dis pas toute de suite la vérité, je te quitterai.

Die konsekutiven Nebensätze stehen im *Indicatif.* Sie beschreiben die Folge einer Handlung.

proposition de conséquence

Il a trop mangé de sorte qu'il n'arrive presque plus à bouger.

Konzessive Nebensätze schränken ein. Sie widerlegen die Aussage des Hauptsatzes oder verbinden zwei Tatsachen miteinander, von denen man dies nicht erwartet hätte. Nach einer konzessiven Konjunktion steht meist der *Subjonctif.*

proposition de concession

Quoique le bébé de Nadja ne sache pas encore parler, il semble communiquer avec le monde.

Modale Adverbialsätze drücken die Art und Weise, das „Wie" einer Tatsache oder eines Vorgangs aus. Hier steht meist der *Indicatif* im Nebensatz.

proposition de manière

Il a fait un gâteau délicieux ainsi qu'il l'avait promis.

Mit temporalen Adverbialsätzen stellt man zeitliche Zusammenhänge her. Den allermeisten temporalen Konjunktionen folgt der *Indicatif.* Wenn die temporale Konjunktion allerdings die Vorzeitigkeit anzeigt, steht der *Subjonctif.*

proposition de temps

Depuis qu'elle vélo fait du, elle est en forme.
Je voudrais le voir avant qu'il parte en vacances.

conjonctions de subordination déclenchant de subjonctif

Konjunktionen mit *Subjonctif*

conjonctions de but

Die typischen finalen Konjunktionen lösen alle den *Subjonctif* aus.

final	
pour que	damit
afin que	damit
de peur que	damit nicht
de crainte que	damit nicht

Afin que und *de crainte que* gehören eher der geschriebenen Sprache an.

Nous allons d'abord préparer la sauce pour qu'elle puisse mijoter longtemps.
Je n'osais pas croiser son regard de peur/de crainte qu'il s'aperçoive de mon mensonge.

de cause

Kausale Nebensätze stehen im Indicatif. Nur bei *ce n'est pas que* folgt wegen der Verneinung der *Subjonctif.*

kausal	
ce n'est pas que ..., mais	nicht etwa dass ..., aber/sondern

Ce n'est pas que nous soyons en forme, mais nous avons gagné le match.

de condition

Auch in Konditionalsätzen überwiegt der *Indicatif.* Nach einigen Konjunktionen kann jedoch der *Subjonctif* stehen. Dies ist besonders bei Konjunktionen mit *que* der Fall.

konditional	
à condition que	unter der Bedingung, dass
pourvu que	vorausgesetzt, dass
à moins que	sofern nicht
pour peu que	wenn nur

Le gâteau réussit à condition qu'on y mette assez de levure.
Je vous achèterai une glace, pourvu que vous vous comportiez sagement.
Je viendrai vous voir ce soir, à moins que je me sente encore malade.
Pour peu que je gagne plus d'argent, j'achèterais toutes les chaussures de ce magasin.

de conséquence

Auf die konsekutiven Konjunktionen *de manière que* und *de façon que* folgt nur dann der *Subjonctif*, wenn die Folge des Vorgangs angezweifelt oder verneint wird, oder wenn es um eine beabsichtigte Folge geht.

konsekutiv	
de façon que	auf diese Weise, dass
de manière que	in der Art, dass

Il plaçait la chaise de manière qu'elle puisse facilement s'asseoir.
Il n'écrit pas de façon que je puisse le lire facilement.

de concession

Auf konzessive Konjunktionen folgt fast immer der *Subjonctif.*

konzessiv	
bien que	obwohl, obgleich
quoique	obwohl, obgleich
malgré que	obwohl, obgleich

Elle veut le divorce malgré qu'elle l'aime encore.
On va être capable de commander quelque chose à manger en Italie bien qu'on ne parle pas italien.

de temps

Auch wenn in temporalen Adverbialsätzen überwiegend der *Indicatif* steht, so gibt es doch einige Konjunktionen, nach denen der *Subjonctif* der richtige Modus ist – diejenigen, die die Vorzeitigkeit ausdrücken. Allerdings sieht man auch hinter der Präposition *après* que den *Subjonctif* statt des eigentlich richtigen *Indicatif*, in Analogie zur Konjunktion *avant que*.

temporal	
avant que	bevor
après que	nachdem
jusqu'à ce que	solange bis
en attendant que	in der Zeit bis

Avant que je puisse acheter la moto, le patron doit m'accorder une augmentation de salaire.
Après que le contrat soit signé/est signé, je commencerai à travailler.
Je resterai chez vous jusqu'à ce que le premier bus me ramène chez moi.
En attendant que le bus vienne, je regarde les vitrines.

sans que

Die Konjunktion *sans que* („ohne dass") ist schwer einzuordnen, löst aber auf jeden Fall den *Subjonctif* aus.

Il me comprend sans que je dise un mot.

conjonctions déclenchant l'indicatif

Konjunktionen mit *Indicatif*

In kausalen Nebensätzen steht meist der *Indicatif.* Hier wird etwas begründet, aber nichts eingeschränkt. Die Konjunktionen *comme*, *parce que* und *puisque* bedeuten alle „weil", *comme* kann jedoch nur am Satzanfang verwendet werden.

conjonctions de cause

kausal	
comme (am Satzanfang)	weil
parce que	weil
puisque	weil
étant donné que	in Anbetracht der Tatsache, dass

Comme j'ai une allergie aux agrumes, je ne mange ni oranges ni clémentines.
Louise se teint les cheveux, parce qu'/puisqu'elle n'aime pas leur couleur naturelle.
Étant donné qu'il est déjà très tard, nous allons rester à la maison au lieu de sortir.

de condition

Konditionale Nebensätze beginnen meist mit *si.* Schon weil es sich dabei um eine Konjunktion ohne *que* handelt, steht hier kein *Subjonctif.* Man muss in *Si*-Sätzen allerdings die

Zeitenfolge beachten (s. dazu auch „*Si*-Sätze" im Kapitel „Satz"). Nach der Konjunktion *au cas où* steht bevorzugt das *Conditionnel*.

konditional	
si	wenn
même si	selbst wenn
sauf si	außer wenn
au cas où	im Fall, dass

Si Jacques gagnait à la loterie, il s'achèterait une maison en Provence.
Même si je gagnais à la loterie, je n'arrêterais pas de travailler.
Je rentrerai vers 7 heures, sauf si les collègues vont boire un coup.
Appelez-moi au cas où la fièvre monterait encore.

Nach den konsekutiven Konjunktionen *de manière que* sowie *de façon que* steht der *Indicatif*, sofern sie tatsächlich geschehene Folgen ausdrücken.

de conséquence

konsekutiv	
de façon que	auf eine Weise, dass
de manière que	in der Art, dass
si bien que	so dass

J'ai préparé un repas végétarien de façon que tout le monde peut manger.
On a fait la fête le samedi de manière que tout le monde pouvait venir.
Il ne mange rien, si bien qu'il a perdu dix kilos en deux mois.

Auch die folgenden Konjunktionen stehen mit dem *Indicatif*. Sie haben konzessive, aber auch temporale Bedeutungen.

de concession /de temps

konzessiv (temporal)	
alors que	wo ... doch, während
tandis que	während, wohingegen
sauf que	außer, dass

Alors que hat eine zeitliche Bedeutung, weist aber auch auf einen Widerspruch hin.

Alors que le bilan du cyclone s'alourdit, il y a des États qui freinent les aides financières.

Die Konjunktion *tandis que* drückt die Gleichzeitigkeit, aber oft auch einen Gegensatz aus.

Tandis que je travaille déjà, il dort encore.

Mit *sauf que* schränkt man die Aussage ein, indem man ein Element vom Ganzen ausnimmt.

Nous avons passé de merveilleuses vacances, sauf que le temps était souvent mauvais.

de manière

In modalen Nebensätzen steht der *Indicatif.*

modal	
au fur et à mesure que	je (näher, weiter), nach und nach
ainsi que	(so) wie
comme	wie

Tu vas le connaitre mieux au fur et à mesure que le temps passe.
Je te donne les clés de mon appartement ainsi que je te l'avais promis.
Tu préfères le vin rouge au vin blanc, comme je sais.

de temps

Temporale Adverbialsätze stehen, vor allem, wenn sie die Gleich- oder Nachzeitigkeit ausdrücken, im *Indicatif.* Die gebräuchlichsten Konjunktionen sind in der Tabelle aufgelistet:

temporal	
quand	wenn, als
lorsque	wenn, als
dès que	sobald
aussitôt que	sobald
depuis que	seit
au moment où	in dem Augenblick, als
pendant que	während
tant que	solange wie
après que	nachdem

Quand je rentrais, le soleil se levait déjà.
Dès que j'aurai 18 ans, je passerai mon permis.
Depuis que nous avons acheté ce barbecue boule, on fait des barbecues presque chaque weekend.
Au moment où j'ai eu les résultats, je suis devenue très calme.
Martin aime regarder la télé pendant qu'il mange.
Tant que la musique nous plaira, nous resterons ici.

Subjonctif in Relativsätzen

propositions relatives

Der *Subjonctif* steht in den meisten Fällen nach einem *que*. Es sind dabei aber nicht nur dass-Sätze oder Adverbialsätze; auch in bestimmten Relativsätzen wird der Modus *Subjonctif* benötigt.

Subjonctif nach einem Superlativ

superlatif

Steht im Satz ein superlativischer (oder übertriebener) Ausdruck, so folgt normalerweise der *Subjonctif*. Dies ist der Fall in Relativsätzen, in denen ein Adjektiv vorkommt, das eine superlativische Bedeutung hat.

Adjektive mit superlativischer Bedeutung sind zum Beispiel:

- *premier*
- *dernier*
- *unique*
- *seul*
- *ultime*

Ce rendez-vous est la seule chance que j'aie pour la convaincre de mon honnêteté.

Außerdem steht im Relativsatz häufig der *Subjonctif* nach einem normal gebildeten Adjektiv im Superlativ.

C'est le meilleur restaurant que je connaisse à Paris.
Ici, ils font la meilleure glace que tu puisses manger dans le monde entier.

Subjonctif zum Ausdruck einer gewünschten Eigenschaft

qualité souhaitée

In manchen Relativsätzen spricht man über Tatsachen, die nicht der Wirklichkeit entsprechen oder Fakten, die noch nicht eingetreten sind. Um dieses „noch nicht verwirklicht" auszudrücken, wählt man häufig den *Subjonctif* als Modus. Anzeichen für den Gebrauch des *Subjonctif* in diesem Sinne

négation

sind Negationen im Hauptsatz, die über Verneinungspartikel wie *ne ... pas, jamais, personne* ausgedrückt sind.

Je ne connais personne qui soit aussi doué pour les langues que toi.

Unter dem Schlagwort „gewünschte Eigenschaft" versteht man Aussagen, die mit *je cherche* oder *je voudrais* beginnen und den Wunsch nach einer speziellen Eigenschaft einer Sache ausdrücken.

Je cherche un appartement qui ne soit pas trop cher.

fait iréel

Auch hier signalisiert der *Subjonctif*, dass man das Gesuchte noch nicht hat, es sich also um etwas Unreales handelt.

Je voudrais avoir une table qui soit assez grande pour six personnes.

Der *Indicatif* steht, wenn eine Sache bereits vorhanden ist. Der *Subjonctif* ist dann nicht mehr möglich.

Je possède une table qui est assez grande pour nous.

subjonctif passé

Subjonctif passé

Neben dem Subjonctif présent ist der Subjonctif passé die zweite gebräuchliche Zeit in diesem Modus. Er wird zum Ausdruck der Vorzeitigkeit verwendet.

Der *Subjonctif passé* wird benutzt, wenn das, was im Nebensatz steht, vor dem geschehen ist, auf das der Hauptsatz Bezug nimmt.

Je doute que tu m'aies dit la vérité.
J'étais triste qu'il soit parti sans dire un mot.

2 Impératif

impératif

Der *Impératif* wird wie der deutsche Imperativ verwendet. Auf Deutsch sagt man auch „Befehlsform", da man den Imperativ vor allem dazu benutzt, Anweisungen und Befehle zu erteilen.

2.1 Formen

formes

Es gibt im *Impératif* nur Formen für die zweite Person Singular und Plural und die erste Person Plural. Das Tempus des Imperativs ist das Präsens. Er kann sich auf die Gegenwart oder auf die Zukunft beziehen.

1. Konjugation: Verben auf *-er*

1ère conjugaison

Die Verben der 1. Konjugation verhalten sich beim *Impératif* anders als die anderen Verben.

> In den Personen des Plurals entsprechen die Imperativformen denen des *Indicatif Présent*. Die zweite Person Singular hat im *Impératif* kein *-s* am Ende.

Der *Impératif* hat also folgende Formen:

parler, regarder, aller

Infinitiv	2. Ps. Sg.	1. Ps. Pl.	2. Ps. Pl.
parler	parle	parlons	parlez
regarder	regarde	regardons	regardez
aller	va	allons	allez

Regarde l'oiseau. Il est très beau.

Vor den Adverbialpronomen *en* und *y* bekommt allerdings die zweite Person Singular ein *-s* am Ende, das in einer *Liaison* mitgesprochen wird.

Vas-y. Manges-en.

2. Konjugation und sonstige Verben

2ème conjugaison et autres verbes

Bei den anderen Verben – von den Ausnahmen abgesehen – sind die Formen des *Impératif* identisch zu den Formen des *Présent*:

Infinitiv	2. Ps. Sg.	1. Ps. Pl.	2. Ps. Pl.
finir	finis	finissons	finissez
partir	pars	partons	partez
boire	bois	buvons	buvez
recevoir	reçois	recevons	recevez
lire	lis	lisons	lisez
plaindre	plains	plaignons	plaignez
attendre	attends	attendons	attendez

Partons ensemble.

exceptions

Ausnahmen

Es gibt nur wenige Verben, deren Formen von den oben dargestellten abweichen.

ouvrir

Verben auf *–ir* vom Typ *ouvrir*

Die Verben vom Typ *ouvrir* verhalten sich im *Impératif* wie die Verben der 1. Konjugation und verlieren in der 2. Person Singular das *–s*.

Infinitiv	2. Ps. Sg.	1. Ps. Pl.	2. Ps. Pl.
ouvrir	ouvre	ouvrons	ouvrez
couvrir	couvre	couvrons	couvrez
découvrir	découvre	découvrons	découvrez
souffrir	souffre	souffrons	souffrez

Ouvrez la fenêtre, s'il vous plait.

particularités

Sonderformen

être, avoir, savoir

Will man die Verben *être*, *avoir* und *savoir* im *Impératif* gebrauchen, so verwendet man die Formen des *Subjonctif*. In der 2. Person Singular fehlt das *–s* (außer bei *sois*).

Infinitiv	2. Ps. Sg.	1. Ps. Pl.	2. Ps. Pl.
être	sois	soyons	soyez
avoir	aie	ayons	ayez
savoir	sache	sachons	sachez

N'aie pas peur.

vouloir

Das Verb *vouloir* hat neben seinen regelmäßigen Imperativformen auch Formen, die dem *Subjonctif* entsprechen in der 2. Person Singular und Plural:

Infinitiv	2. Ps. Sg.	1. Ps. Pl.	2. Ps. Pl.
vouloir	veux veuille	voulons	voulez veuillez

Veuillez agréer, chère Madame, l'expression de mes salutations distinguées.

Das Verb *pouvoir* hat keine Imperativform.

2.2 Gebrauch

emploi

Man benutzt den *Impératif* in bejahten und verneinten Sätzen. Die Formen sind in beiden Fällen die gleichen.
Die Verneinungspartikel *ne ... pas* stehen wie im Aussagesatz vor und nach dem Verb.

Ne rentre pas trop tard.

(Zu den Pronomen im *Impératif* s. das Kapitel „Pronomen und Begleiter")
Im Gegensatz zum Deutschen steht am Ende des Aufforderungssatzes kein Ausrufezeichen.

Donne-moi la télécommande.

In so genannten Ausrufesätzen verwendet man jedoch auch im Französischen ein Ausrufezeichen.

C'est magnifique !

Der *Impératif* wird nicht nur gebraucht, um Befehle oder Verbote zu erteilen, sondern auch um Wünsche, Anweisungen oder Ratschläge auszusprechen.

Amusez-vous bien.
Bois un peu d'eau, ça ira mieux.
Faites cuire les pommes de terre, puis coupez-les en rondelles.

Der *Impératif* bei Aufforderungen klingt (nicht nur) für französische Ohren relativ harsch. Es ist also empfehlenswert, ihn mit einem *s'il vous plaît* abzuschwächen oder statt dessen eine Frage zu formulieren.

Pourriez-vous ouvrir la fenêtre, s'il vous plait ?

Auf einen Blick: *Subjonctif* und *Impératif*

Subjonctif présent und *passé:* Formen

- Ableitungsbasis: 3. Person Plural des *Indicatif Présent*
- Endungen: *–e, –es, –e, –ions, –iez, –ont*
- die Personen des Singular und die 3. Person Plural gleichen häufig den Formen des *Présent*
- 1. und 2. Person Plural gleichen häufig den Formen des *Imparfait*
- 1. Konjugation: Verben auf *–er*:

	Singular	Plural
1. Person	que je parle	que nous parlions
2. Person	que tu parles	que vous parliez
3. Person	qu'il/elle/on parle	qu'ils/elles parlent

- 2. Konjugation: Verben auf *–ir*:

	Singular	Plural
1. Person	que je finisse	que nous finissions
2. Person	que tu finisses	que vous finissiez
3. Person	qu'il/elle/on finisse	qu'ils/elles finissent

- Stammänderung z. B. bei *prendre* (*ils prennent*):

	Singular	Plural
1. Person	que je prenne	que nous prenions
2. Person	que tu prennes	que vous preniez
3. Person	qu'il/elle/on prenne	qu'ils/elles prennent

- Sonderformen – die Endungen sind immer regelmäßig:

Infinitiv	Subjonctif présent 1. Person Sg.
devoir	que je doive
pouvoir	que je puisse
vouloir	que je veuille
aller	que j'aille
faire	que je fasse
savoir	que je sache
valoir	que je vaille

- *Subjonctif passé*: *être/avoir* im *Subjonctif présent* + *Participe passé* des Verbs:

Passé composé : être	Passé composé : avoir
que je sois venu(e)	que j'aie demandé
que tu sois venu(e)	que tu aies demandé
qu'il/elle/on soit venu(e)	qu'il/elle/on ait demandé
que nous soyons venu(e)s	que nous ayons demandé
que vous soyez venu(e)s	que vous ayez demandé
qu'ils/elles soient venu(e)s	qu'ils/elles aient demandé

Subjonctif: Gebrauch

- in dass-Sätzen:
  nicht denken, nicht glauben, nicht meinen: *ne pas croire que, ne pas penser que, ne pas dire que*
  Gefühle äußern, bewerten: *craindre que, trouver bien que, être fier que, il est étonnant que*
  vorschlagen, ablehnen, verhindern: *proposer que, refuser que, empêcher que*
  wollen, wünschen, verbieten: *vouloir que, souhaiter que, interdire que*
  bezweifeln, für unwahrscheinlich halten: *douter que, il n'est pas sûr que, il est improbable que*
- in Adverbialsätzen nach
  finalen Konjunktionen: *pour que, afin que, de peur que, de crainte que*
  kausalen Konjunktion: *ce n'est pas que ... mais*
  konditionalen Konjunktionen: *à condition que, pourvu que, à moins que, pour peu que*
  konsekutiven Konjunktionen (irreal oder beabsichtigte Folge): *de manière que, de façon que*
  konzessiven Konjunktionen: *bien que, quoique, malgré que*
  temporalen Konjunktionen: *avant que, après que* (manchmal), *jusqu'à ce que, en attendant que*
  Konjunktion *sans que*
- in Relativsätzen:
  nach einem Superlativ (*c'est la meilleure tarte que ...*) oder einem superlativischen Ausdruck (*premier, unique, seul, ultime*);
  zum Ausdruck einer gewünschten Eigenschaft bei noch nicht verwirklichten Tatsachen, z. B. nach Negation im Hauptsatz (*je ne connais personne qui soit ...*) oder nach *je cherche, je voudrais*
- *Subjonctif passé* zeigt die Vorzeitigkeit an (*Je doute que tu m'aies dit la vérité.*)

Konjunktionen mit *Indicatif*

- kausale Konjunktionen: *comme* (am Satzanfang), *parce que, puisque, étant donné que*
- konditionale Konjunktionen: *si, même si, sauf si, au cas où* (+ *Conditionnel*)
- konsekutive Konjunktionen (real oder tatsächliche Folge): *de façon que, de manière que, si bien que*
- konzessive Konjunktionen: *alors que, tandis que, sauf que*
- modale Konjunktionen: *au fur et à mesure que, ainsi que, comme*
- temporale Konjunktionen: *après que* (meist), *quand, lorsque, dès que, aussitôt que, depuis que, au moment où, pendant que, tant que*

Impératif: Formen

- 2. Person Singular, 1. Person Plural, 2. Person Plural des *Présent*
- Verben auf *-er* (1. Konjugation) und Verben vom Typ *ouvrir* verlieren in der 2. Person Singular das *-s* am Ende, außer vor *en* und *y* (*vas-y*)
- Sonderformen (*Subjonctif*-Formen) für *être, avoir, savoir, vouloir*

Infinitiv	2. Ps. Sg.	1. Ps. Pl.	2. Ps. Pl.
parler	parle	parlons	parlez
ouvrir	ouvre	ouvrons	ouvrez
finir	finis	finissons	finissez
boire	bois	buvons	buvez
recevoir	reçois	recevons	recevez
attendre	attends	attendons	attendez
être	sois	soyons	soyez
avoir	aie	ayons	ayez
savoir	sache	sachons	sachez
vouloir	veux/veuille	voulons	voulez/veuillez

Impératif: Gebrauch

- in bejahten und verneinten Aufforderungssätzen (*Montre-moi les photos. Ne rentre pas trop tard.*)
- Wünsche, Anweisungen, Ratschläge (*Va marcher un peu pour prendre l'air.*)
- Satzzeichen: Punkt und nur selten Ausrufezeichen (*Arrête ! C'est magnifique !*)
- umschreiben und abschwächen, z. B. mit *s'il vous plait*

Satz

Es reicht nicht, die einzelnen Bausteine einer Sprache zu kennen, man muss auch wissen, wie man einen Satz bildet. Im Französischen kann man z. B. auf drei verschiedene Arten eine Frage stellen.
Auch die Verneinung will gelernt sein: Hier wird das Verb stets von zwei Verneinungspartikeln umschlossen.
Außerdem wird in diesem Kapitel die Hervorhebung (*Mise en relief*) in französischen Sätzen vorgestellt.
Schließlich widmen wir uns der Zeitenfolge in *Si*-Sätzen und in der indirekten Rede.

phrase déclarative

1 Aussagesatz

Der Aussagesatz ist die Satzart, mit der man es am häufigsten zu tun hat. Man äußert sich im Aussagesatz zu einem Thema. Er kann bejaht oder verneint sein und endet mit dem Satzzeichen Punkt. Außerdem kann er ein einfacher Hauptsatz oder ein komplexer Satz mit Nebensätzen sein.

classes de mots, constituants de la phrase, ordre des mots

1.1 Wortarten, Satzglieder, Satzstellung

Jedes Wort ist einer bestimmten Wortart zugewiesen.

Das sind die französischen Wortarten:
- Nomen (*nom*)
- Verb (*verbe*)
- Adjektiv (*adjectif qualificatif*)
- Adverb (*adverbe*)
- Begleiter (*article/déterminant/adjectif*)
- Pronomen (*pronom*)
- Konjunktion (*conjonction*)
- Präposition (*préposition*)

Sie wurden bereits in den vorangegangenen Kapiteln besprochen oder tauchen noch in den nächsten Kapiteln auf.
Wörter dieser Kategorien werden zusammengestellt und bilden die Satzglieder, die Bestandteile eines Satzes sind. Ein Nomen und ein Begleiter bilden z.B. eine Nominalgruppe, die das Subjekt eines Satzes sein kann. Ein Verb hat meistens die Funktion des Prädikats im Satz.
Ein Aussagesatz beinhaltet in der Regel mindestens die Satzglieder Subjekt und Prädikat und gilt damit als vollständiger Satz.
Dazu können weitere Satzglieder kommen. In der französischen Grammatik spricht man häufig von Ergänzungen (*compléments*) statt von Objekten oder adverbialen Bestimmungen wie im Deutschen. Bei diesen unterscheidet man zwischen notwendigen und unnotwendigen Ergänzungen.

Wenn ein Verb ein direktes und ein indirektes Objekt verlangt, so sind diese beiden Ergänzungen notwendig.

Sandrine montre ses dessins aux visiteurs.

compléments d'objet

Man unterteilt die Verbergänzungen in
- direkte Objekte (*complément d'objet direct*),
- indirekte Objekte (*complément d'objet indirect*)

sowie
- adverbiale Bestimmungen (*complément circonstanciel*).

Man erkennt eine adverbiale Bestimmung daran, dass sie durch ein Adverb ersetzt werden kann.

Sandrine dessine dans son atelier/ici.

Im Aussagesatz gilt grundsätzlich, dass am Anfang das Subjekt steht, dann kommen Prädikat und Objekte.

Die französische normale Satzstellung, die man auch aus dem Englischen kennt, kann man sich mit der Buchstabenreihenfolge S (ubjekt) – P (rädikat)– O (bjekt) leicht merken.

Le petit chat mignon (S) mange (P) sa patée (O).

Hinter dem Verb stehen die Objekte (*compléments d'objet*), wobei zuerst das direkte und dann das indirekte Objekt kommt.

Je présente mes amis à mes parents.

Nach den Objekten stehen die adverbialen Bestimmungen und weitere Adverbien.

Nous cherchons le cochon d'Inde de Mélanie dans tout l'appartement depuis une demi-heure.

Eine adverbiale Bestimmung kann auch vor dem Subjekt stehen. Sie wird dann durch ein Komma abgetrennt.

Depuis une heure, nous cherchons le cochon d'Inde de Mélanie dans tout l'appartement.

Die Objekte und Ergänzungen können durch Pronomen ersetzt worden sein.

Je lui en avais déjà parlé.

Objekte oder Ergänzungen müssen nicht in jedem Satz vorkommen.

J'ai très bien dormi.

complément du nom

Nicht nur von Verben hängen Ergänzungen ab, sondern auch von Nomen. Weitere Nomen werden im Französischen meistens mit *de* an das erste Nomen angeschlossen. Im Deutschen übersetzt man entweder mit einem zusammengesetzten Nomen oder mit einer Genitivkonstruktion.

Le père de Sandrine était un peintre fameux.

Auch alle anderen Präpositionen können beim *complément du nom* vorkommen. Häufig findet man noch *à*.

J'ai des nouveaux verres à vin. Voudrais-tu boire un verre de vin ?

complément de l'adjectif

Adjektive können auch Ergänzungen haben. Auch hier kommt häufig die Präposition *de* vor. Die Wahl der Präposition hängt vom jeweiligen Adjektiv oder von der gewünschten Bedeutung ab. Die Ergänzungen sind vielfältig und können Pronomen, Nomen oder Infinitive sein.

Je suis contente de te voir.
Il est généreux envers ses collègues.

proposition principale /subordonnée

1.2 Haupt- und Nebensatz

Für ein generelles Verständnis von Sätzen ist es notwendig zu wissen, was ein Haupt- und was ein Nebensatz ist.

Der Hauptsatz ist daran zu erkennen, dass er alleine stehen kann und ein Prädikat enthält.

Es kann Sätze ohne Nebensätze geben. Ein Satz kann aber auch aus einem Haupt- und mehreren Nebensätzen bestehen.

Le roman que je peux te conseiller parce que l'histoire est bien racontée **a gagné un prix.**

Zwei oder mehr Hauptsätze können in einem Satzgefüge stehen. Sie sind dann entweder lose aneinander gereiht oder, was häufiger der Fall ist, mit einer koordinierenden Konjunktion verbunden.

Le journal parait chaque dimanche et vous pouvez l'acheter dans toutes les grandes librairies.

Durch Nebensätze kann man längere Satzgefüge bilden und Zusammenhänge ausdrücken.

propositions subordonnées

Man erkennt einen Nebensatz daran, dass er ein eigenes Prädikat oder eine Infinitivform enthält, aber nicht für sich alleine stehen kann.

Je dois regarder souvent dans le dictionnaire pour comprendre ce texte.
Je vis dans un appartement où le soleil n'entre jamais par les fenêtres.

Es gibt im Französischen zwei Typen von Nebensätzen:
- Relativsätze
- Konjunktionalsätze wie dass-Sätze und Adverbialsätze

Relativsätze

propositions relatives

Relativsätze werden stets mit einem Relativpronomen eingeleitet.
(S. dazu „Relativpronomen" im Kapitel „Pronomen und Begleiter")
Das Relativpronomen kann die Funktion des Subjekts, des direkten Objekts, des indirekten Objekts oder der adverbialen Bestimmung einnehmen.

Je voudrais l'inviter à un restaurant où on sert des plats japonais.

Der Relativsatz bezieht sich auf ein Nomen und erläutert dieses näher oder auf den ganzen Satz. Wenn letzteres der Fall ist, das Relativpronomen also kein direktes Bezugsnomen hat, oder wenn es sich auf ein Indefinitpronomen wie *tout* bezieht, muss es mit *ce* verwendet werden.

Pendant l'examen j'ai dit tout ce que je savais sans être sûr de répondre à la question.

relative explicative

Man unterscheidet zwischen explikativem und restriktivem Relativsatz. Ein explikativer Relativsatz hat keine notwendige Funktion im Satz, sondern wird nur ergänzend hinzugefügt. Er kann als Erläuterung im Satz eingeschoben sein, enthält jedoch nicht die tragende Information für den Satz.

La Marseillaise, qui a été écrite par Claude Joseph Rouget de Lisle, est l'hymne national français.

relative restrictive

Ein restriktiver Relativsatz wird auch notwendiger Relativsatz genannt. Durch Einschränkung bestimmt er das Nomen, von dem er abhängt, genauer.

Napoléon 1er est cet empereur français qui est mort en exil sur l'ile Sainte-Hélène.

propositions conjonctives

Konjunktionalsätze

Konjunktionalsätze heißen so, weil sie von einer Konjunktion eingeleitet werden. Unter diesen Oberbegriff fallen die dass-Sätze und die Adverbialsätze.

propositions complétives

Dass-Sätze

Sie haben meistens die Funktion eines Objekts und ergänzen ein Verb.

Je pense que tu devrais venir.

Oft steht das Verb des Nebensatzes im *Subjonctif*.

Je ne crois pas qu'il soit déjà arrivé.

Sätze in indirekter Rede werden ebenfalls mit *que* eingeleitet.

Il a dit qu'il ne viendrait pas.

Adverbialsätze

propositions circonstancielles

Adverbialsätze haben im Satz die Funktion einer adverbialen Bestimmung. Sie beginnen mit subordinierenden (unterordnenden) Konjunktionen wie *parce que*, *quoique*, *tandis que*, *quand* usw.

J'ai fait la cuisine parce que j'avais faim.

(S. dazu auch das Kapitel „*Subjonctif* und *Impératif*")

1.3 Interpunktion

ponctuation

Punkt und Fragezeichen werden im Französischen wie im Deutschen verwendet, nur dass der Punkt auch nach einem Satz im Imperativ steht. Im Deutschen steht in diesem Fall das Ausrufezeichen.

Oublie-la enfin.

virgule

Das Komma dient im Französischen freier als im Deutschen dazu, Sprechpausen zu markieren. Es gibt allerdings auch einige feste Regeln, wann ein Komma stehen muss.
Ein Komma steht bei Aufzählungen, um die einzelnen Elemente voneinander abzugrenzen.

Je prends un café au lait, une omelette, une salade verte et un verre d'eau minérale.

subordonnée en tête de phrase

Haupt- und Nebensatz sind nicht wie im Deutschen automatisch durch ein Komma abgetrennt. Wenn der Nebensatz vorangestellt ist, steht allerdings stets ein Komma.

Comme il pleuvait toute la journée, nous ne sommes pas sortis de la maison.

complément circonstanciel en tête de phrase

Auch wenn von der normalen Satzstellung abgewichen wird, kann man ein Komma setzen, um dies zu verdeutlichen und um eine Sprechpause anzudeuten. Dies ist der Fall, wenn die adverbiale Bestimmung am Satzanfang steht.

Dans trois jours, vous recevrez votre premier exemplaire du journal auquel vous vous êtes abonné.

car, mais

Wenn Sätze durch die koordinierenden (nebenordnenden) Konjunktionen *car* oder *mais* verbunden sind, steht vor der

Konjunktion ein Komma. Vor anderen Konjunktionen wie *et*, *ou* oder *ni* steht in der Regel kein Komma.

J'avais un parapluie dans mon sac, mais il ne pleuvait pas.
Est-ce que vous préférez le chocolat noir ou le chocolat au lait ?

Alle Satzteile, die nicht als unbedingt nötig für den Satz erachtet werden, wie z. B. explikative Relativsätze, werden mit einem Komma abgetrennt.

Das ist auch bei einem Adverbialsatz der Fall, wenn dieser für das Verständnis des gesamten Satzes nicht notwendig ist.

Je suis d'accord, parce que tu l'es aussi.
Elle a glissé parce qu'elle portait des chaussures inadéquates.

proposition infinitive

Vor einer Infinitivkonstruktion steht im Französischen nie ein Komma.

Je réserverai des places pour avoir une bonne vue sur la scène.

conjonctions

1.4 Konjunktionen

Konjunktionen nennt man auf Deutsch Bindewörter. Sie verbinden zwei Sätze, Wörter oder Satzteile miteinander. Es gibt koordinierende (bei- oder nebenordnende) und subordinierende (unterordnende) Konjunktionen.

conjonctions de coordination

Koordinierende Konjunktionen

Werden zwei Sätze miteinander verbunden, so benutzt man eine koordinierende Konjunktion. Die beiden verbundenen Satzteile bleiben gleichwertig.

Nous marchons dans la rue. Nous chantons une chanson.
Nous marchons dans la rue et nous chantons une chanson.

Zu den wichtigsten koordinierenden Konjunktionen zählen: *mais*, *ou*, *et*, *donc*, *or*, *ni* und *car*.

Mais

mais

Mais bedeutet „aber" und weist auf einen Gegensatz hin. Damit werden zwei Satzteile verbunden, die Entgegengesetztes aussagen.

Je ne connaissais personne à la fête, mais je m'amusais bien quand même.

Ou

ou

Die Konjunktion *ou* („oder") reiht Alternativen hintereinander und stellt sie zur Auswahl. Mit *ou* kann man Sätze, Satzteile oder einzelne Wörter verbinden.

Est-ce que vous payez tout de suite ou plus tard ?

Et

et

Mit der Konjunktion *et* („und") reiht man zwei Sätze, Satzteile oder Wörter als Aufzählung aneinander.

J'aime les pâtes et le riz.
Ils mangent des pâtes et boivent de l'eau minérale.

Et … et, ou … ou

et … et/ou … ou

Die Konjunktionen *et* und *ou* können auch im Doppelpack vorkommen. *Et … et* bedeutet „sowohl … als auch", *ou … ou* „entweder … oder". Hinter dem zweiten *ou* kann zur Verstärkung *bien* stehen.

Ou tu viens tout de suite, ou bien tu viens ce soir.

Donc

donc

Ein mit *donc* („also") verknüpfter Satzteil drückt eine Folge aus.

Je m'ennuyais, donc je suis parti. Je pense, donc je suis.

Or

or

Die Konjunktion *or* drückt einen Gegensatz aus („nun aber") oder leitet den zweiten Teil einer Gedankenführung („nun") ein. Danach folgt eine Schlussfolgerung.

Nous voulions aller voir ce spectacle hier soir, or toutes les places étaient déjà réservées.
Les hommes sont mortels, or Socrate est un homme, donc Socrate est mortel.

ni

Ni

Ni hat die gleiche Bedeutung wie *ou*, aber verneint („weder noch").

Je ne mange ni viande ni poisson.

car

Car

Car („denn") verbindet nur Sätze und keine einzelnen Wörter miteinander. Mit dieser Konjunktion leitet man eine Rechtfertigung, eine Begründung dessen ein, was im ersten Teil des Satzes steht.

Prenons le métro, car il commence à pleuvoir.

conjonctions de subordination

Subordinierende Konjunktionen

Die subordinierenden Konjunktionen bzw. Subjunktionen wurden bereits im Kapitel „*Subjonctif* und *Impératif*" besprochen. Sie leiten Adverbialsätze ein, die verschiedene Bedeutungen wie temporal (zeitlich), kausal (begründend) oder konzessiv (einschränkend) haben. Nach vielen von ihnen steht das Verb im *Subjonctif*.

Quoique j'essaie de l'oublier, je n'y arrive pas.

négation

2 Verneinung

Auf Französisch verneint man immer mit *ne* und einem weiteren Wort wie *pas*, *plus*, *jamais* oder *rien*. Das Wörtchen *ne* übersetzt man nicht; die Art der Verneinung ergibt sich allein aus dem zweiten Wort. Die beiden Verneinungspartikel umschließen in der Regel das Verb.

Renée n'habite plus en France.

ne .... pas/plus/jamais

2.1 *Ne ... pas/plus/jamais*

ne ... pas

Die einfachste Verneinung, die „nicht" bedeutet und den ganzen Satz verneint, wird mit *ne ... pas* ausgedrückt. *Ne* steht vor dem konjugierten Verb, *pas* dahinter.

Il ne rentre pas avant trois heures du matin.

Wenn Pronomen beim Verb stehen, so werden auch diese von der Verneinung umschlossen.

Elle ne lui donne pas raison.

Auch das *Participe présent* und das *Gérondif* werden von *ne ... pas* umschlossen. Steht das Verb allerdings im *Passé composé*, so steht das *Participe passé* nach der Verneinung.

Tu n'as pas manqué grand-chose, en n'y allant pas.
Je n'ai pas dit que cela ne m'intéressait pas !

infinitif

Wenn eine Infinitivform verneint werden soll, steht *ne pas* zusammen vor dem Infinitiv und eventuell vorhandenen Pronomen. *Ne* darf dabei auf keinen Fall weggelassen werden.

J'espère ne pas entendre de plaintes concernant ce sujet.

pas

Pas kann alleine vorkommen, wenn nicht das Verb, sondern ein Adjektiv oder ein Adverb verneint werden sollen.

Dans notre hôtel, il n'y avait que des lits pas très confortables.

non pas

Pas wird mit *non* kombiniert, wenn von zwei Sachen oder Personen eine ausgewählt wurde. *Non pas* steht zusammen vor dem ausgeschlossenen Element und die beiden Elemente sind mit *et* verknüpft. Mit *non pas* kann man Nomen, Adjektive, Adverbien und Pronomen verneinen.

C'est une question et non pas une proposition.
Je parle de Martine et non pas de Lucie.

ne ... plus

Ne ... plus bedeutet „nicht mehr" und die beiden Verneinungspartikel stehen wie bei *ne ... pas* um das konjugierte Verb und seine pronominalen Ergänzungen herum.

Je ne me rappelle plus.
Il ne la voit plus.

du tout

Hinter *ne ... pas* oder *ne ... plus* kann zur Verstärkung *du tout* stehen. Das bedeutet so viel wie „überhaupt nicht", „gar nicht mehr".

Cela ne va pas du tout !
Il ne travaille plus du tout pour cette entreprise.

ne ... jamais

Ne ... jamais heißt „nie". Auch hier steht das konjugierte Verb zwischen den Verneinungspartikeln.

Je ne voudrais jamais cesser d'apprendre.

jamais plus

Jamais kann mit *plus* kombiniert werden, was dann „nie wieder" oder „nie mehr" heißt.

Elle ne veut plus jamais le revoir.

Alle drei Verneinungspartikel *pas*, *plus* und *jamais* stehen ohne *ne* in Sätzen ohne Verb.

« Tu as faim ?
– Pas du tout.
– Moi non plus. »
– » Aimerais-tu sauter en parachute ?
– Jamais de la vie ! «

ne .... personne/aucun /rien

2.2 *Ne ... personne/aucun/rien*

Ne ... personne bedeutet „niemand". Die zwei Wörter stehen um das Verb herum, auch bei einem Verb im *Passé composé*.

Je ne connais personne.
Je n'ai reconnu personne.

personne ne

Personne kann das Subjekt des Satzes sein. Auch in einem solchen Satz darf man *ne* vor dem konjugierten Verb nicht vergessen.

Personne ne s'y connait mieux que toi.

ne ... aucun

Ne ... aucun/aucune hat eine ähnliche Bedeutung wie *ne ... personne*, nämlich „keine/r". Es wird bevorzugt mit einer Ergänzung verwendet.

Il ne sort aucun son de la chaine hi-fi. Elle doit être cassée.

aucun ... ne

Aucun kann ebenfalls in Subjektfunktion verwendet werden.

Aucune des mes amies ne m'a appelé aujourd'hui.

Beim *Passé composé* steht *aucun* wie *personne* hinter dem *Participe passé*.

Je n'ai entendu aucun bruit.

ne … rien

„Nichts" heißt im Französischen *ne … rien*. Die beiden Teile der Verneinung umschließen das konjugierte Verb.

Je ne regrette rien.

Beim *Passé composé* steht *rien* wie *pas*, *plus* oder *jamais* vor dem *Participe passé*.

Je n'ai rien entendu.

rien ne

In Subjektfunktion steht *rien ne*, danach folgt das Verb. *Rien ne* kann auch mit *plus* kombiniert werden und bedeutet dann „nichts mehr".

Rien ne m'empêche d'y aller toute seule.
Rien ne va plus.

rien du tout

Rien kann wie *pas* oder *plus* mit *du tout* verstärkt werden. Dieses *du tout* steht bei zusammengesetzten Zeiten hinter dem *Participe passé*.

Je ne vois rien du tout à cause de mes lunettes embuées.
Je n'ai rien vu du tout à cause de mes lunettes embuées.

Personne, *aucun* und *rien* können im Satz ohne Verb alleine stehen.

Qui est là ? Personne.
Que veux-tu ? Rien.

2.3 *Ne … ni … ni*

ne … ni … ni

Es gibt im Französischen auch eine dreiteilige Verneinung: *ne … ni … ni*. Dieser Ausdruck bedeutet „weder noch".
Ni zählt zu den koordinierenden Konjunktionen und wird in verneinten Kontexten gebraucht.

Marcel ne parle ni anglais ni allemand.
Ni l'un ni l'autre ne savent parler anglais.

Hinter *ni* steht in der Regel kein Artikel.

Marcel n'a ni argent ni travail.

ne ... pas ... ni

Eine Kombination aus *ne ... pas* und *ni* ist auch möglich und wird in der gesprochenen Sprache häufiger verwendet als *ne ... ni ... ni.*

Marcel ne parle pas anglais ni allemand.

non ... plus

Vor allem in der mündlichen Sprache gibt es mit *non plus* („auch nicht") eine weitere Möglichkeit zwei Sachen gleichzeitig zu verneinen.

Marcel n'aime pas les épinards, et sa sœur non plus.

mise en relief

3 *Mise en relief*

Relief oder das Relief bedeutet Höhengestaltung, Hervorhebung in einer Geländeoberfläche. Mit der *Mise en relief* in der Sprache ist die Hervorhebung, Betonung einzelner Satzteile aus dem restlichen Satz oder Text gemeint.
Im Deutschen kann man über die Satzmelodie die Betonung relevanter Wörter oder Wortgruppen erzielen. Außerdem ist die Satzstellung im Deutschen verhältnismäßig frei, so dass durch Umstellen der Satzglieder Betonungen erwirkt werden können.
Im Französischen ist der Satzbau stärker festgelegt und auch die Satzmelodie ist immer gleich – zum Ende einer Phrase oder eines Satzes hin erhoben oder gesenkt – aber sonst ohne große Höhen und Tiefen.
Die Hervorhebung (*Mise en relief*) muss also durch gewisse Wendungen erreicht werden. Sie fängt meist mit *c'est*, in selteneren Fällen auch mit *ce sont* an.

Jean-Paul arrive demain.
C'est demain que Jean-Paul arrive.
Ce sont Marie et Jean-Paul qui arrivent.

3.1 *C'est ... qui*

c'est ... qui

Wenn das Subjekt des Satzes hervorgehoben werden soll, verwendet man *c'est ... qui*. *C'est* steht in der Regel am Satzanfang, *qui* nach dem Subjekt. Das Subjekt kann aus einem Wort oder mehreren Wörtern bestehen. Es wird immer von *c'est* und *qui* umschlossen.

C'est Jean-Paul qui danse avec Marie.

> Wenn ein Subjekt in der 1. Person Singular („ich") betont werden soll, steht auch das Verb in dieser Person.

C'est moi qui fais la vaisselle. Toi, tu as fait la cuisine.

pronoms personnels disjoints

In der *Mise en relief* werden die unverbundenen Personalpronomen *moi, toi, lui* usw. verwendet.

C'est lui qui sait toujours tout.

C'est kann sich auch in der Zeit anpassen, muss es aber nicht unbedingt. Wenn der darauffolgende Satzteil z. B. im *Imparfait* steht, kann *c'était* verwendet werden.

> Die Tempora der beiden Satzteile müssen auf jeden Fall gleich sein, wenn man nicht *c'est* im *Présent* verwenden will.

C'est un Français qui a gagné la médaille d'or.
C'était moi qui parlais tout le temps.
Ce fut finalement Marie qui dut écrire à notre oncle.

In einem verneinten Satz können die gleichen Satzglieder herausgestellt werden wie in einem bejahten. Die Verneinung geschieht durch *ce n'est pas ... qui*, wenn das Subjekt betroffen ist.

Ce n'est pas elle qui a ouvert la fenêtre.

c'est ... que

3.2 *C'est ... que*

Sobald nicht das Subjekt, sondern ein anderes Satzglied wie z. B. das Objekt oder die adverbiale Bestimmung hervorgehoben werden soll, steht *c'est ... que* um das jeweilige Satzglied herum. Das Subjekt steht im Nebensatz.

C'est de toi que nous avons parlé.

Es werden nur die unverbundenen Personalpronomen benutzt. Wenn ein Objektpronomen betont werden soll, wird es in ein unverbundenes Personalpronomen mit der entsprechenden Präposition aufgelöst.

Je lui montre les dessins.
C'est à elle que je montre les dessins.

prépositions

Die Präposition der adverbialen Bestimmung wird ebenfalls mit in die Hervorhebung hineingenommen.

Ils vont à Paris.
C'est à Paris qu'ils vont.
Ils sont rentrés à cause du mauvais temps.
C'est à cause du mauvais temps qu'ils sont rentrés.

ce n'est pas que

Wenn das Objekt oder die adverbiale Bestimmung in einem verneinten Satz herausgestellt werden sollen, benutzt man *ce n'est pas ... que.*

Ce n'est pas à l'argent que je pense.

Wenn man die Tatsache besonders hervorheben will, dass etwas NICHT so ist, wie es scheint, kann man auch die Verneinung selbst mit der *Mise en relief* hervorheben. Das folgende Verb steht in solchen Sätzen im *Subjonctif.*

Ce n'est pas qu'il soit paresseux, mais il travaille peu.

4 Fragesatz

phrase interrogative

Der Fragesatz endet im Deutschen wie im Französischen immer mit einem Fragezeichen. Es gibt Fragesätze, die mit „ja" oder „nein" zu beantworten sind und solche, die eine längere Antwort erfordern. Erstere sind die Entscheidungs- oder Gesamtfragen (sie beziehen sich auf den gesamten Satz), zweitere die Ergänzungs- oder Teilfragen. Sie beziehen sich nur auf einen Teil des Satzes und werden mit einem Fragewort eingeleitet.

Eine Entscheidungsfrage könnte z. B. so aussehen. — interrogation totale

– Est-ce que tu veux manger un yaourt comme dessert ?
– Oui, merci.

Die Teilfrage zum gleichen Thema würde beispielsweise lauten: — interrogation partielle

– Qu'est-ce que tu prends comme dessert ?
– Un yaourt, s'il te plait.

Neben den Interrogativpronomen *qui ?* („wer?"), *que ?* („was?"), *quoi ?* („was?") und *lequel ?* („welcher?") sowie dem Interrogativbegleiter *quel ?* („welcher?") gibt es noch andere Vokabeln, mit denen man eine Frage einleiten kann. — pronoms/déterminants interrogatifs

Interrogativadverbien: — adverbes interrogatifs

- *combien ?* → wie viel?
- *comment ?* → wie?
- *où ?* → wo?
- *pourquoi ?* → warum?
- *quand ?* → wann?

Mit *combien* fragt man nach einer Anzahl von Dingen oder z. B. nach einem Preis.

Combien coute ce sac ?

Das „Wie" oder die Art und Weise einer Handlung erfragt man mit *comment*.

Comment fonctionne cet appareil ?

Nach dem Ort fragt man mit dem Adverbium *où*.

Où sont mes pantoufles ?

Mit *pourquoi* fragt man nach dem Grund eines Verhaltens, eines Vorgangs oder nach der Ursache.

Pourquoi la banane est-elle courbée ?

Quand ist für Fragen nach zeitlichen Angaben zuständig.

Quand reviens-tu ?

interrogation par intonation

4.1 Intonationsfrage

Im Französischen gibt es drei Möglichkeiten, eine Frage zu stellen. Die simpelste Variante ist die Intonationsfrage. Sie ist in der mündlichen Sprache sehr beliebt und kommt in schriftlichen Texten hauptsächlich in Dialogen eines Romans oder in umgangsprachlich geschriebenen Artikeln vor.
Die Intonationsfrage erkennt man nur deshalb als Frage, weil der Sprecher mit der Stimme gegen Ende des Satzes nach oben geht. In Aussagesätzen geht die Stimme eher nach unten.

René a appelé Claude. René a appelé Claude ?

syntaxe

Die Satzstellung ist die gleiche wie im Aussagesatz und folgt der Grundregel Subjekt – Prädikat – Objekt. Das Fragewort steht normalerweise am Anfang des Satzes, kann aber im mündlichen Gebrauch auch am Ende stehen.

Pourquoi tu es triste ? Tu es triste pourquoi ?

Bei *combien* und *quand* ist es besonders üblich, das Fragewort an den Schluss bzw. hinter das Verb zu stellen.

Tu as payé combien pour ton ordinateur ?
Il vient comment ? En avion ?

interrogation avec est-ce que

4.2 Die Frage mit *est-ce que ?*

Die Frage mit *est-ce que* ist in der mündlichen und schriftlichen Sprache möglich. Dieses *est-ce que* ist durch Inversion (Umkehrung) aus *c'est que* entstanden.

In einem Fragesatz mit *est-ce que* bleibt die Satzstellung des Aussagesatzes – wie bei der Intonationsfrage – erhalten.

Bei Entscheidungsfragen beginnt man den Fragesatz mit *est-ce que*.

Est-ce que tu travailles demain ?

Das für Ergänzungsfragen notwendige Fragewort steht am Anfang des Satzes und damit vor *est-ce que*.

Quand est-ce que tu reviens ?
Pourquoi est-ce que tu m'appelles ?

est-ce qui : sujet

Man kann mit *est-ce que* nach allen Elementen des Satzes fragen. Um nach dem Subjekt des Satzes zu fragen, muss man *est-ce que* zu *est-ce qui* verändern. Das Interrogativpronomen *qui* oder *que* steht am Satzanfang.

Qui est-ce qui parle ?
Qu'est-ce qui te plait le mieux ?

est-ce que : objet direct

Wird nach dem Objekt gefragt (wen oder was?), steht *est-ce que*. Nur *que* kann zu *qu'* apostrophiert werden, bei *qui* ist das nicht möglich.

Qui est-ce que nous allons inviter ?
Qu'est-ce qu'il a dit ?

Mit *est-ce que* wird der Fragesatz besonders betont und verstärkt. Für eine leichtere und flüssigere Sprache werden die beiden anderen Fragetypen bevorzugt.

4.3 Inversionsfrage

interrogation par inversion du sujet

Der dritte Fragetyp, der fast ausschließlich in der geschriebenen Sprache vorkommt, ist die Inversionsfrage.

Unter Inversion versteht man die Umdrehung der Satzstellung von
- Subjekt – Prädikat – Objekt (Aussagesatz) zu
- Prädikat – Subjekt – Objekt (Inversionsfrage).

Diese Satzstellung ist dem deutschen Fragesatz am ähnlichsten. Sie betrifft Fragesätze, deren Subjekt ein Pronomen ist.

Viendra-t-elle ce soir ? („Kommt sie heute Abend?")

Die Inversion wird mit einem Bindestrich zwischen Verb und Subjekt markiert.

Um eine leichtere Aussprache zu erreichen, wird ein *t* zwischen zwei Bindestrichen eingefügt, wenn der Endvokal des Verbs mit dem Anfangsvokal des Pronomens aufeinander trifft. Das ist bei den Personalpronomen der 3. Person im Singular (*il*, *elle*, *on*) und im Plural (*ils*, *elles*) besonders häufig.

Quand reviendra-t-il ?　　Où était-il ?

temps composés

Bei einer zusammengesetzten Zeit wie dem *Passé composé* stehen die Satzglieder und Wörter in der Reihenfolge:
Fragewort – (konjugiertes) Hilfsverb – (-t-) – Subjekt – *Participe passé* – Objekte/Ergänzungen.

À qui a-t-il demandé ?
Où ont-ils trouvé leur appartement ?

pronoms

Die Objekt- und Reflexivpronomen bleiben in der Inversionsfrage vor dem Verb oder Hilfsverb, vor dem sie im Aussagesatz stehen würden.

Où se sont-ils rencontrés pour la première fois ?

Ist das Subjekt ein Nomen und kein Personalpronomen, steht es am Satzanfang und wird von einem Pronomen wiederaufgenommen. Diesen Fragentyp nennt man absolute Fragekonstruktion.

Man benutzt diese Konstruktion vorwiegend in der schriftlichen Sprache für Fragen mit und ohne Fragewort.

Jean-Paul viendra-t-il ?
Quand Jean-Paul viendra-t-il ?

Die absolute Fragekonstruktion kann man ebenfalls verwenden, wenn das Subjekt *cela* oder *ça* ist.

Cela t'intéresse-t-il ?

Sonstige Pronomen wie Reflexivpronomen stehen vor dem konjugierten Verb. Das *Participe passé* gleicht sich wie gehabt an, wenn das Verb mit *être* konjugiert wird oder ein direktes Objekt vor ihm steht.

Pourquoi Jean-Paul et Claudine se sont-ils disputés ?

5 Indirekte Rede/Frage

discours indirect/interrogation indirecte

Entweder sagt man etwas in wörtlicher Rede, was schriftlich mit Doppelpunkt und Anführungszeichen (« »), in französischen Dialogen oft auch mit einem langen Gedankenstrich (–) signalisiert wird; oder man gibt wieder, was man selbst oder jemand anders gesagt hat. Diese Form der Aussage nennt man indirekte Rede bzw. indirekte Frage.

5.1 Indirekte Rede

Die indirekte Rede wird mit einem Einleitungssatz kenntlich gemacht, der ein Verb des Sagens enthält.

Verben des Sagens für die indirekte Rede sind:

- *affirmer*
- *avouer*
- *déclarer*
- *dire*
- *prétendre*
- *promettre*
- *répéter*
- *répondre*
- *rétorquer*
- *s'écrier*

Diese Verben können natürlich in allen Tempora auftreten. Die wiedergegebene Aussage steht im Nebensatz mit *que* oder wird mit einer Infinitivkonstruktion formuliert, wobei der *que*-Satz häufiger vorkommt.

Il dit qu'il va revenir dans deux jours.
Il avoue aimer le foot.

Um eine wörtliche Rede in eine indirekte Rede umzuwandeln, verwendet man eins der aufgeführten Verben des Sagens mit *que* und fügt dahinter in der gleichen Satzstellung wie im Aussagesatz die Mitteilung der direkten Rede an.

« Nous nous marierons au mois d'octobre. »
Alex et Iris disent qu'ils se marieront au mois d'octobre.

Bei der Umwandlung der direkten in die indirekte Rede muss man diese Satzteile anpassen:
- Personal- und Reflexivpronomen
- Possessivpronomen • Zeitangaben • Ortsangaben

pronoms personnels

Wenn man die Aussage von jemandem wiedergibt, der von sich in der 1. Person Singular (*je*) oder Plural (*nous*) spricht, steht in der indirekten Rede die 3. Person Singular (*il*/*elle*) bzw. Plural (*ils*/*elles*). Das Verb nimmt die entsprechende Endung der 3. Person an.

« Je ne viendrai pas. »
Elle promet qu'elle ne viendra pas.
« Nous ne viendrons pas. »
Ils promettent qu'ils ne viendront pas.

pronoms réfléchis

Bei einem reflexiven Verb passt sich auch das Reflexivpronomen an.

« Je m'appelle Rosalie. » Elle dit qu'elle s'appelle Rosalie.

Die Personalpronomen der anderen Personen bleiben gleich oder richten sich nach der Sprechsituation – je nachdem, wer mit wem spricht und an wen sich die indirekte Rede richtet.

« Je te montrerai la ville. »
Elle dit qu'elle me montrera la ville.
Tu dis que tu me montreras la ville.
Je dis que je te montrerai la ville.

Die letzte mögliche Sprechsituation besteht darin, dass sich zwei Personen unterhalten und eine dritte Person die gehörte Aussage wiedergibt.

Elle dit qu'elle lui montrera la ville.

Die Possessivpronomen muss man ebenfalls an die Situation anpassen. Sie richten sich danach, wer angesprochen wird und um wessen Dinge es sich handelt.

pronoms possessifs

« C'est Sébastien qui a perdu tes clés. »
Raoul dit que c'est Sébastien qui a perdu mes clés.
Raoul dit que c'est Sébastien qui a perdu tes clés.

Von den im Satz vorkommenden Ortsangaben ändert sich nur *ici*. Wenn die Aussage sich auf einen Ort bezieht, der mit *ici* bezeichnet wird, bleibt *ici* stehen.

indication de lieu (ici, là-bas)

Il nous promet qu'il restera ici (là où nous sommes maintenant).

Sobald die Aussage aber sich auf einen anderen als den mit *ici* gemeinten Ort bezieht, muss *là-bas* stehen. Der Unterschied zwischen *ici* und *là-bas* ist wie der zwischen „hier" und „dort" im Deutschen.

Il nous promet qu'il fera beau là-bas (là où il se trouve).

Folgende Ausdrücke der wörtlichen Rede werden für eine bessere Verständlichkeit in der indirekten Rede durch genauere Zeitangaben ersetzt:

indications de temps

- *l'année dernière* → *l'année précédente/d'avant*
- *hier* → *la veille*
- *aujourd'hui* → *ce jour-là/le jour même*
- *ce matin (cet après-midi/ce soir)* → *ce matin-là/le matin même*
- *demain* → *le lendemain*
- *la semaine prochaine* → *la semaine suivante/d'après*
- *l'année prochaine* → *l'année suivante/d'après*

Laurent dit : « Cet après-midi, j'aurai un entretien important. »
Laurent dit qu'il aura un entretien important l'après-midi même.

concordance des temps

Zeitenfolge

Bisher wurden nur Sätze besprochen, deren Einleitungsverben im *Présent* stehen. Der häufigere Fall wird aber sein, dass man mit z. B. *il a dit que* beginnt, um dann wiederzugeben, was eine andere Person gesagt hat.

temps du passé

Sobald das Verb vor dem *que* in einem Tempus der Vergangenheit steht (*Imparfait, Passé composé, Passé simple, Plus-que-parfait*), gelten strikte Regelungen für die Tempora in der indirekten Rede.

Diese Tempora der direkten Rede werden in der indirekten Rede durch die folgenden Tempora ersetzt:

- *Présent* → *Imparfait*
- *Futur simple* → *Conditionnel présent*
- *Passé composé* → *Plus-que-parfait*
- *Passé simple* → *Plus-que-parfait*

présent → imparfait

Würde in der direkten Rede das *Présent* stehen, wird es in der indirekten Rede mit dem *Imparfait* wiedergegeben, wenn der redeeinleitende Satz in der Vergangenheit steht. Das *Passé composé* bzw. in literarischen Texten das *Passé simple* ist das gebräuchlichste Tempus für den Einleitungssatzteil.

Die Zeitenverschiebung ergibt sich daraus, dass die Sprechzeitpunkte auf einer Ebene liegen müssen. Im Fall der direkten Rede spreche ich jetzt über etwas, das zum gegenwärtigen Zeitpunkt stattfindet. In der Vergangenheit habe ich über etwas gesprochen, das zum Zeitpunkt meiner Aussage stattfand – und der liegt eben auch in der Vergangenheit.

« Nous sommes d'accord avec Sandrine. »
Elles ont dit qu'elles étaient d'accord avec Sandrine.

futur → conditionnel

Das *Futur* der direkten Rede wird zu einem *Conditionnel*, das nicht umsonst auch *Futur du passé* genannt wird.

« Je passerai six mois en Nouvelle-Zélande ! »
Patricia a déclaré à ses amis qu'elle passerait six mois en Nouvelle-Zélande.

Ein *Passé composé* der direkten Rede verwandelt sich in der indirekten Rede in das *Plus-que-parfait*. Dadurch ist die Vorzeitigkeit zur Redesituation gewährt.

passé composé → plus-que-parfait

« Tu n'as pas répondu à ma question. »
Il m'a reproché que je n'avais pas répondu à sa question.

Das *Passé simple* wird ebenfalls zu einem *Plus-que-parfait*, doch in der direkten Rede wird das *Passé simple* so gut wie nie vorkommen.

passé simple → plus-que-parfait

Die Tempora *Imparfait*, *Plus-que-parfait* und *Conditionnel* bleiben in der direkten und in der indirekten Rede gleich.

« Je n'aurais pas su quoi faire sans toi. »
Elle a dit qu'elle n'aurait pas su quoi faire sans moi.

Erlebte Rede

discours indirect libre

Unter erlebter Rede versteht man die wiedergegeben Gedanken oder Äußerungen einer Person ohne einen redeeinleitenden Satz. Man schließt aus dem Kontext, dass es sich um die Äußerungen einer Person handelt. Für die erlebte Rede gelten dieselben Regeln mit derselben Zeitenfolge wie für die indirekte Rede. Das *Présent* wird zum *Imparfait*, das *Futur* zum *Conditionnel* und das *Passé composé/simple* zum *Plus-que-parfait*. Auch die Personalpronomen werden wie in der indirekten Rede geändert. Nur die Zeit- und Ortsangaben der direkten Rede bleiben erhalten.

Elle savait ce qu'elle voulait. Demain, elle prendrait le train à cinq heures du matin en direction de Paris. Arrivée, elle appellerait Jacques et lui dirait ce qu'elle pensait de lui.

Die erlebte Rede wird vor allem als Stilmittel in literarischen Texten eingesetzt. Der Autor kann die Gedanken seiner Figur wiedergeben, ohne stets redeeinleitende Verben benutzen zu müssen, was den Text flüssiger macht und den Leser direkter am Innenleben der Figur teilhaben lässt.

interrogation indirecte

5.2 Indirekte Frage

Was die indirekte Rede für den Aussagesatz, ist die indirekte Frage für den Fragesatz. Ein direkter Fragesatz wird damit indirekt wiedergegeben. Die indirekte Frage endet oft mit einem Punkt.

Häufig wird die indirekte Frage auffordernd verwendet.

« Comment est-ce que vous vous appelez ? »
Dites-moi comment vous vous appelez.

Auch innerhalb eines Fragesatzes kann eine indirekte Frage vorkommen. Solche Sätze enden mit einem Fragezeichen.

Est-ce que tu sais quelle heure il est ?

Wenn die Frage nicht auffordernd gemeint ist, stehen im einleitenden Satzteil Verben des Fragens oder Wissens:

- *se demander*
- *vouloir savoir*
- *j'aimerais savoir*

Je me demande si mon réveil n'a pas sonné ce matin ou si je ne l'ai pas entendu.

verbes transitifs directs

savoir

Die indirekte Frage ist generell nur nach direkt transitiven Verben möglich. Wenn man eine indirekte Frage an ein indirekt transitives Verb anschließen will, muss man ein Verb wie *savoir* einschieben, das ein direktes Objekt haben kann.

Je voudrais savoir si le temps restera beau.

la raison pour laquelle

Die indirekte Frage muss immer von einem Verb abhängen und kann nicht nach einem Adjektiv oder Nomen stehen. Ein beliebter Fehler, der durch Übersetzung aus dem Deutschen entsteht, ist „der Grund, warum" zu wörtlich zu übertragen. Auf Französisch muss es heißen: *la raison pour laquelle*.

La raison pour laquelle le ministre a démissionné n'est pas encore connue.

concordance des temps

Bei der indirekten Frage gilt dieselbe Zeitenfolge wie bei der indirekten Rede. Steht das einleitende Verb in einer Zeit der Vergangenheit, werden im Nebensatz mit der indirekten Frage die Zeiten gemäß dem Schema der Zeitenfolge angeglichen:

- *Présent* → *Imparfait*
- *Futur simple* → *Conditionnel présent*
- *Passé composé* → *Plus-que-parfait*
- *Passé simple* → *Plus-que-parfait*

présent → imparfait

Stand in der direkten Frage z. B. das *Présent*, muss in der indirekten Frage das *Imparfait* verwendet werden, um das gleichzeitige Stattfinden der beiden Handlungen auszudrücken.

« Qu'est-ce que tu fais ? »
Il m'a demandé ce que je faisais.

Indirekte Gesamtfrage

interrogation totale indirecte

Wie bei der direkten Frage unterscheidet man auch bei der indirekten Frage zwischen Gesamt (Entscheidungs)- und Teil (Ergänzungs)-frage.
Die entsprechende Konjunktion, mit der die indirekte Frage eingeleitet wird, ist *si* („ob").

Je me demande si l'orage va éclater ou pas.

Die Satzstellung im Nebensatz der indirekten Frage ist die gleiche wie im Aussagesatz: Subjekt – Prädikat – Objekt.

Je voudrais savoir si Jeanne gagnera au concours.

Steht nach *si* das Personalpronomen *il* oder *ils*, wird *si* apostrophiert: *s'il*/*s'ils*. Bei *elle*/*elles* geschieht das nicht.

J'aimerais savoir s'ils sont de retour.
Je leur ai demandé si elles avaient aimé le concert.

interrogation partielle indirecte

Indirekte Teilfrage

Die Teil- oder Ergänzungsfrage erfragt einen bestimmten Sachverhalt, der die Antwort ergänzt. In diesem Fragetyp wird immer ein Fragewort benötigt, das in der direkten und indirekten Frage meist dasselbe ist.

> Zu beachten ist, dass nach Personen stets mit dem Fragewort *qui* gefragt wird. Für Sachen verwendet man *ce qui* bzw. *ce que* bzw. nach Präpositionen *quoi.*

Auch nach Präpositionen steht bei Personen *qui*:

« À qui ressemble-t-il ? »
Je me demande à qui il ressemble.

ce qui, ce que

Wenn es um Sachen geht, steht in der Subjektfunktion *ce qui* und in der Objektfunktion *ce que.* Das *qu'est-ce qui* der direkten Frage wird zu *ce qui.*

« Qu'est-ce qui s'est passé pendant la nuit ? »
Raconte-moi ce qui s'est passé pendant la nuit.

Qu'est-ce que wird in der indirekten Frage zu *ce que.*

« Qu'est-ce que tu as vécu pendant ton séjour en Inde ? »
Raconte-moi ce que tu as vécu pendant ton séjour en Inde.

quoi après prépositions

Que kann man nicht mit Präpositionen verwenden, weswegen es nur als direktes Objekt eingesetzt werden kann. Wenn nach einer Sache gefragt wird, steht als indirektes Objekt *quoi.*

J'aimerais savoir de quoi il a parlé à Jean-Luc.

complément circonstanciel

Bei Fragen nach der adverbialen Bestimmung mit den Fragewörter *comment, pourquoi, quand* usw. wird die Reihenfolge von Subjekt und Prädikat umgedreht, wie in der direkten Inversionsfrage. Diese sogenannte Inversion ist aber nur möglich, wenn das Subjekt des Nebensatzes ein Nomen ist. Ist das Subjekt ein Personalpronomen, ist die Inversion nicht möglich.

Dis-moi où va ton frère. Dis-moi où il va.

Frage nach der prädikativen Ergänzung

attribut du sujet

Die prädikative Ergänzung hängt vom Verb ab und stellt einen Teil des Prädikats dar. Sie steht häufig nach *être*.

« Qui sera notre professeur l'année prochaine ? »

In der indirekten Frage nach der prädikativen Ergänzung wird die Reihenfolge von Subjekt und Prädikat ebenfalls umgedreht.

J'aimerais savoir qui sera notre professeur.

Die Inversion kommt nur bei den prädikativ gebrauchten Interrogativpronomen *qui*, *lequel* und *quel* vor.

« Lequel est ton vélo ? »
Il voudrait savoir lequel est mon vélo.

6 *Si*-Sätze

propositions circonstancielles de condition avec si

Unter *Si*-Sätzen versteht man konditionale Sätze, die im Deutschen mit „wenn ..., dann ..." wiedergegeben werden. Sollte man dieses *si* mit „falls" übersetzen können, dann handelt es sich um eine konditionale Beziehung und nicht um eine temporale.
Quand bedeutet ebenfalls „wenn", ist aber eine temporale Konjunktion und darf nicht mit *si* verwechselt werden. Es bedeutet „wenn" im Sinne von „als", „sobald" oder „immer wenn".

Quand ma copine conduit une voiture, j'ai peur qu'elle ne cause un accident.

conditions et conséquences

In konditionalen *Si*-Sätzen werden Bedingungen und ihre Folgen ausgesprochen. Die Bedingung steht im Nebensatz, der mit *si* beginnt, im Hauptsatz steht die Folge, die aus der Bedingung resultiert.

Si je gagne au loto, j'arrêterai de travailler !

concordance des temps

Im Französischen gibt es eine strenge Zeitenfolge für *Si*-Sätze. Die Zeit, die im *Si*-Teil des Satzes steht, bestimmt die Wahl der Zeit für den zweiten Satzteil.

Diese Tempora können im konditionalen Nebensatz mit *si* vorkommen:

- *Présent*
- *Imparfait*
- *Passé composé*
- *Plus-que-parfait*

Im konditionalen Nebensatz kann also weder das *Futur* noch das *Conditionnel* stehen. Im Hauptsatz sind alle Zeiten erlaubt.

ordre du réel

6.1 Erfüllbare Bedingungen

Unter erfüllbaren Bedingungen versteht man noch nicht verwirklichte, aber dennoch umsetzbare Möglichkeiten.

In konditionalen Sätzen, die erfüllbare Bedingungen ausdrücken, gilt diese Zeitenfolge:

- *Présent* → *Présent*/*Futur*/*Impératif*
- *Imparfait* → *Conditionnel présent*
- *Passé composé* → *Futur*

Steht im Nebensatz mit *si* z. B. das *Présent*, wird im Hauptsatz eines der hinter dem Pfeil stehenden Tempora *Présent* oder *Futur* oder der *Impératif* verwendet.

subordonnée au présent

Nebensatz im *Présent*

Das *Présent* im Nebensatz drückt aus, dass der Satz auffordernden Charakter hat oder sich auf die Zukunft bezieht. Es handelt sich auf jeden Fall um eine erfüllbare Bedingung oder zumindest um eine, die man sich als erfüllbar vorstellt. Im Hauptsatz kann z. B. der *Impératif* stehen.

Si vous êtes d'accord, signez là.

Sobald es sich um einen Vorgang handelt, der sich in der Zukunft abspielen wird, muss im Französischen das *Futur* stehen. Im Deutschen kann man mit dem Präsens übersetzen.

Si tu en parles à notre père, tu lui gâcheras la surprise.

Es kann auch sein, dass in beiden Satzteilen das *Présent* steht, wenn der Kontext dies zulässt. Der Satz bezieht sich dann nicht auf die Zukunft, sondern spricht eine grundsätzliche Bedingung aus, die das entsprechende Verhalten zur Folge hat.

Si tu y vas, j'y vais aussi.

Nebensatz im *Imparfait*

subordonnée à l'imparfait

Steht der konditionale Nebensatz im *Imparfait*, wird im Hauptsatz das *Conditionnel présent* verwendet.

Si tu m'aidais à peindre les murs du couloir, je pourrais commencer à peindre la chambre lundi.

Die Bedingung muss theoretisch machbar sein und es muss die Möglichkeit geben, dass die Aussage des Satzes in der nahen oder fernen Zukunft wahr werden wird. Im Deutschen kann man je nach Kontext auch mit „sollte" übersetzen.

S'il pleuvait demain, nous resterions à la maison et nous n'irions pas au zoo.

Nebensatz im *Passé composé*

subordonnée au passé composé

Je nach Sachverhalt verwendet man im konditionalen Nebensatz auch das *Passé composé*. Das *Passé composé* drückt eine abgeschlossene Handlung in der Vergangenheit aus, die bis in die Gegenwart hineinreicht. Die Bedingung muss sich bis zu einem Zeitpunkt in der Zukunft erfüllt haben, damit dann die Folge eintreten darf. Im Hauptsatz steht deswegen das *Futur*.

Si Laurence a terminé ses devoirs avant cinq heures, elle vous rejoindra au terrain de jeux.

ordre de l'iréel

6.2 Nicht erfüllbare Bedingungen

In nicht erfüllbaren Konditionalsätzen spricht man von vorgestellten Tatsachen, von Wunschträumen, von „Was wäre, wenn…?". Man träumt von einem Lottogewinn, man weiß besser, was zu tun gewesen wäre, nur ist es jetzt leider zu spät oder man spekuliert über Möglichkeiten. Nicht erfüllbare Bedingungen können sich auf die Gegenwart oder die Vergangenheit beziehen. Im ersten Fall spricht man vom Irrealis der Gegenwart, im zweiten vom Irrealis der Vergangenheit.

In nicht erfüllbaren Bedingungssätzen gilt folgende Zeitenfolge:

- *Imparfait* → *Conditionnel présent* (selten: *Conditionnel passé*)
- *Plus-que-parfait* → *Conditionnel passé* (selten: *Conditionnel présent*)

subordonnée à l'imparfait

Nebensatz im *Imparfait*

Im konditionalen Nebensatz steht das Verb im *Imparfait*, wenn sich die Bedingung auf die Gegenwart bezieht. In diesen Sätzen geht es nicht um Szenarien, die bereits passiert und deswegen sowieso nicht mehr zu ändern sind, sondern um gedachte Möglichkeiten, um Träume und Ideen. Im Hauptsatz steht das *Conditionnel présent* und bezieht sich auf eine imaginäre Zukunft oder Gegenwart.

Si nous étions riches, nous nous acheterions une maison en Provence.
Si j'étais Marie, je profiterais sans réfléchir de cette occasion.

Im Hauptsatz steht das *Conditionnel passé*, sofern es sich um eine mögliche Chance oder verpasste Gelegenheit in der Vergangenheit handelt. Die Bedingung gilt allerdings immer noch für den momentanen Sprechzeitpunkt.

Si j'avais une famille riche, j'aurais fait des études plus intéressantes.

Nebensatz im *Plus-que-parfait*

subordonnée au plus-que-parfait

Si-Sätze, deren Bedingung im *Plus-que-parfait* vorgetragen wird, drücken eine nicht erfüllbare und nicht erfüllte Bedingung und eine nur hypothetische Folge aus. Das Gedankengebäude bezieht sich in diesen Sätzen auf die Vergangenheit. Im Nebensatz steht meistens das *Conditionnel passé*: Es handelt sich um eine mögliche Chance oder verpasste Gelegenheit in der Vergangenheit.

Si tu m'avais demandé, j'aurais peut-être dit oui.

Ob der Hauptsatz im *Conditionnel présent* oder *passé* steht, hängt vom Zeitpunkt ab, an dem die Folge eingetreten wäre.
Steht im Nebensatz das *Conditionnel passé*, so bedeutet dies, dass die vorgestellte Folge der Bedingung zum Zeitpunkt der Aussage abgeschlossen und vorbei wäre.
Man verwendet das *Conditionnel présent*, wenn die gedachte Folge zum Sprechzeitpunkt noch aktuell wäre.

Si j'avais écrit un best-seller, je n'aurais plus jamais de soucis d'argent.

Auf einen Blick: Satz

Aussagesatz

- Wortarten: Nomen, Verb, Adjektiv, Adverb, Begleiter (Artikel), Pronomen, Konjunktion, Präposition
- Aussagesatz besteht in den meisten Fällen aus einem Subjekt, einem Prädikat, einem oder zwei Objekten (direkt und/oder indirekt) sowie adverbialen Bestimmungen
- grundlegende Satzstellung: S ubjekt – P rädikat – O bjekt (SPO)
- Hauptsatz kann alleine stehen und enthält ein Prädikat
- Nebensatz kann nicht alleine stehen, enthält ebenfalls ein Prädikat: Relativsatz, Konjunktionalsatz (Adverbialsatz, dass-Satz)
- koordinierende (bei-/nebenordnende) Konjunktionen verbinden zwei Hauptsätze miteinander: *mais, ou, et, donc, or, ni, car*
- subordinierende (unterordnende) Konjunktionen stellen ein Satzgefüge aus Haupt- und Nebensatz her; der Nebensatz (= Adverbialsatz) hat eine Sinnrichtung, z. B. konzessiv (*alors que*), kausal (*parce que*), temporal (*après que*)

Verneinung

- immer zweiteilig: *ne ...* + Verneinungswort (*pas, plus, jamais, personne, aucun(e), rien, ni ... ni*)
- die Verneinung umschließt nur das konjugierte Verb und die vor dem Verb stehenden Objekt- oder Adverbialpronomen (*Je ne te le donne pas.*)
- das *Participe passé* steht nach der Verneinung (*Je ne l'ai pas vue.*), außer bei *personne* und *aucun* (*Je n'ai vu personne.*)
- *ne pas* steht vor einer Infinitivform (*Ne pas marcher sur le gazon.*)
- *non pas* steht bei der Auswahl eines Elements von zweien (*Je prends de la glace à la vanille et non pas au chocolat.*)
- *plus* und *jamais/rien* können kombiniert werden: *ne ... plus jamais, ne ... plus rien*
- hinter *ne ... pas/plus/rien* kann *du tout* zur Verstärkung stehen (*Je ne vois plus rien du tout.*)
- alle Verneinungswörter stehen ohne *ne* im Satz ohne Verb (*Tu as vu quelqu'un ? Non, personne.*)
- in Subjektfunktion stehen: *personne ne, rien ne, aucun* (*de* + Nomen) *... ne* (*Personne ne s'intéresse à ma peinture.*)
- *ne ... ni ... ni* und *non plus*: Verneinung zweier Elemente (Nomen, Pronomen, Adjektive oder Adverbien)

Mise en relief

- *c'est ... qui*: zur Hervorhebung des Subjekts (*C'est toi qui paies l'addition.*)
- *c'est ... que*: zur Hervorhebung der übrigen Satzglieder (*C'est demain que nous partirons.*)
- zwischen *c'est* und *qui/que* stehen nur unverbundene Personalpronomen (*moi, toi, soi, eux, elles*)
- Präpositionen stehen davor, indirekte Objektpronomen werden aufgelöst (*C'est de toi qu'elle parle.*)
- *c'est* kann sich in der Zeit anpassen (z. B. *c'était*)
- Verneinung durch *ce n'est pas ... que/qui*

Fragesatz

- Entscheidungsfrage: kann mit „ja" oder „nein" beantwortet werden
- Ergänzungs-/Teilfrage: muss ausführlicher beantwortet werden; wird von einem Fragewort eingeleitet
- Fragewörter: *qui ?, que ?, quoi ?, lequel ?, quel ?, combien ?, comment ?, où ?, pourquoi ?, quand ?*
- Intonationsfrage: Frage wird nur über die Intonation/Satzmelodie markiert (hauptsächlich mündliche Sprache)
- Frage mit *est-ce que*: *est-ce que* steht am Satzanfang oder (falls vorhanden) nach dem Fragewort
- Frage nach dem Subjekt: *qu'est-ce qui* (Sache), *qui est-ce qui* (Person)
- Frage nach dem Objekt: *qu'est-ce que* (Sache), *qui est-ce que* (Person)
- Inversionsfrage: Inversion von Subjekt (nur Pronomen) und Prädikat/Hilfsverb, mit Bindestrich verbunden
- zwischen zwei Vokalen steht *-t-* (*Quand répondra-t-il ?*)
- absolute Fragekonstruktion: ein Nomen als Subjekt steht am Anfang der Frage und wird von einem Pronomen wieder aufgegriffen (*Quand l'entreprise publiera-t-elle les résultats de l'enquête ?*)

Indirekte Rede

- indirekte Wiedergabe wörtlicher Rede
- redeeinleitendes Verb (*dire, répondre, s'écrier*) gefolgt von *que* oder Infinitivkonstruktion (*Il dit qu'il n'entend rien. Il prétend ne rien vouloir.*)
- Anpassung von:
  Personal-, Reflexiv- und Possessivpronomen, Zeitangaben (*aujourd'hui → ce jour-là/le jour même*) Ortsangaben (*ici → là-bas*)

- Zeitenfolge, wenn das einleitende Verb in der Vergangenheit steht:
  Présent → *Imparfait, Futur simple* → *Conditionnel présent,*
  Passé composé → *Plus-que-parfait, Passé simple* → *Plus-que-parfait*
  (*Il m'a répondu que les gens n'étaient plus là.*)
- erlebte Rede: indirekte Rede ohne einleitenden Satzteil

Indirekte Frage

- indirekte Wiedergabe einer Frage
- einleitende Verben: *se demander, vouloir savoir, j'aimerais savoir*
- Aufforderung (*Dis-moi comment tu l'as fait.*)
- nur nach transitiven Verben möglich und nicht nach Nomen oder Adjektiven; Umschreibung mit: *je voudrais savoir si ..., la raison pour laquelle ...*
- Zeitenfolge wie bei indirekter Rede, wenn das einleitende Verb in einem Tempus der Vergangenheit steht
- indirekte Gesamtfrage: eingeleitet von der Konjunktion *si* (*Je me demande si nous arriverons à temps.*)
- indirekte Teilfrage: eingeleitet von dem Fragewort der direkten Frage, für Personen *qui*, für Sachen *ce que* oder *ce qui* bzw. *quoi* nach Präpositionen (*J'aimerais savoir ce que c'est. J'aimerais savoir de quoi il parle.*)

Si-Sätze

- Wenn-Dann-Sätze, konditionale Nebensätze eingeleitet von *si* („falls")
- die Bedingung steht im Nebensatz mit *si*, die Folge im Hauptsatz
- im *Si*-Satzteil können nur diese Tempora auftauchen: *Présent, Imparfait, Passé composé, Plus-que-parfait*
- Zeitenfolge:
  Nebensatz mit *si* → Hauptsatz
  Présent → *Présent/Futur/Impératif*
  Imparfait → *Conditionnel présent*
  Passé composé → *Futur*

Präpositionen und Stolpersteine

Nach den Präpositionen mit ihren verschiedenen Bedeutungen widmen wir uns hier den wichtigsten Stolpersteinen im Französischen: sprachliche Besonderheiten, über die Deutsche immer wieder stolpern. Dazu zählen verbale Ausdrücke wie *aimer faire qch* für „etwas gerne tun" sowie die unterschiedlichen Adjektiv- und Verbergänzungen.

1 Präpositionen

Präpositionen (auf Deutsch Verhältniswörter) sind meistens kurze, unveränderliche Wörter, die vor (lat. = präs) ihrem Bezugswort stehen. Es gibt auch eine Reihe an Präpositionen, die aus mehreren Wörtern zusammengesetzt sind.
Oft haben die Präpositionen eine lokale, temporale, kausale oder modale Bedeutung, sie können aber auch neutral sein und nur die Funktion haben, zwei Wörter miteinander zu verbinden. Um z. B. das indirekte Objekt an das Verb anzuschließen, wird oft die Präposition *à* verwendet.

Je parle à toi.

Nicht alle Präpositionen werden nur lokal oder nur temporal gebraucht, sondern sie kommen in unterschiedlichen Kontexten vor.

1.1 Die Bedeutungen von *à*, *de* und *en*

Die Präpositionen, die am häufigsten vorkommen, sind sicherlich *à* und *de*.

Man findet die Präposition *à* („in")
- vor dem indirekten Objekt (*je montre les photos à Sandrine*)
- vor einer Nominalergänzung (*une tasse à café*)
- als lokale Präposition (*nous nous trouvons à Paris*)
- als temporale Präposition (*ils viendront à trois heures*)
- zur Bezeichnung der Art und Weise (*il faut le laver à la machine*)
- bei Zahlenangaben

Vor Zahlen steht *à* meist bei Entfernungs- (z. B. in Kilometern) und Preisangaben.

Le sommet est à trois kilomètres d'ici.
Vous pouvez acheter des fraises à 4 euros le kilo.

De bezeichnet in den häufigsten Fällen den Ausgangspunkt bzw. den Herkunftsort („von") sowie die Materialbeschaffenheit („aus") oder die Ursache eines Gefühls.

Die Präposition *de* („von, aus") steht
- vor dem indirekten Objekt (*nous parlions de la 2nde Guerre Mondiale*)
- vor einer Nominalergänzung (*un pull de laine*)
- als lokale Präposition (*je viens de Roumanie*)
- als temporale Präposition (*de trois heures à trois heures et quart*)
- als kausale Präposition (*pleurer de bonheur*)

Präpositionen vor Länderbezeichnungen

Im Zusammenhang mit Ländern, Städten und Regionen verwendet man *de*, um den Heimatort, das Herkunftsland oder einen Ausgangspunkt zu benennen.

Je viens d'Allemagne.
Nous sommes partis de Berlin en 1990.

Die Präposition *en* wird mit femininen Bezeichnungen für Länder oder Regionen verwendet. Dabei kann *en* bedeuten, dass ich mich bereits dort befinde oder dass ich dort hinfahren werde.

Je rendrai visite à une vieille amie. Elle vit en Bavière.
Nous irons en Afrique du Sud cette année.

En steht auch vor maskulinen Ländernamen, die mit einem Vokal anfangen.

Notre famille est émigrée en Israël.

Vor maskulinen Ländernamen, die mit einem Konsonant beginnen und vor Ländernamen im Plural wird *à* mit dem bestimmten Artikel verwendet.

Diese Länder- und Kontinentnamen sind maskulin:

- *l'Antarctique* → die Antarktis
- *l'Iran* → Iran
- *Israël* → Israel
- *le Liban* → der Libanon
- *le Luxembourg* → Luxemburg
- *le Maroc* → Marokko
- *le Portugal* → Portugal

Ma tante habite au Liban.

Diese Ländernamen werden im Plural gebraucht:

- *les Antilles* → die Antillen
- *les Baléares* → die Balearen
- *les États Unis d'Amérique* → die Vereinigten Staaten von Amerika
- *les Pays-Bas* → die Niederlande

Nous avons passé nos vacances aux États-Unis.

Nominalergänzungen

Im Französischen gibt es viele Nominalgruppen, in denen ein Nomen mit einem zweiten Nomen als Ergänzung erweitert wird (*complément du nom*). Das zweite Nomen ist oft mit den Präpositionen *à*, *de* oder *en* verbunden. Diese Nominalgruppen entsprechen oft deutschen zusammengesetzten Wörtern.

Nominalergänzung mit *à*: Der Begriff beschreibt eine bestimmte Eigenschaft eines Gegenstands.

- *une boite aux/à lettres*
- *un moule à gaufres*
- *des patins à glace*
- *un sac à dos*
- *une tasse à café*
- *un verre à vin*

Nous avons acheté des nouveaux verres à vin.
Les serviettes sont assorties aux tasses à café.
Vous avez trente-cinq courriels dans votre boite à lettres électronique !

Nominalergänzung mit *de*: Der Begriff beschreibt eine bestimmte Sorte eines Gegenstands.

- *une boite d'allumettes*
- *une boule de billard*
- *une bouteille de vin*
- *une chaise de jardin*
- *une chambre d'hôtel*
- *un drap de lit*
- *un sac de couchage*
- *une salle de séjour*
- *une table de mixage*

Est-ce que tes parents ont réservé une chambre d'hôtel ?
Combien de bouteilles de limonade acheterons-nous pour la fête ?

Nominalergänzung mit *en* bei Materialen: Die meisten Begriffe sind feststehend und werden entweder mit *en* oder *de* gebildet.

- *une boite en aluminium*
- *une chaine en or*
- *des chaussures en cuir*
- *une chemise de/en soie*
- *une fleur de/en papier*
- *un pull de/en laine*

Bei den Ausdrücken, die nicht feststehend sind, bezeichnet *de* eher den fertigen Gegenstand, während *en* das Material betont.

Les enfants ont fait des fleurs en papier à la maternelle.
Comme décoration, on pourrait mettre des fleurs de papier sur les tables.

1.2 Lokale Präpositionen

Lokale Präpositionen drücken Ortsbeziehungen aus.

À, dans, en

Für „in" gibt es drei Präpositionen, die in unterschiedlichen Situationen eingesetzt werden: *à*, *dans* und *en*.
Während *à* ein abstraktes „in" meint, also einen Ort bezeichnet, ohne ein konkretes Gebäude oder einen konkreten Raum zu meinen, bedeutet *dans* „in" im Sinne von „in einem Raum". Wenn man *dans* sagt, befindet man sich bereits an dem Ort und betrachtet ihn von innen heraus als Umgebung.

Je suis déjà dans le théâtre et je t'attends.
Je vais au théâtre ce soir. Est-ce que la pièce t'intéresse aussi ?

Mit den geografischen Angaben *nord*, *sud*, *est* und *ouest* werden ebenfalls die beiden Präpositionen *à* und *dans* verwendet. *Au nord* meint eine Stelle, die sich von einem bestimmten Punkt aus gesehen außerhalb im Norden befindet. *Dans le nord* bezeichnet eine nördliche Stelle innerhalb eines Ortes, eines Landes, einer Stadt.

Le festival a lieu au nord de Berlin.
J'aime bien les quartiers dans le nord de Paris.

Im Französischen sagt man nicht wie im Deutschen „auf der Straße", sondern man ist „in der Straße".

À Paris, les étudiants sont dans la rue pour manifester contre les frais universitaires.

Mit *à la maison* meint man „zu Hause" oder „nach Hause".

Je rentre à la maison. Martin y est déjà et m'attend.

En wird nicht nur bei Ländernamen verwendet, sondern auch in festen Wendungen wie *en ville*, *en banlieue*.

Demain, j'irais en ville faire des courses.

En kann wie *dans* und *à* auch in übertragener Bedeutung verwendet werden.

Wendungen mit *à*, *dans* und *en*:

- *à la une* → auf der ersten Seite (einer Zeitung)
- *être au chômage* → arbeitslos sein
- *travailler dans l'administration* → in der Verwaltung arbeiten
- *vivre dans la misère* → im Elend leben
- *être dans la rue* → auf der Straße sein
- *dans les environs* → in der Umgebung
- *être en colère* → wütend, zornig sein
- *répondre en italien* → auf Italienisch antworten
- *en pleine rue* → mitten in der Straße
- *aller en ville* → in die Stadt fahren/gehen

Ils chantaient en pleine rue parce que leur équipe de foot préférée avait gagné.

À und *en* muss man bei Aufzählungen jedes Mal wiederholen.

Elle a voyagé en Bretagne et en Provence.
Elle se trouve à l'école, au troisième étage.

Sous, sur, au-dessous de, au-dessus de

Sous bedeutet „unter", *sur* heißt auf Deutsch „auf". Diese beiden Präpositionen werden grundsätzlich wie im Deutschen verwendet.

Le verre se trouve sur la table.
Les musiciens se trouvent sur le pont.
Le chat dort sous la table.
Cette nuit, nous dormirons sous les étoiles.

Man benutzt *sur* immer dann, wenn es sich um eine Fläche handelt, die man von außen betrachtet.

Sous und *sur* kommen in übertragener Bedeutung in verschiedenen Wendungen vor, wobei sie im Deutschen oft anders übersetzt werden. Zu beachten ist z. B., dass es zwar *dans la rue*, aber *sur la route* heißt.

Nous sommes déjà sur l'autoroute. Nous arriverons bientôt.

- *livraison sous huit jours* → Lieferung innerhalb einer Woche
- *sous traitement* → in Behandlung
- *avoir qch sur soi* → etwas bei sich haben
- *donner sur la cour* → auf den Hof hinausgehen
- *un jour sur deux* → jeden zweiten Tag
- *sept jours sur sept, 24 heures sur 24* → täglich, rund um die Uhr

Ma chambre donne sur la cour, les autres pièces donnent sur la rue.
Ce magasin est ouvert sept jours sur sept, vingt-quatre heures sur vingt-quatre.

Au-dessus de und *au-dessous de* gehören zu den zusammengesetzten Präpositionen. *Au-dessus de* heißt „oberhalb von" und bezeichnet eine Position über einer Markierungslinie oder Grenze.

Au-dessus des nuages, il y a toujours du soleil.

Au-dessous de heißt „unterhalb von" und wird im Unterschied zu *sous* gebraucht, um etwas zu beschreiben, dass sich unterhalb einer Grenze, also auf einer niedrigen Höhe befindet.

Les jupes qui ne vont pas au-dessous du genou sont interdites.

À l'extérieur de, à l'intérieur de, en dehors de

Diese drei Präpositionen gehören ebenfalls zu den zusammengesetzten Präpositionen. *À l'extérieur de* und *en dehors de* bedeuten beide „außerhalb von". Man bezeichnet damit alles, was außerhalb eines Raumes, Hauses, Ortes usw. ist.

Les usines se trouvent souvent à l'extérieur des villes.
Tu ne peux fumer qu'en dehors de la maison.

À l'intérieur de meint das genaue Gegenteil, nämlich „innerhalb von". Mit dieser Präposition ist alles gemeint, was sich innerhalb gewisser Grenzen befindet. Es hat in etwa die Bedeutung von *dans*.

À l'intérieur de la grotte, on a découvert des traces de feu.

Derrière, devant, après, avant

Die Präposition *derrière* („hinter") drückt das Gegenteil von *devant* („vor") aus. Man verwendet sie, um die Position eines Gegenstands oder einer Person an der Rückseite oder hinter einem Vergleichspunkt anzugeben.

Tu n'as pas pu voir le livre. Il se trouvait derrière le sofa.
Elles marchaient l'une derrière l'autre.

Devant hingegen bedeutet, dass sich etwas an der Vorderseite oder davor befindet.

Les gens devant moi sont trop grands, je ne peux rien voir.

Après („nach") und *avant* („vor") sind auch temporale Präpositionen. In örtlicher Hinsicht bezeichnen sie eine Reihenfolge und weniger den konkreten Standort.

Vous prenez la troisième rue à droite après le rond-point
En français, l'article se place avant le nom.

À travers, par

À travers bedeutet „durch, hindurch". Es bezeichnet eine Bewegungsrichtung, das Durchdringen eines Gegenstandes oder Raumes. Dabei kann es sich z. B. um die Glasscheibe eines Fensters handeln. Entscheidend ist, dass mit *à travers* die Vorstellung eines Hindernisses verbunden ist.

Le soleil entre dans ma chambre à travers les vitres.

Par bedeutet ebenfalls „durch", meint aber mehr das Hindurchgehen/-fahren durch einen Raum. Es ist ebenfalls mit einer Bewegungsrichtung verbunden.

Je suis passé par Munich pour aller en Italie.

Man verwendet *par* auch in der Wendung *regarder par la fenêtre* „aus dem Fenster schauen".

En regardant par la fenêtre, une idée lui est passée par la tête.

En face de, face à

En face de bedeutet „gegenüber". Damit sind konkrete Ortsbeschreibungen gemeint. Für übertragene Bedeutungen verwendet man eher *face à*, was man im Deutschen auch mit „angesichts" übersetzen kann.

J'habite en face d'une librairie.
Face à cette nouvelle situation, nous devons changer nos plans.

Auprès de, près de, chez

Auprès de und *près de* bedeuten „nahe bei" oder „in der Nähe von".
Auprès de ist häufig mit Personen verbunden und meint z. B., dass sich jemand ganz nahe zu jemand anderem setzen soll.

Assieds-toi auprès de moi.
Il travaille auprès du Ministère des Affaires Étrangères.

Die Präposition *près de* kann sich auf Personen und Sachen gleichermaßen beziehen.

Je m'assois près de toi.
Nous habitons près du parc.

Près kann mit *tout* verstärkt werden.

Le supermarché est tout près d'ici.

Chez bedeutet „bei". Man verwendet *chez* nur bei Personen.

Je dormirai chez Jacqueline cette nuit.
Il faut que j'aille chez le dentiste.
Faites comme chez vous.

Restaurants oder Bistros heißen oft „*Chez* ..."

Nous dinerons au restaurant *Chez Jacques*.

Entre, parmi

Die Präpositionen *entre* und *parmi* bedeuten beide „zwischen" oder „unter", unterscheiden sich aber dennoch leicht in ihrer Verwendung.
Entre gebraucht man, um eine Wahl zwischen einzelnen Gegenständen auszudrücken.

Entre ces deux machines à café, je choisirais la moins chère.

Bei Personen verwendet, betont *entre* die einzelnen beteiligten Menschen oder Gruppierungen und sondert eine Gruppe von den anderen ab.

Les jeunes préféraient rester entre eux.

Gebraucht man *parmi*, hat man eine Menge in ihrer Gesamtheit vor Augen. Aus dieser Menge kann man einzelne Gegenstände auswählen.

Parmi tous ces films, j'ai choisi le même que toi.

Auch in Bezug auf Menschen verweist *parmi* auf die gesamte Gruppe an Personen, die man ohne Unterschiede wahrnimmt.

Elle se sentait seule parmi les invités de Caroline.

À partir de, depuis, jusque, vers, le long de

À partir de und *depuis* bezeichnen beide einen Ausgangspunkt und werden mit „von ... aus" übersetzt.

À partir du boulevard Saint-Michel, vous continuez tout droit.
Il y avait des embouteillages depuis la sortie de Paris.

Jusque („bis") wird seinerseits mit einer Präposition gebraucht, oft mit *à*.

Orphée devait aller jusqu'à la sortie sans se retourner pour libérer Eurydice de l'Hadès.

Aber auch mit *chez* oder *en* kommt *jusque* vor.

Elle l'accompagna jusque chez lui.
Ils faisaient du stop jusqu'en Bretagne.

Nach *jusque* und der zusätzlichen Präposition steht das Ziel eines Wegs, aber auch die Wegstrecke selbst.

Vous allez jusqu'au bout de la rue et vous verrez l'hôtel de ville.

Vers bedeutet „in Richtung, nach". Man befindet sich also noch nicht am Ziel, sondern ist auf dem Weg dorthin. Statt *vers* kann man auch *en direction de* verwenden.

Patrice se dirigea précipitamment vers son véhicule.

Le long de bedeutet „entlang".

Nous avons marché le long du fleuve.

1.3 Temporale Präpositionen

Temporale Präpositionen stellen zeitliche Zusammenhänge her. Einige der Präpositionen haben zusätzlich eine lokale Bedeutung.

À, de ... à, dans, en

Mit *à* ist ein konkreter Zeitpunkt bezeichnet.

J'aurai rendez-vous au mois d'aout, le 19 je crois, à trois heures.
Le printemps commence au mois de mars.
Je reverrai mes cousines à Noël.

Mit den Präpositionen *de ... à* bezeichnet man den Anfang und das Ende eines Zeitraums.

Le magasin est ouvert de 8 heures du matin à 8 heures de soir.

Die Präposition *dans* („in") bezeichnet einen künftigen Zeitpunkt. Man verwendet *dans* bei Zeitangaben, die den Zeitablauf mit einschließen.

Revenez dans quinze minutes, elle n'est pas encore là.
Je vous en informerai dans quinze jours.

En meint ebenfalls eine Zeitspanne, schließt aber im Gegensatz zu *dans* nicht den Zeitpunkt danach mit ein. Man kann je nach Situation mit „innerhalb von" oder „in" übersetzen.

Thierry a appris le français en deux ans.

Außerdem wird *en* vor Monatsnamen verwendet. Man sagt also entweder *en mai* oder *au mois de mai*. Bei Jahreszeiten und Jahreszahlen wird ebenfalls *en* gebraucht.

Nous nous sommes rencontrés pour la première fois en mai.
En hiver, on peut patiner sur ce lac.
La Révolution française a eu lieu en 1789.

D'ici, jusque

Mit *d'ici (à)* bezeichnet man den Endpunkt einer Frist. Deswegen stehen die Verben nach *d'ici (à)* im *Futur* oder *Présent*. Es handelt sich um einen Zeitraum, der mit dem Moment der Aussage beginnt. Man übersetzt *d'ici (à)* mit „binnen" oder „bis".

Le livre doit être traduit d'ici neuf mois.
D'ici à vendredi, vous devrez avoir quitté l'appartement.

Jusque bedeutet ebenfalls „bis" und wird mit einer weiteren Präposition wie z. B. *à* verwendet. Diese Präposition kann auch mit einem Verb in der Vergangenheit gebraucht werden. Bei *jusque* geht es weniger um eine Frist, sondern eher um den Zeitraum, der mit einer Tätigkeit ausgefüllt wurde oder wird.

Je travaillerai jusqu'à huit heures. Après, je ferai des courses.

Après, au bout de, avant, il y a

Après und *au bout de* bedeuten „nach", unterscheiden sich aber in ihrer Verwendung.

Mit *après* wird ein Geschehen gekennzeichnet, das nach einem Zeitpunkt stattfinden wird oder stattgefunden hat. Die Reihenfolge der Ereignisse wird dabei auch berücksichtigt.

Après le bac, ils iront à Lourdes.

Au bout de wird verwendet, um das Ende eines Zeitraums anzugeben. Der Zeitraum bis zum Ende wird allerdings auch betrachtet. Vom Anfangs- bis zum Endpunkt passiert die beschriebene Handlung.

Au bout de ces trois cours, vous aurez assez appris pour pouvoir travailler dans un pays francophone.

Avant ist das Gegenteil von *après* und bedeutet „vor" im Sinne von „vor einem bestimmten Zeitpunkt".

On ne mange pas de chocolat avant le déjeuner.

Il y a heißt ebenfalls „vor" und wird verwendet, um zu signalisieren, dass der genannte Zeitpunkt in der Vergangenheit liegt. Die Verben eines Satzes, die sich auf *il y a* beziehen, stehen somit in einem Tempus der Vergangenheit.

Nous avons parlé de toi il y a quelques minutes.
Il y a trois ans, j'ai commencé à travailler dans cette entreprise.

Hinter den Abkürzungen *ap. J.-C.* und *av. J.-C.* verbergen sich *après Jésus-Christ* bzw. *avant Jésus-Christ*, was „nach Christus" bzw. „vor Christus" bedeutet.

Au VIIème siècle ap. J.-C., il est devenu courant de mettre des blancs entre les mots pour les séparer l'un de l'autre.
La ponctuation n'existait pas encore av. J.-C.

Au cours de, dans le courant de

Diese beiden Präpositionen bedeuten übersetzt „im Laufe, während".

Au cours de steht bevorzugt vor längeren Zeiträumen, *dans le courant de* vor kürzeren. Bei der Verwendung von *au cours de* ist der Zeitraum und das, was in ihm passiert, gemeint. *Dans le courant de* hingegen gebraucht man, um den Zeitrahmen zu definieren, in dem etwas passieren soll oder passiert ist.

Au cours de l'année, vous aurez quatre tests à écrire.
Rappellez-moi dans le courant de la journée.

Depuis, dès, à partir de

Man verwendet *depuis* („seit"), um den Anfangspunkt eines Vorgangs anzugeben, der in der Vergangenheit liegt und bis jetzt oder bis zu einem markierten Endpunkt andauert. Bei *depuis* geht es um den Verlauf des Geschehens.

Depuis trois nuits, il ne dort plus.

Mit *dès* hingegen bezeichnet man den Startpunkt, von dem aus die Handlung stattfindet. Auch diese Handlung kann bis heute bzw. bis zum Sprechzeitpunkt andauern, wichtig ist aber der Zeitpunkt, als sie einsetzte. Man übersetzt *dès* oft mit „von ... an".

Dès le premier instant, elle ne le supporta pas.

À partir de „von ... an, ab" gibt einen genauen Zeitpunkt an, der in der Gegenwart oder in der Zukunft liegt. Nach *à partir de* wird ein Zeitpunkt genannt, von dem ab sich etwas geändert hat, ändern wird oder gestartet ist.

À partir de demain, je ferai chaque jour du jogging.

Pendant, durant, pour

Pendant und *durant* bedeuten „während". Sie bezeichnen beide einen Zeitraum, während dessen sich ein Geschehen abspielt.

Pendant la matinée, le téléphone sonna sept fois.

Durant kann in manchen Ausdrücken auch hinter dem Nomen stehen.

Le prof a encore parlé des heures durant.

Pour bedeutet eigentlich „für", was mit „für die Dauer von" ergänzt oder mit „lang" übersetzt werden kann. Im Gegesatz zu *pendant* und *durant* drückt es eine Absicht oder einen Zweck aus und erhält damit einen finalen Sinn.

Claudine est partie en Inde pour trois mois.

1.4 Kausale Präpositionen

Kausale Präpositionen geben den Grund oder die Ursache eines Vorfalls an. Zu dieser Gruppe gehören oft zusammengesetzte Präpositionen.

À cause de, en raison de, grâce à

À cause de ist schwächer als *en raison de*. Es bedeutet übersetzt „wegen" und gibt die Motivation für eine Handlung oder ein Geschehen an. Der Grund kann eine Sache oder eine Person sein.

Je suis venu à cause de Mélanie. Elle voulait me parler.

Mit *en raison de* gibt man ebenfalls eine Ursache an, aber es handelt sich mehr um eine Begründung oder Erläuterung. Man übersetzt mit „aufgrund".

En raison des pluies, 70.000 personnes ont été évacuées.

Um den Grund für eine Handlung oder ein Ereignis positiv zu bewerten, weil das Ergebnis gut ausgefallen ist, verwendet man *grâce à*. Es bedeutet im Deutschen meist „dank" und kann mit Personen und Dingen benutzt werden.

Grâce aux dons généreux, l'organisation a pu aider beaucoup de gens.

De, par

Neben vielen anderen Möglichkeiten kann *de* auch im Sinne von „aus, von" gebraucht werden und damit die Ursache eines Resultats angeben.
In dieser Bedeutung wird *de* in festen Wendungen gebraucht. Es handelt sich bei ihnen vorwiegend um körperliche Reaktionen des Menschen:

- *crier de rage*
- *mourir de fatigue/de faim/de soif*
- *pleurer de bonheur/de joie*
- *sauter de joie*
- *sourire de bonheur*
- *trembler de peur/de froid*

Je meurs de fatigue ! Je n'ai pas fermé l'œil de la nuit.
Quand le réalisateur a gagné l'oscar, il a véritablement pleuré de joie.

Par mit der Bedeutung „aus" ist vielseitiger einsetzbar als *de*. Mit *par* drückt man den Beweggrund der Handlung aus und nicht seine Ursache.

Il a commis ce crime par amour.
Par manque de temps, je n'ai pas corrigé toutes les fautes d'orthographe.

1.4 Weitere Präpositionen

Hier sind Präpositionen zusammengefasst, die man manchmal unter dem Stichwort „modale Präpositionen" findet. Einige von ihnen haben allerdings einen konzessiven oder adversativen Sinn, so dass sie an dieser Stelle ohne Kategorisierung erläutert werden.

À défaut de, faute de

Man kann *à défaut de* und *faute de* mit „mangels" oder „in Ermangelung von" übersetzen. Weitere französische Synonyme wären *par manque de* oder *en l'absence de.*

À défaut de jus d'orange, je prends du jus de pommes.
Lucie à choisi de la glace à la vanille faute de mieux.

Au lieu de, en dépit de, malgré

Diese drei Präpositionen haben eine konzessive Sinnrichtung.
Au lieu de lässt sich mit „(an)statt" oder „an Stelle von" übersetzen und wird angewendet, um eine Alternative anzubieten.

Au lieu de mettre de la crème fraiche, nous pourrions ajouter du lait.

En dépit de findet sich mehr in der gehobenen Sprache und bedeutet „trotz".

En dépit de son âge, elle continue à pratiquer la danse classique.

Malgré ist auch in der Alltagssprache zu Hause. Wie *en dépit de* übersetzt man es mit „trotz".

Malgré ses efforts, il ne fait pas de progrès.

Avec, à, sans

Avec („mit") und *sans* („ohne") sind Antonyme, also ein Gegensatz-Paar.

Mon fils mange toujours ses pâtes avec du ketchup.

Mit *avec* bezeichnet man ein Mittel oder ein Werkzeug. Es ist nicht mit *à* zu verwechseln, das die Art und Weise, wie etwas funktioniert, ein Verfahren beschreibt.

Il faut laver ce pull avec de la lessive spéciale.
Tu peux laver tes chaussettes en laine à la machine.

Sans bedeutet „ohne". Ein dahinter stehendes Nomen wird ohne Artikel gebraucht.

On peut faire beaucoup de choses même sans argent.

Contre, pour

Contre bedeutet „gegen", auch im Sinne von „dagegen".

Il y aura un référendum contre la nouvelle autoroute.
La vieille dame est en colère contre les jeunes qui ne la saluent pas.
La chance est contre moi.

Contre kann auch verwendet werden, um den nahen Kontakt zu einer anderen Sache oder einer anderen Person auszudrücken.

Son fils se serrait contre elle, parce qu'il avait peur de l'orage.
Il a posé son vélo contre le mur de la maison.

Pour bedeutet „für" und damit das Gegenteil von *contre*.

Ils étaient pour l'abolition de l'esclavage.

In manchen Wendungen kann das Nomen nach *pour* ohne Artikel stehen.

- *avoir pour effet* → bewirken, Auswirkung haben
- *un livre/film pour enfants/adultes* → ein Buch/Film für Kinder/Erwachsene
- *pour la première/seconde ... fois* → zum ersten/zweiten ... Mal
- *pour le moins* → wenigstens
- *prendre qn pour* → jdn. für etwas halten

Aujourd'hui il a neigé pour la première fois de l'année.
Est-ce que tu me prends pour un imbécile ?

Pour und *contre* gibt es auch als Nomen, meistens in der Formulierung *le pour et le contre* („das Für und Wider").

Il faut peser le pour et le contre.

D'après, selon

Diese beiden Präpositionen bedeuten „nach" bzw. „gemäß". Man verwendet sie, um eine Meinung, eine Eigenschaft einer anderen Person/Sache zu kennzeichnen.

D'après Julien, nous avons assez de lait pour la recette.
Nous avons découpé un modèle d'après une image.

Selon gibt an, aus welcher Quelle der Sprecher seine Information hat.

Selon le premier ministre, les impôts n'augmenteront pas pendant la durée de son mandat.

Excepté, sauf

Excepté bedeutet wie *sauf* „außer". Die beiden Präpositionen beziehen sich auf Ausnahmen und können synonym verwendet werden.

Nous sommes ouverts tous les jours, excepté le premier lundi du mois.
Ils étaient tous là, sauf Michel qui s'était réveillé trop tard comme d'habitude.

2 Verbale Ausdrücke

Im Deutschen drückt man manches mit Adverbien aus, was im Französischen eher mit Verben ausgedrückt wird. Um eleganter reden und besser übersetzen zu können, ist es nützlich, sich einige solcher Redewendungen einzuprägen.

- *aimer faire qch* → etwas gerne tun
- *aimer mieux/préférer faire qch* → etwas lieber tun
- *ne pas arrêter de faire qch* → etwas weiterhin tun
- *continuer/persister à faire qch* → etwas weiterhin tun
- *venir de faire qch* → etwas gerade getan haben
- *être en train de faire qch* → dabei sein, etwas zu tun
- *j'espère que* → hoffentlich
- *on sait que* → bekanntermaßen
- *avoir manqué de/avoir failli faire qch* → etwas beinahe getan haben
- *ne pas tarder à faire qch* → bald

Quand il pleut, j'aime écouter de la musique en buvant du thé.
Elle, quand il pleut, elle préfère rester au lit en lisant toute la journée.

Ne pas arrêter de, continuer à und *persister à* bedeuten das Gleiche: „etwas weiterhin tun".

Mais, quand il n'arrête plus de pleuvoir pendant des jours, je commence à cafarder.
Nous persistons à travailler la pâte. Elle est encore trop dure.

Mit den verbalen Ausdrücken *venir de* und *être en train de* drückt man zeitliche Verhältnisse aus. Mit *venir de* spricht man von der nahen Vergangenheit, *être en train de* betrifft die Gegenwart.

Je viens de parler de toi. C'est étonnant que tu m'appelles maintenant.
J'étais en train de parler à Jeanne, quand ma mère a sonné.

Mit *j'espère que* und *on sait que* leitet man Nebensätze ein. Im Deutschen übersetzt man mit „hoffentlich" und „bekanntermaßen".

J'espère que tu as pris tes comprimés.
On sait que vingt-quatre images par secondes suffisent pour produire un effet de mouvement.

Auch das deutsche Adverb „beinahe" wird im Französischen verbal umschrieben. Man kann *manquer de* oder *faillir* verwenden.

Il a manqué de tomber de l'échelle. Il a déjà failli tomber de l'échelle hier.

Ein weiterer typisch französischer Ausdruck, den man auch im mündlichen Sprachgebrauch verwendet, ist *ne pas tarder à*. Er bedeutet so viel wie „bald".

Mon mari ne va pas tarder à venir. Tu dois partir tout de suite.

Wo man im Deutschen gerne „werden" nach einem Adjektiv setzt, benutzt man im Französischen häufig lieber ein eigenes Verb. Übersetzt man stattdessen mit *devenir*, klingt es sehr „deutsch".

- *craquer pour qch* → schwach werden
- *grisonner* → grau werden, ergrauen
- *rougir* → rot werden, erröten
- *vieillir* → alt werden, altern

Je craque pour du chocolat blanc.
Mon père commence à grisonner.
Il rougit à chaque fois qu'il la voit.
Cet acteur a tellement vieilli que je ne l'ai presque pas reconnu.

Französische reflexive Verben gibt man im Deutschen ebenfalls gern mit „werden" wieder.

- *s'améliorer* → besser werden, sich verbessern
- *s'appauvrir* → arm werden, verarmen
- *s'attrister* → betrübt werden

L'air s'est amélioré depuis les mesures qui ont été prises.
Les gens du quartier se sont appauvris dans les années trente.
Le couple s'attriste de ne pas pouvoir faire d'enfants.

3 Adjektivergänzungen

3.1 Infinitivergänzung

Als Ergänzung von Adjektiven oder Verben kann man den *Infinitif* oder den *Infinitif* der Vergangenheit (*avoir*/*être* + Verb) benutzen.

Diese Adjektive schließen den *Infinitif* mit *à* an:
- *être apte à faire qch*
- *être disposé(e) à faire qch*
- *être lent(e) à faire qch*
- *être le premier/la première à faire qch*
- *être le seul/la seule à faire qch*
- *être prêt(e) à faire qch*

Berthe est toujours la première à acheter de nouveaux disques.
L'administration est lente à traiter le dossier.

Diese Adjektive schließen die Infinitivergänzung mit *de* an:
- *être capable de faire qch*
- *être certain(e) de faire qch*
- *être content(e) de faire qch*
- *être fier/fière de faire qch*
- *être heureux/heureuse de faire qch*
- *être sûr/sure de faire qch*

Être capable schließt den *Infinitif* mit *de* an, *être apte* mit *à*. Die beiden Ausdrücke haben eine ähnliche Bedeutung.

Ce meurtrier est très dangereux. Il est capable de tuer encore une fois.
Lucien est apte à suivre une conversation en français.

Es gibt auch einige unpersönlich gebrauchte Adjektive, die eine Infinitivergänzung haben können. Sie schließen den *Infinitif* mit *de* an, solange das Subjekt *il* oder ce lautet.

- *il est amusant de faire qch*
- *il est facile/difficile de faire qch*
- *il est important de faire qch*
- *il est impossible de faire qch*
- *il est utile de faire qch*

Il est important de réfléchir sur son propre avenir.
Quelquefois, il est amusant de regarder les gens.

Ist das Subjekt ein Nomen oder ein anderes Pronomen, wird der *Infinitif* an diese Adjektive mit *à* angeschlossen.

Cécile n'est pas facile à comprendre.
Cette chose est impossible à réaliser.

3.2 Nominalergänzung

Nominalergänzungen werden mit Präpositionen an das Adjektiv angeschlossen. Neben *à* und *de* kommen auch, *avec*, *en*, *envers* oder *pour* vor.

Diese Adjektive schließen ein Nomen oder Pronomen mit *à* an:

- *comparable à qch/qn*
- *contraire à qch*
- *fidèle à qch/qn*
- *identique à qch*
- *pareil(le) à qch*
- *sensible à qch*
- *supérieur(e) à qch/qn*

Mon chat est très sensible au bruit.
Ce fichier est identique à celui de Thomas.

Diese Adjektive schließen ein Nomen oder Pronomen mit *de* an:

- *âgé(e) de ... ans*
- *amoureux/amoureuse de qn*
- *différent(e) de qch/qn*
- *jaloux/jalouse de qn*
- *plein(e) de qch*
- *proche de qch/qn*
- *typique de qch/qn*

Elle est amoureuse de Jean-Paul.
Nous sommes proches de notre but.
Il s'agit d'un homme âgé de trente-trois ans.

4 Verbergänzungen

4.1 Infinitivergänzung

Ein *Infinitif* als Verbergänzung kann vorkommen, wenn das Subjekt des konjugierten Verbs und das des *Infinitif* das gleiche ist. Ansonsten muss man einen *que*-Satz benutzen.

Il pense pouvoir monter tout seul.
Il croit que Marie pourra monter toute seul.

Infinitivergänzung ohne Präposition

Eine Reihe an Verben schließt den *Infinitif* ohne Bindewort an. Diese Verben kann man in fünf inhaltliche Kategorien einteilen.

Verben des Denkens, Meinens

- *affirmer faire qch*
- *avouer faire qch*
- *compter faire qch*
- *contester avoir fait qch*
- *croire faire qch*
- *espérer faire qch*
- *s'imaginer faire qch*
- *nier faire qch*
- *penser faire qch*
- *prétendre faire qch*

J'espère pouvoir finir ce travail dans deux semaines au plus tard.
Nous nous imaginons vivre ensemble jusqu'à la fin de nos jours.
Il prétend avoir écrit cette histoire tout seul.

Verben der Bewegungsrichtung

- *descendre/monter faire qch*
- *passer faire qch*
- *rentrer/sortir faire qch*
- *retourner faire qch*
- *venir faire qch*

Sätze mit diesen Verben haben oft einen finalen Sinn, das heißt, es wird eine Absicht ausgedrückt.

Je suis descendu dire au revoir à mes amis.
Lundi, je passerai voir tes photos d'Argentine.

Verben des Wahrnehmens

Bei den Verben der Wahrnehmung steht ein direktes Objekt vor der Infinitivergänzung, das entweder eine Person oder eine Sache bezeichnet.

- *écouter qn/qch faire qch*
- *entendre qn/qch faire qch*
- *regarder qn/qch faire qch*
- *sentir qn/qch faire qch*
- *voir qn/qch faire qch*

Während *entendre* „hören" bedeutet, heißt *écouter* „zuhören". Ein kleiner, aber wesentlicher Unterschied, den es auch im Englischen mit *to hear* und *to listen* gibt.

Je t'ai entendu pleurer hier soir. J'ai écouté les musiciens jouer du jazz.

Verben des Wollens, der Gefühlsäußerung

- *adorer faire qch*
- *aimer faire qch*
- *désirer faire qch*
- *détester faire qch*
- *préférer faire qch*
- *vouloir faire qch*
- *il faut faire qch*
- *il vaut mieux faire qch*

J'adore danser.
Il déteste faire la vaisselle.
Il vaut mieux lui dire la vérité tout de suite.

Semi-auxiliaires und sonstige Verben

Alle zu den Modalverben gezählten Verben (*devoir, pouvoir, savoir, vouloir*) schließen den *Infinitif* ohne Präposition an.

Nous pouvons réserver une chambre dans un hôtel à Paris.
Tu dois répondre à la lettre de ta grand-mère !
Patrice sait faire de la voile. Il a un permis.

Außer den aufgezählten Verben gibt es noch einige weitere Verben, die den *Infinitif* ohne Präposition anschließen. Dazu gehören:

- *oser faire qch*
- *paraître/sembler faire qch*
- *faire/laisser qn faire qch*
- *envoyer qn faire qch*

Il n'osait plus la toucher.
Elle semblait mentir à son client.

Die Verben *laisser* und *faire*, gefolgt von einem Verb im *Infinitif*, werden mit der Bedeutung „jdn. etwas tun lassen" gebraucht. Je nachdem, welches Verb nach *faire* oder *laisser* steht, kann der Satz noch zwei Objekte enthalten, ein direktes und ein indirektes.

Mon père me fait répéter le vocabulaire de la leçon sept.

Bei der Konstruktion mit *laisser* + *Infinitif* kann das direkte Objekt zwischen *laisser* und dem Verb stehen, sofern es sich um eine Person handelt.

Le patron laisse sa secrétaire classer les documents par ordre alphabétique.

Envoyer qn faire qch bedeutet „jemanden schicken, etwas zu machen".

Le patron envoie la stagiaire chercher son ordinateur portable dans sa voiture.

Infinitivergänzung mit *de*

Viele Verben schließen eine Infinitivergänzung mit *de* an. Dazu gehören transitiv direkte Verben wie *choisir qch*. Der Platz des direkten Objekts (*qch*) kann von der Infinitivergänzung übernommen werden.

- *accepter de faire qch*
- *arrêter/cesser de faire qch*
- *choisir de faire qch*
- *décider de faire qch*
- *essayer de faire qch*
- *éviter de faire qch*
- *finir de faire qch*
- *manquer de faire qch*
- *oublier de faire qch*
- *regretter de faire qch*
- *refuser de faire qch*

Arrête de jouer sur ton ordinateur. Il est temps de te coucher.
J'ai oublié de te dire que nous irions chez Jacques à pied.
Il refuse d'aller se coucher.

Auch folgende transitiv indirekte Verben schließen die Infinitivergänzung (das indirekte Objekt) mit *de* an.

- *avoir besoin de faire qch*
- *avoir peur de faire qch*
- *parler de faire qch*
- *rêver de faire qch*

Nous avons besoin de faire une pause avant de continuer.
Elle parle toujours de démissionner, mais elle ne le fera jamais.

Es gibt auch Verben, die ein direktes Personenobjekt haben und eine zusätzliche Infinitivergänzung als indirektes Objekt nach sich ziehen können.

- *accuser qn de faire qch*
- *empêcher qn de faire qch*
- *féliciter qn de faire qch*
- *menacer qn de faire qch*
- *remercier qn de faire qch*

Je te remercie de faire tant d'efforts pour réussir notre projet.

Diese Verben haben ein zusätzliches indirektes Personenobjekt bei sich. Die Infinitivergänzung ist dann das direkte Objekt. Unter diesen Verben sind einige, die „verbieten", „erlauben", „anordnen", „vorschlagen" oder „anbieten" bedeuten.

• *demander à qn de faire qch*	• *promettre à qn de faire qch*
• *dire à qn de faire qch*	• *proposer à qn de faire qch*
• *interdire à qn de faire qch*	• *refuser à qn de faire qch*
• *ordonner à qn de faire qch*	• *reprocher à qn de faire qch*
• *permettre à qn de faire qch*	

Catherine lui a demandé de fermer la fenêtre.
Les parents de Claude lui interdisent de regarder des films violents.

Diese reflexiven Verben schließen die Infinitivergänzung mit *de* an.

• *s'arrêter de faire qch*	• *s'interrompre de faire qch*
• *se dépêcher de faire qch*	• *se réjouir de faire qch*
• *s'étonner de faire qch*	• *se repentir de faire qch*
• *se flatter de faire qch*	• *se soucier de faire qch*
• *se hâter de faire qch*	• *se souvenir (d')avoir fait qch*
• *s'indigner de faire qch*	

Marcel s'est arrêté de fumer il y a deux ans.
Julien s'est dépêché/hâté de me rejoindre au bureau.
Marianne s'est repentie d'avoir raconté toute l'histoire.

Man kann *se souvenir d'avoir fait qch* oder *se souvenir avoir fait qch* sagen.

Luc se souvient d'avoir répondu à la lettre de sa tante hier.

Infinitivergänzung mit *à*

Drei Verben, die mit einem *Infinitif* eine ähnliche Bedeutung haben, nämlich „glücken" oder „es schaffen", schließen die Infinitivergänzung mit *à* an.

• *arriver à faire qch*	• *parvenir à faire qch*
• *réussir à faire qch*	

Nous sommes parvenus à trouver un hôtel bon marché pour notre séjour à Paris.
Nous avons réussi à convaincre Paul de venir avec nous.

Die folgenden Verben schließen ein weiteres Verb im *Infinitif* ebenfalls mit *à* an. Mit einer Infinitivergänzung geht ihre Bedeutung in eine ähnliche Richtung: „jdn. veranlassen", „jdn. dazu bringen", „etwas anstreben".

- *décider qn à faire qch*
- *destiner qn à faire qch*
- *encourager qn à faire qch*
- *forcer qn à faire qch*
- *inviter qn à faire qch*
- *obliger qn à faire qch*
- *pousser qn à faire qch*
- *viser à faire qch*

Les parents la destinaient à se marier avec le fils de leurs voisins.
Ils l'ont encouragé à écrire une lettre de motivation.
Rien ne t'oblige à le croire.
Ils m'ont poussé à quitter la maison.
Nous visons à satisfaire nos clients.

Die folgenden Verben schließen die Infinitivergänzung mit *à* an und können mit einem zusätzlichen direkten Personenobjekt konstruiert werden (*aider **qn** à faire qch*).

- *aider qn à faire qch*
- *autoriser qn à faire qch*
- *condamner qn à faire qch*
- *habituer qn à faire qch*

Sa grand-mère veut que Nicolas l'aide à ranger la salle de séjour.
Je t'autoriserai à signer pour moi.
Il est condamné à rester chez lui, puisqu'il doit finir son article de journal jusqu'à demain matin.
La mère habitue son enfant à rester seul à la maison.

Diese Verben schließen die Infinitivergänzung ebenfalls mit *à* an:

- *avoir à faire qch*
- *chercher à faire qch*
- *commencer à faire qch*
- *continuer à/de faire qch*
- *contribuer à faire qch*
- *donner à faire qch*
- *porter à faire qch*
- *préparer à faire qch*
- *prêter à faire qch*
- *renoncer à faire qch*
- *songer à faire qch*
- *tenir à faire qch*
- *travailler à faire qch*
- *trouver à faire qch*
- *veiller à faire qch*

Das Verb *chercher à faire qch* bedeutet wie *essayer de faire qch* „versuchen, etwas zu tun".

Il cherche à cacher son secret.

An das Verb *continuer* wird die Infinitivergänzung entweder mit *à* oder mit *de* angeschlossen.

Il continue à/d'espérer qu'elle reviendra.

Die folgenden Beispielsätze illustrieren die Anwendung der anderen Verben.

Il commence à m'ennuyer.
Ce roman a contribué à la faire connaitre dans le monde entier
Le suspect persiste à se taire.
Nous nous préparions à monter notre tente quand il a commencé à pleuvoir.
L'artiste tient à remercier ses amis qui ont toujours eu confiance en lui et en son œuvre.
Il doit renoncer à fumer pour des raisons de santé.
Cette touche sert à agrandir le texte.
Nous songeons à faire un voyage autour du monde.
Elle veille à être en avance à son rendez-vous.

Diese reflexiven Verben schließen die Infinitivergänzung mit *à* an:

- *s'amuser à faire qch*
- *s'apprêter à faire qch*
- *s'attendre à faire qch*
- *s'attacher à faire qch*
- *se borner à faire qch*
- *se dévouer à faire qch*
- *se disposer à faire qch*
- *s'entendre à faire qch*
- *s'intéresser à faire qch*
- *se mettre à faire qch*
- *s'obstiner à faire qch*
- *se plaire à faire qch*
- *se prendre à faire qch*
- *se résigner à faire qch*
- *se résoudre à faire qch*
- *se risquer à faire qch*
- *se soumettre à faire qch*
- *se tuer à faire qch*

Nous nous sommes amusés à regarder de vieilles photos.
René se disposait à partir quand le téléphone sonna.
Je m'intéresse à faire un stage dans une entreprise qui fabrique des voitures.
Notre fille s'obstine à descendre à la cave.

Ohne Infinitivergänzung bedeutet das Verb *mettre* „setzen", „stellen", „legen"; mit *se* und einer Infinitivergänzung dagegen „beginnen".

Il faut se mettre à travailler sérieusement.

Apprendre bzw. *enseigner à qn à faire qch* haben durch die beiden mit *à* angeschlossenen Ergänzungen eine spezielle Struktur.

M. Leblanc a appris/enseigné à faire du vélo à son fils.

4.2 Objekte

Die Konstruktion dieser Verben bereitet deutschen Lernern oft Probleme:

COD		COI	
aider qn	jdm. helfen	*se douter de qch*	etwas ahnen
applaudir qn	jdm. applaudieren	*douter de qch*	etwas bezweifeln
attendre qn/qch	auf jdn./etwas warten	*emprunter qch à qn*	etwas bei/von jdm. leihen
contredire qn	jdm. widersprechen	*jouer à un jeu*	ein Spiel spielen
croire qn	jdm. glauben	*jouer d'un instrument*	ein Instrument spielen
écouter qn/qch	jdm./etwas zuhören	*jouir de qch*	etwas genießen
féliciter qn	jdm. gratulieren	*mentir à qn*	jdn. belügen
flatter qn	jdm. schmeicheln	*parler à qn*	mit jdm. sprechen
précéder qn	jdm. vorangehen	*prêter qch à qn*	jdm. etwas leihen
remercier qn	jdm. danken	*survivre à qch*	etwas überleben
suivre qn/qch	jdm. folgen	*téléphoner à qn*	jdn. anrufen

Mit direktem Objekt (COD) werden konstruiert:

Ils applaudissent l'artiste.
J'aide mon père.
Il remercie son père pour son aide.
Je suis un régime.

Mit indirektem Objekt (COI) werden konstruiert:

Est-ce que je peux parler à Jeanne, s'il vous plait ?
Il joue du piano depuis l'âge de treize ans.

Se douter de und *douter de* haben verschiedene Bedeutungen.

Je me doute de ce que tu en penseras.
Je doute que tu aies raison.

Sans doute bedeutet „wahrscheinlich".

Il va sans doute revenir vers sept heures.

Prêter und *emprunter* dürfen nicht verwechselt werden. Wenn ich jemandem etwas leihe, verwende ich *prêter.*

Je te prêterai mon parapluie, car il pleut.

Leihe ich mir etwas von jemandem, muss ich *emprunter* benutzen.

Est-ce que je pourrais emprunter ton dictionnaire une seconde ?

Anhang

1 Zahlen

1.1 Grundzahlen

0	zéro	72	soixante-douze
1	un/une	73	soixante-treize
2	deux	74	soixante-quatorze
3	trois	75	soixante-quinze
4	quatre	76	soixante-seize
5	cinq	77	soixante-dix-sept
6	six	80	quatre-vingts
7	sept	81	quatre-vingt-un
8	huit	90	quatre-vingt-dix
9	neuf	91	quatre-vingt-onze
10	dix	100	cent
11	onze	101	cent-un
12	douze	150	cent-cinquante
13	treize	200	deux-cents
14	quatorze	201	deux-cent-un
15	quinze	278	deux-cent-soixante-dix-huit
16	seize	300	trois-cents
17	dix-sept	500	cinq-cents
18	dix-huit	1.000	mille
19	dix-neuf	1.001	mille-un/une
20	vingt	1.567	mille-cinq-cent-soixante-sept
21	vingt-et-un(e)	2.000	deux-mille
22	vingt-deux	2.009	deux-mille dix-neuf
30	trente	3.097	trois-mille-quatre-vingt-dix-sept
31	trente-et-un(e)	10.000	dix-mille
40	quarante	100.000	cent-mille
50	cinquante	200.005	deux-cent-mille-cinq
60	soixante	1.000.000	un million
70	soixante-dix	2.000.000	deux millions
71	soixante-et-onze	1.000.000.000	un milliard

Die Grundzahlen (*numéraux cardinaux*) sind männlich und unveränderlich, außer *zéro* und *un*.

On a tous eu des zéros en maths. Mélanie a un fils et une fille.

Für die Zahlen 70 bis 99 gibt es keine eigenen Begriffe; hier muss man „rechnen". Es hilft nur Auswendiglernen.
Vor allem in der Schweiz benutzt man die Zahlen *septante* (70), *huitante* (80), *nonante* (90). In Belgien verwendet man ebenfalls *septante* und *nonante*.
Cent bekommt ein *–s*, wenn es multipliziert wird und wenn keine weitere Zahl folgt:

deux-cents euros/deux-cent-vingt euros

Jahreszahlen wie 1567 kann man auch in Hunderten angeben:

1567 : quinze-cent-soixante-sept/mille-cinq-cent-soixante-sept

1.2 Ordnungszahlen

Unter Ordnungszahlen (*numéraux ordinaux*) versteht man Zahlen wie 1. (der/die/das erste) oder 2. (der/die/das zweite). Sie können sich wie andere Adjektive in Genus und Numerus anpassen.
Sie werden ausgehend von den Grundzahlen gebildet, indem man das Suffix *–ième* anhängt. Die Zahl 1 und die Zahl 2 haben Sonderformen.

1er	le premier	16ème	le/la seizième
1ère	la première	17ème	le/la dix-septième
2nd	le second	20ème	le/la vingtième
2nde	la seconde	21ème	le/la vingt-et-unième
2ème	le/la deuxième	22ème	le/la vingt-deuxième
3ème	le/la troisième	30ème	le/la trentième
4ème	le/la quatrième	40ème	le/la quarantième
5ème	le/la cinquième	50ème	le/la cinquantième
6ème	le/la sixième	60ème	le/la soixantième
7ème	le/la septième	70ème	le/la soixante-dixième
8ème	le/la huitième	71ème	le/la soixante-et-onzième
9ème	le/la neuvième	80ème	le/la quatre-vingtième
10ème	le/la dixième	81ème	le/la quatre-vingt-unième
11ème	le/la onzième	90ème	le/la quatre-vingt-dixième
12ème	le/la douzième	91ème	le/la quatre-vingt-onzième
13ème	le/la treizième	100ème	le/la centième
14ème	le/la quatorzième	200ème	le/la deux-centième
15ème	le/la quinzième	$1.000^{ème}$	le/la millième

Deuxième und *second* werden beide häufig verwendet.

J'habite au deuxième étage.
J'habite au second.
Est-ce que vous voudriez voyager en seconde/deuxième classe ?

Bei den Zahlen *huitième* und *onzième* wird der Vokal eines davor stehenden Artikels nicht apostrophiert.

Nous déménageons du huitième étage au onzième.

Hängt man noch das Suffix *-ment* an *-ième*, erhält man die Adverbien „erstens", „zweitens", usw.

Deuxièmement, nous allons licencier cent employés.

1.3 Bruchzahlen

Die Nenner von Brüchen (*fractions*) werden mit den Ordnungszahlen benannt. Davon ausgenommen sind $^1/_2$, $^1/_3$ und $^1/_4$, die anders bezeichnet werden.

- $^1/_2$ → *un demi*
- $^1/_3$ → *un tiers*
- $^2/_3$ → *deux tiers*
- $^1/_4$ → *un quart*
- $^3/_4$ → *trois quarts*
- $^1/_5$ → *un cinquième*
- $^1/_{10}$ → *un dixième*
- $^1/_{1000}$ → *un millième*

Pour cette recette il faut ¾ de litre de lait, ½ litre d'eau et trois œufs.

1.4 Sammelzahlen

Mit Sammelzahlen (*nombres collectifs*) bezeichnet man gewisse Anzahlen, meistens Schätzungen. Diese (ungefähren) Angaben macht man nur mit einfachen Zehnern, Hunderten oder Tausendern oder mit der Zwölf, da das Dutzend immer noch als Maßeinheit bei z. B. Eiern gilt. Auch die fünfzehn kommt vor, da im Französischen vierzehn Tage oder 2 Wochen mit *une quinzaine* ausgedrückt werden. Man bildet solche Sammelzahlen, indem man das Suffix *-aine* an die Grundzahl anhängt. Wenn die Zahl auf ein stummes *-e* endet, wird dieses ausgelassen.

• *une dixaine* (10)	• *une trentaine* (30)
• *une douzaine* (12)	• *une quarantaine* (40)
• *une quinzaine* (15)	• *une centaine* (100)
• *une vingtaine* (20)	• *un millier* (1000)

Das Nomen dahinter wird mit *de* angeschlossen. Es bezeichnet den Gegenstand oder die Personengruppe, von dem oder der es eine solche Menge gibt.

Je vois à peu près une quarantaine de chaussures dans ton armoire. Est-ce que tu adores les chaussures ?

Zu den Sammelzahlen gehört auch der Begriff *une paire* „ein Paar".

J'ai trouvé une paire de chaussettes dans le coffre de la voiture.

2 Monate, Wochentage, Datum, Uhrzeit

2.1 Monate

Die Namen der Monate ähneln den deutschen Bezeichnungen.

Les mois de l'année :
janvier → Januar, *février* → Februar, *mars* → März, *avril* → April, *mai* → Mai, *juin* → Juni, *juillet* → Juli, *aout* → August, *septembre* → September, *octobre* → Oktober, *novembre* → November, *décembre* → Dezember

Man verwendet die Monatsnamen mit *au mois de* oder mit der Präposition *en*.

Le festival aura lieu au mois de mai. Nous nous verrons en mai à Berlin !

2.2 Wochentage

Die Tage unter der Woche nennt man auf Französisch *les jours de la semaine*. Das Wochenende heißt *le week-end* oder speziell in *Québec* auch *la fin de semaine*.

Qu'est ce que tu feras le week end prochain ?

Les jours de la semaine : *lundi* → Montag, *mardi* → Dienstag, *mercredi* → Mittwoch, *jeudi* → Donnerstag, *vendredi* → Freitag, *samedi* → Samstag, *dimanche* → Sonntag

„Am Montag" übersetzt man mit *lundi*; „montags" im Sinne von „jeden Montag" mit *le lundi*.

Lundi, mes vacances vont commencer.
Le lundi nous allons ensemble à la piscine.

Im Französischen spricht man bei einem Zeitraum von einer Woche von acht Tagen (*une huitaine*) und bei einem Zeitraum von zwei Wochen von fünfzehn Tagen (*une quinzaine, quinze jours*).

Au bout d'une huitaine/quinzaine, je voudrais voir les résultats.

Mit *hebdomadaire* bezeichnet man etwas, das einmal die Woche stattfindet.

C'est un journal hebdomadaire.

Wenn hingegen etwas zweimal oder öfter die Woche stattfindet, benutzt man *par semaine*.

Il faut faire du sport au moins trois fois par semaine pour voir des changements.

2.3 Datum

Für die Angabe des Datums werden nicht die Ordnungs- sondern die Grundzahlen verwendet.

Nous sommes le 2 aout.

Eine Ausnahme stellt der Monatserste dar. Hier wird eine Ordnungszahl verwendet.

Nous sommes le 1er juillet.

Um ein Datum anzugeben, verwendet man *c'est* oder *nous sommes/on est*.

C'est le 3 juin.

Je nach Kontext kann auch eine Vergangenheitsform wie *c'était* stehen.

C'était le 3 juin.

Um nach dem Datum zu fragen, benutzt man z. B.:

Quelle est la date d'aujourd'hui ? Quel jour sommes-nous ?

In Kombination mit Jahreszahlen, Wochentagen und Uhrzeiten sehen Datumsangaben so aus:

C'est le 15 mai 2009.
Le 23 mai 2009 à trois heures ...
Nous sommes le mercredi 3 juin 2009.

2.4 Uhrzeit

Man erfragt die Uhrzeit mit:

Quelle heure est-il ?

Oder umgangssprachlicher:

Il est quelle heure ?

Die Antwort auf diese Fragen beginnt meist mit *Il est*.

Il est quinze heures cinq.

Die Uhrzeit:
- *cinq heures* → fünf Uhr
- *cinq heures cinq* → fünf nach fünf Uhr
- *cinq heures et quart* → Viertel nach fünf Uhr
- *cinq heures et demie* → halb sechs Uhr
- *six heures moins le quart* → Viertel vor sechs Uhr
- *six heures moins cinq* → fünf vor sechs Uhr

„Viertel vor" und „Viertel nach" gibt man ähnlich wie im Deutschen an.

Il est trois heures et quart. Il est trois heures moins le quart.

Bis zur halben Stunde zählt man einzelne Minuten und die Viertelstunde dazu.

Il est sept heures vingt-cinq/et vingt-cinq minutes.

Die halbe Stunde zählt man dazu.

Il est sept heures et demi.

Nach der halben Stunde zieht man die Zeit von der nächsten Stunde ab.

Il est huit heures moins vingt (minutes).

Die Stunde (*heure(s)*) sagt man immer dazu, die Angabe *minute(s)* kann allerdings fehlen.

Il est trois heures vingt.

Spricht man von „ein Uhr", ist *heure* im Singular zu gebrauchen.

Il est une heure.

Man kann zwischen drei Uhr nachts und drei Uhr am Nachmittag unterscheiden, indem man wie im Deutschen von „drei Uhr" und von „fünfzehn Uhr" spricht. Vor allem in offiziellen Angaben und um präzise zu sein, verwendet man ab dreizehn Uhr diese Zeitangaben.

Il est treize heures.

Für 12 Uhr mittags und 12 Uhr Mitternacht gibt es eigene Wörter: *midi* und *minuit*.

Il est midi, je vais préparer à manger.
Il est minuit ! Il faut que tu ailles te coucher.

„Mittags" und „um Mitternacht" wird mit der Präposition *à* verdeutlicht.

Je t'appellerai à midi.
Le club n'ouvre qu'à minuit.

3 Glossar grammatischer Begriffe

Latinisiert	Deutsch	Französisch
Adjektiv	Eigenschaftswort, Wiewort (schön, groß)	*adjectif (qualificatif)*
Adverb	Umstandswort (sehr, oft, heute)	*adverbe*
Adverbialpronomen	ersetzt präpositionale Ergänzungen (*en, y*)	*pronom adverbial*
Adverbialsatz	Nebensatz, der mit einem Bindewort eingeleitet wird (..., weil ich sang.)	*proposition circonstancielle*
Aktiv	Tätigkeitsform (ich laufe)	*voix active*
attributives Adjektiv	beigefügtes Eigenschaftswort	*adjectif épithète*
bestimmter Artikel	bestimmtes Geschlechtswort (der, die, das)	*article défini*
Demonstrativ-pronomen	hinweisendes Fürwort (dieser)	*pronom démonstratif*
direktes Objekt	im Frz. ohne Verhältniswort an das Verb angeschlossene Ergänzung, im Dt. Akkusativobjekt (*Je vois **des oiseaux**.*)	*complément d'objet direct (COD)*
Femininum	weibliche Form (die Tür, die Frau)	*féminin*
final	Absicht, Zweck ausdrückend	*de but*
finite Verbform	gebeugte Form eines Tätigkeitsworts (ich sang, du gehst, wir schlafen)	*mode conjugué*
Futur	grammatische Zeit der Zukunft	*futur*
Genus	grammatisches Geschlecht (weiblich/männlich/sächlich)	*genre*
Hilfsverb	Hilfszeitwort (sein, haben)	*auxiliaire*
Imperativ	Befehlsform (Geh!, Setzen Sie sich!)	*impératif*
Indefinitpronomen	unbestimmtes Fürwort (jeder, keiner)	*pronom indéfini*
Indikativ	Wirklichkeitsform (Ich singe ein Lied.)	*indicatif*
indirekte Rede	berichtete Rede (Er sagt, dass er es wusste.)	*discours indirect*
indirektes Objekt	im Frz. mit einem Verhältniswort an das Verb angeschlossene Ergänzung, im Dt. Dativobjekt (*Je montre les photos **à ma mère**.*)	*complément d'objet indirect (COI)*

infinite Verbform	nicht gebeugte Form eines Zeitworts (gehen)	*mode imperson-nel*
Infinitiv	Grundform eines Zeitworts (singen, schlafen)	*infinitif*
Interrogativ-pronomen	Fragefürwort (wer?, was?)	*pronom interrogatif*
Intonation	Betonung	*intonation*
intransitiv	das Tätigkeitswort kann kein Objekt an sich binden (blühen, schlafen, weinen)	*intransitif*
Inversion	Wortumstellung, -umdrehung	*inversion*
kausal	des Grunds (weil)	*de cause*
Komparativ	Vergleichsform, 1. Steigerung (größer, weiter)	*comparatif*
Konditional	Bedingungsform (ich würde singen), frz. Tempus (*je chanterais*)	*conditionnel*
konditional	eine Bedingung ausdrückend (wenn)	*de condition*
Konjugation	Beugung von Tätigkeitswörtern (ich singe, du singst, er/sie/es singt, ...)	*conjugaison*
Konjunktion	Bindewort (weil, denn, und)	*conjonction, mot de liaison*
Konjunktiv	Möglichkeitsform des Deutschen (ich sei, ich wäre)	
konsekutiv	eine Folge ausdrückend (also)	*de conséquence*
Konsonant	Mitlaut	*consonne*
konzessiv	einräumend, einschränkend (zwar)	*de concession*
Kopula	Verben mit prädikativer Ergänzung (sein, bleiben, werden ...)	*verbe d'état*
lokal	des Ortes	*de lieu*
Maskulinum	männliche Form (der Mann, der Ball)	*masculin*
modal	die Art und Weise bezeichnend (so)	*de manière*
Modalverb	Hilfszeitwort (können, wollen ...)	*auxiliaire de mode*
Modus	Aussageweise (Imperativ, Indikativ, Konjunktiv)	*mode*
Nasal	Laut, der durch die Nase gesprochen wird (*en, in, ...*)	*nasal*
Negation	Verneinung (ich gehe nicht)	*négation*
Neutrum	sächliche Form (das Haus, das Kind)	*neutre*

Nomen	Namenwort, Hauptwort, Substantiv (der Fisch)	*nom, substantif*
Nominal-ergänzung	Ergänzung eines Namenworts (der Fisch des Monats)	*complément du nom*
Numerus	Anzahl	*nombre*
Objekt	Satzergänzung (Genitiv, Dativ, Akkusativ)	*complément d'objet*
Objektpronomen	persönliche Fürwörter für die Fälle Dativ, Akkusativ	*pronom complément d'objet*
partitiver Artikel	Teilungsartikel (*du, de la, de l'*)	*article partitif*
Partizip	Mittelwort (singend, gesungen), infinite Verbform	*participe*
Passiv	Leideform (Das Schnitzel wird gebraten.)	*voix passive*
Perfekt	vollendete Gegenwart (ich habe gesungen)	(etwa) *passé composé*
Personalpronomen	persönliches Fürwort (ich, du, mich, dir, ...)	*pronom personnel*
Plural	Mehrzahl (die Fische)	*pluriel*
Plusquamperfekt	Vorvergangenheit (ich hatte gesungen)	*plus-que-parfait*
Possessivpronomen	besitzanzeigendes Fürwort (mein, dein, sein, ...)	*pronom possessif*
Prädikat	Haupttätigkeitswort des Satzes oder Satzteils, Satzaussage	*verbe*
prädikative Ergänzung	Ergänzung von bestimmten Verben (sein, bleiben, werden, ...)	*attribut du sujet*
Prädikatsnomen	Ergänzung des Prädikats (keine Adverbiale!)	*nom atttribut*
Präposition	Verhältniswort (an, auf, unter, zu, mit)	*préposition*
Präsens	Gegenwart	*présent*
Präteritum	1. Vergangenheit (ich war, du warst ...)	(etwa) *imparfait*
Pronomen	Fürwort	*pronom*
reflexives Verb	rückbezügliches Tätigkeitswort (ich wundere mich)	*verbe pronominal*
Reflexivpronomen	rückbezügliches Fürwort (sich umzie-hen)	*pronom réfléchi*

Relativpronomen	bezügliches Fürwort (der Fisch, der .../die Tante, die ...)	*pronom relatif*
Relativsatz	Nebensatz, der von einem bezüglichen Fürwort eingeleitet wird (Die Tante, die ich gestern besucht habe, ...)	*proposition relative*
Singular	Einzahl (der Fisch)	*singulier*
Subjekt	Satzgegenstand (**Der Fisch** schwimmt im Wasser.)	*sujet*
Subjunktion	unterordnendes Bindewort (obwohl, als)	*conjonction de subordination*
Subjunktiv	Modus des Französischen (*il faut que j'aille*)	*subjonctif*
Superlativ	Vergleichsform, 2. Steigerung (am größten, am weitesten)	*superlatif*
Syntax	Satzstellung	*syntaxe*
temporal	zeitlich (dann)	*de temps*
Tempus	grammatische Zeit (Präsens, Präteritum, ...)	*temps*
transitiv	das Tätigkeitswort kann ein Objekt an sich binden (Ich sehe den Fisch.)	*transitif*
unbestimmter Artikel	unbestimmtes Geschlechtswort (ein, eine, eines)	*article indéfini*
Verb	Tätigkeitswort, Zeitwort, Tuwort (singen, gehen, laufen)	*verbe*
Vokal	Selbstlaut (a, e, i, o, u)	*voyelle*

4 Tipps für den Umgang mit Wörterbüchern

Jeder, der eine Sprache richtig lernen will, braucht ein Wörterbuch zum Nachschlagen der unbekannten Begriffe. In guten modernen Wörterbüchern wie z. B. Langenscheidt Power Wörterbuch Französisch werden nicht nur Hinweise zur Ausssprache des Wortes (Lautschrift in eckigen Klammern) gegeben. Es wird auch genau aufgezeigt, was ein Wort in welcher Situation bedeutet (kursive Schrift, Ziffern vor den jeweiligen Bedeutungen). Ein kleines Warndreieck bedeutet: Vorsicht! Hier kann man etwas verwechseln! Hier ist eine Ausnahme!

désaffecté 160

D

désaffecté, désaffectée [dezafɛkte] (*Gebäude*) leer stehend; (*Fabrik*) stillgelegt
désagréable [dezagʀeabl] unangenehm
désagréger [dezagʀeʒe] (⚠ *stammbetonte Formen werden mit -è- gebildet; vor Endungen, die mit -a oder -o beginnen, steht ge* : ***il désagrège, il désagrégeait*** *usw.*) **1.** zersetzen **2.** ***se désagréger*** zerfallen, sich zersetzen
le **désagrément** [dezagʀemɑ̃] Unannehmlichkeit
désaltérer [dezalteʀe] (*Formen wie* ***altérer***) **1.** (*Getränk*) den Durst löschen **2.** ***il se désaltère*** er löscht seinen Durst
désamorcer [dezamɔʀse] (*Formen wie* ***amorcer***) entschärfen
le **désappointement** [dezapwɛ̃tmɑ̃] Enttäuschung
désappointer [dezapwɛ̃te] enttäuschen
désapprendre [dezapʀɑ̃dʀ] (*Formen wie* ***prendre***) verlernen
la **désapprobation** [dezapʀɔbasjɔ̃] Missbilligung
désapprouver [dezapʀuve] nicht richtig oder nicht gut finden, missbilligen
le **désarmement** [dezaʀməmɑ̃] Abrüstung
désarmer [dezaʀme] **1.** abrüsten (*Land*) **2.** entwaffnen (*Personen*) **3.** sichern (*Gewehr*) **4.** *übertr.* ***nous ne désarmons pas*** wir geben nicht auf
le **désarroi** [dezaʀwa] Verwirrung, Bestürzung
le **désastre** [dezastʀ] Katastrophe
désastreux, désastreuse [dezastʀø, dezastʀøz] katastrophal
le **désavantage** [dezavɑ̃taʒ] Nachteil
désavantager [dezavɑ̃taʒe] (*Formen wie* ***avantager***) benachteiligen
désavantageux, désavantageuse [dezavɑ̃taʒø, dezavɑ̃taʒøz] ungünstig, nachteilig
désavouer [dezavwe] **1.** (≈ *leugnen*) abstreiten **2.** (≈ *nicht gut finden*) verurteilen
le **descendant**, la **descendante** [desɑ̃dɑ̃, desɑ̃dɑ̃t] Nachkomme
descendre [desɑ̃dʀ] (*Formen wie* ***rendre***) **1.** (*mit* ***être***) (≈ *sich nach unten bewegen*) herunterkommen, -gehen, -fahren, hinunterkommen, -gehen, -fahren **2.** (*mit* ***avoir***) (≈ *nach unten transportieren*) herunterbringen, -tragen, -holen, hinunterbringen, -tragen, -holen **3.** (*mit* ***être***) (*Straße*) abwärtsführen **4.** (*mit* ***être***) (*Preis, Thermometer*) fallen **5.** (*mit* ***être***) (*Wasser*) zurückgehen **6.** *vom Pferd*: steigen, absteigen; *aus dem Fahrzeug*: steigen, aussteigen **7.** (*mit* ***être***) *im Hotel*: absteigen **8.**

descendre

Das ***passé composé*** kann mit ***être*** oder mit ***avoir*** gebildet werden:

Elle est descendue à la cave.	Sie ist in den Keller hinuntergegangen.
Il est descendu du train.	Er ist aus dem Zug (aus)gestiegen.
Ils sont descendus dans un hôtel.	Sie sind in einem Hotel abgestiegen.

aber mit direktem Objekt:

Elle a descendu l'escalier.	Sie ist die Treppe hinuntergestiegen.
Il a descendu la valise.	Er hat den Koffer heruntergetragen.

5 Register